▲長白山附近適於狩獵、漁牧，滿洲部族發源於此，影響所及形成了騎射文化。

▲明朝末年，滿清大軍在李自成的邀請下順利進入山海關，在北京建都開國。

▲順治像

◀康熙朝服像

▲雍正朝服像

◀乾隆戎裝像

奏
軍興以來爾之効力處朕所稔悉事竣之後自
另有獎賞勉之今賞爾戴孔雀翎以示朕眷顧
之意
雍正元年三月初九日
湖廣總督奴才楊宗仁叩首謹
奏為恭繳奏摺事奴才於雍正元年三月初
二日遵
旨到任隨即繕疏謝
恩敬請
陛見下懇犬馬戀
主之誠恭候
俞旨外但湖廣地方要緊所有一切應行事宜
奴才現在次第辦理今奴才檢查
欽部案件有康熙六十一年十二月十八日准
兵部咨奉
上諭著各省總督巡撫從前奏摺凡奉
聖祖仁皇帝一應硃批俱敬謹收集進呈
御覽並下次奏事恭奉
皇上親手硃批務必送進亦不可抄寫存留欽
此奴才嗣有奏摺仰奉
宸批自當隨奏隨繳所有奴才前在廣東巡撫
任內歷蒙
聖祖仁皇帝硃批奏摺共五件理合敬謹收集遵
旨彙繳為此具摺遣選衙役蔡啟年齎
進伏乞
皇上睿鑒
雍正元年三月 日奴才楊宗仁叩首叩首
湖廣總督臣楊宗仁叩首恭
請
皇上聖安
朕安
雍正元年三月 日奴才楊宗仁叩首叩首

▲雍正是清代皇帝中批改奏摺最詳細的，他的硃批洋洋灑灑，有的比原奏摺的字數還多。

◀▲康熙命焦秉貞繪《耕織圖》各二十三幀，這是其中兩幅，圖上為「浸種」，圖下為「絡絲」。

郎世寧所繪《十▶
駿圖・雪點鵰》

▲郎世寧所繪〈百駿圖〉﹝局部﹞

◀長城並不是有效的國防工事，匈奴騎士憑藉著駿馬，可以突破長城的任一「缺口」，搶掠塞內居民。

滿人的髮辮▶

▼薙髮的匠人

◀〈弘曆刺虎〉〔局部〕

▼河北承德避暑山莊

▲西藏拉薩布達拉宮，乾隆將他的〈十全記〉刻石置於之前。

▲〈兆惠騎射圖〉，傳說香妃即為兆惠從回疆帶回獻給乾隆。

▲香妃戎裝像

◀乾隆的生母孝聖憲皇后，傳說她令人將香妃絞死。

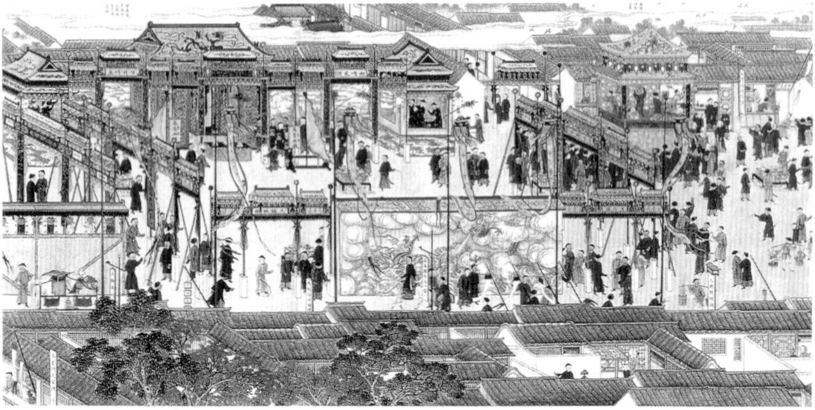

▲乾隆萬壽慶典圖卷

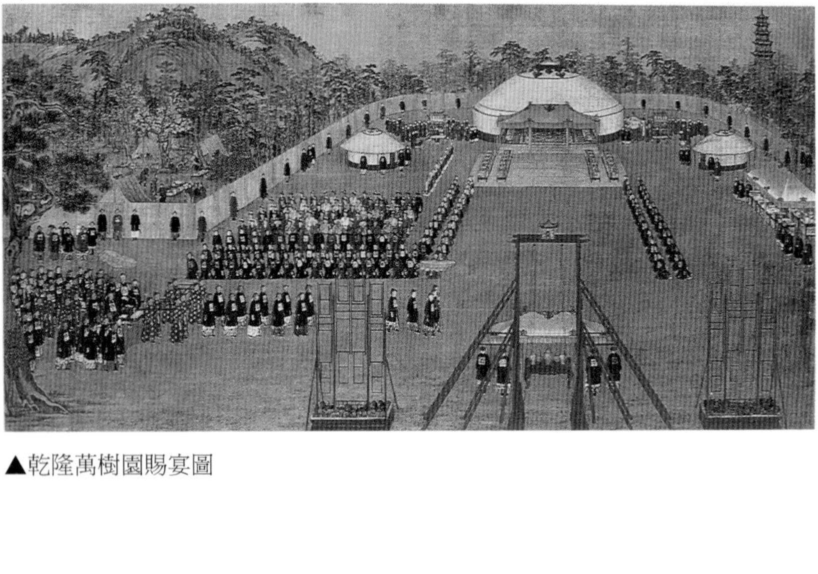

▲乾隆萬樹園賜宴圖

▲乾隆喜歡收藏古董字畫，並在其上加蓋各式印鑑。

▲〈康熙南巡圖〉〔部分〕

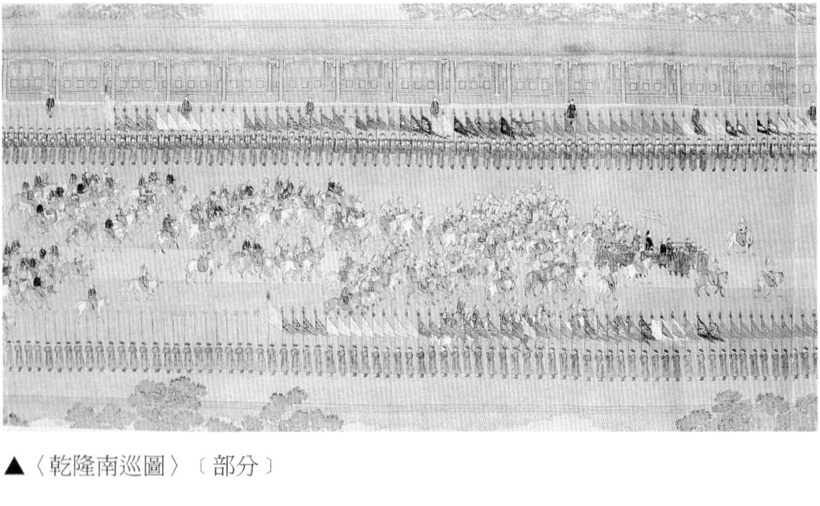

▲〈乾隆南巡圖〉〔部分〕

▲《中國旅行記》首頁的王文雄像

▼馬戛爾尼像

▼馬戛爾尼見乾隆的情景，此圖出自《中國旅行記》。

▶大清國國書

◀十三洋行，即外國人居住的夷館，此圖出自《中國旅行記》。

親切的、活潑的、趣味的、致用的

實用歷史叢書

遠流出版公司

實用歷史叢書 173
清史拼圖

作　　者——劉家駒
主　　編——游奇惠
責任編輯——陳穗錚・傅郁萍
發 行 人——王榮文
出版發行——遠流出版事業股份有限公司
臺北市汀州路 3 段 184 號 7 樓之 5
郵撥／0189456-1
電話／2365-1212　　傳真／2365-7979
香港發行——遠流（香港）出版公司
香港北角英皇道 310 號雲華大廈 4 樓 505 室
電話／2508-9048　傳真／2503-3258
香港售價／港幣 106 元
法律顧問——王秀哲律師・董安丹律師
著作權顧問——蕭雄淋律師
2003 年 2 月 1 日　初版一刷
行政院新聞局局版臺業字第 1295 號
售價新台幣 320 元　（缺頁或破損的書，請寄回更換）

ISBN　957-32-4824-7

YLib 遠流博識網
http://www.ylib.com　　E-mail:ylib@ylib.com

實用歷史叢書

173

清史拼圖

劉家駒／著

《實用歷史叢書》

出版緣起

王榮文

·歷史就是大個案

《實用歷史叢書》的基本概念，就是想把人類歷史當做一個（或無數個）大個案來看待。

本來，「個案研究方法」的精神，正是因為相信「智慧不可歸納條陳」，所以要學習者親自接近事實，自行尋找「經驗的教訓」。

經驗到底是教訓還是限制？歷史究竟是啟蒙還是成見？——或者說，歷史經驗有什麼用？可不可用？——一直也就是聚訟紛紜的大疑問，但在我們的「個案」概念下，叢書名稱中的「歷史」，與蘭克（Ranke）名言「歷史學家除了描寫事實『一如其發生之情況』外，再無其他目標」中所指的史學研究活動，大抵是不相涉的。在這裡，我們更接近於把歷史當做人間社會情境體悟的材料，或者說，我們把歷史（或某一組歷史陳述）當做「媒介」。

・從過去了解現在

為什麼要這樣做？因為我們對一切歷史情境（milieu）感到好奇，我們想浸淫在某個時代的思考環境來體會另一個人的限制與突破，因而對現時世界有一種新的想像。

通過了解歷史人物的處境與方案，我們找到了另一種智力上的樂趣，也許化做通俗的例子我們可以問：「如果拿破崙擔任遠東百貨公司總經理，他會怎麼做？」或「如果諸葛亮主持自立報系，他會和兩大報紙持哪一種和與戰的關係？」

從過去了解現在，我們並不真正尋找「重複的歷史」，我們也不尋找絕對的或相對的情境近似性。「歷史個案」的概念，比較接近情境的演練，因為一個成熟的思考者預先暴露在眾多的「經驗」裡，自行發展出一組對應的策略，因而就有了「教育」的功能。

・從現在了解過去

就像費夫爾（L. Febvre）說的，歷史其實是根據活人的需要向死人索求答案，在歷史理解中，現在與過去一向是糾纏不清的。

在這一個圍城之日，史家陳寅恪在倉皇逃死之際，取一巾箱坊本《建炎以來繫年要錄》，抱持誦讀，讀到汴京圍困屈降諸卷，淪城之日，謠言與烽火同時流竄；陳氏取當日身歷目睹之事與史實印證，不覺汗流浹背，覺得生平讀史從無如此親切有味之快感。

觀察並分析我們「現在的景觀」，正是提供我們一種了解過去的視野。歷史做為一種智性活動，也在這裡得到新的可能和活力。

如果我們在新的現時經驗中，取得新的了解過去的基礎，像一位作家寫《商用廿五史》，用企業組織的經驗，重新理解每一個朝代「經營組織」（即朝廷）的任務、使命、環境與對策，竟然就呈現一個新的景觀，證明這條路另有強大的生命力。

我們刻意選擇了《實用歷史叢書》的路，正是因為我們感覺到它的潛力。我們知道，標新並不見得有力量，然而立異卻不見得沒收穫；刻意塑造一個「求異」之路，就是想移動認知的軸心，給我們自己一些異端的空間，因而使歷史閱讀活動增添了親切的、活潑的、趣味的、致用的「新歷史之旅」。

你是一個歷史的嗜讀者或思索者嗎？你是一位專業的或業餘的歷史家嗎？你願意給自己一個偏離正軌的樂趣嗎？請走入這個叢書開放的大門。

編輯室報告

近年來清史越來越受大眾的注意與重視，不僅在於清宮戲的盛行，藉著傳播媒體讓這段歷史在街頭巷尾廣為人知，此外也在於學界的重視。畢竟滿清立國之久長，文治武功之鼎盛，可與漢唐相比，同時在我國傳統政治、經濟、社會、文化的發展過程當中，也處於承先啟後的重要地位。滿族以邊疆部族入主中原，一方面融合儒家傳統的政治理念與學術文化，一方面又保有滿族特有的統治方式及生活型態。騎射文化的精神影響下，清朝一開始先造就了一個蓬勃的時代。

清朝距今不到一百年，史料浩瀚，事件紛呈，原因複雜。**《清史拼圖》**所要探討的卻不是清史的細節，而是著重於清史上的關鍵問題。

本書集結劉家駒教授曾在刊物所發表的十三篇文章，從清代的皇帝與臣子運用奏摺互動的情形，探討到清代的馬政、滿人的騎射文化與木蘭秋獮，以及束髮與薙髮的問題，其他還論及服飾、科舉等制度，研究緣起及形成經過。除此之外，並專文探討充滿傳奇色彩的乾隆和香妃這段歷史。

書中後半段，作者參考故宮博物院藏宮中檔及其他豐富的史料，從旗人生計著眼深入探討順治年間的逃人問題。其他如清初漢軍的肇建、《四庫全書》修書秘辛與禁燬書籍，以及英使馬戛爾尼覲見乾隆所引起的問題等都有詳細的論述，廣泛地從政治經濟、文化事業及對外交涉等方面探求乾隆朝極盛而衰的原因。

本書對於了解清初的政治、軍事、經濟、社會，一窺清初皇帝的行事作風，以及探求清代的中衰原因等，都有很大的助益。（傅郁萍執筆）

〈序言〉

清史上的關鍵問題

《清史拼圖》所探討的不是清史的細節，但卻是清史上的關鍵問題。滿洲部族原崛起於長白山附近，其生存環境影響其生活方式，故本書除介紹故宮所藏檔案等史料性質，強調其清朝中央集權、皇權專制而神聖化的體制外，最先探討滿洲部族的生活方式及其文化。馬為草原游牧部族生活上或戰爭中所必需，清朝更是以騎射為國家根本，與馬有密切關係。〈從歷史的觀點談馬〉，即探討馬在中國歷史邊防上所佔的地位及其影響。

中國東北長白山附近，天氣寒冷，但雨水充足，土壤濕潤肥美，松林蒼鬱。除適於發展農業外，深山草叢中即以產人蔘聞名。也有許多飛禽走獸可以獵取，貂皮也是其聞名於世的特產。而松花江等河流中更以產珍珠聞名，故滿洲部族發祥地附近是適於採集、漁牧與狩獵的好環境，〈

木蘭秋獮〉只是舉例說明滿洲部族於關外的騎射文化。至於滿洲部族衣冠服制的繁瑣與多采多姿，實因其繼承遼、金、元的服制外，復受明朝遼東漢人及中華文化的影響，又保有滿洲部族受自然環境影響的若干特色。清初的服制原求畫一，但乾隆皇帝卻喜歡穿著漢人儒服，使清代服制呈現多元化的發展，實屬一有趣的問題。

清朝在制度上大體繼承明朝，〈百歲觀場童子試〉即試圖探討清朝承襲明朝科舉制度中的許多有趣的奇聞異事。而清初的漢軍旗人與降附滿洲的遼東漢人，即扮演著將便於統治漢人的典章制度介紹予滿人之重要角色。他們原為滿洲部族的奴隸，是滿洲將士陣獲或搶掠而去的明朝軍民人等。他們原為旗人家役使，或隨主人作戰為跟隨，或在旗人「莊」「園」中從事農業生產。其後滿清入關，他們又隨主人入關在滿清圈佔的田地「莊」「園」或家中工作。〈順治年間的逃人問題〉，即為旗人奴僕思家、受不了苦，或遭虐待而逃亡所涉及的事。因旗人「不農、不工、不商」，完全靠奴隸資生，奴隸逃亡影響旗人生計，故清廷特設督捕衙門及制訂特殊法令嚴懲窩主及其鄰佑十家的人，對逃人的懲罰反輕。

本書最後所探討的則著重於清朝極盛而衰的乾隆時期。〈十全老人與香妃〉則是評估乾隆「武功」，及其「求全」與浪費，耗盡了康雍兩朝積儲的財富，國運由盛而衰。〈千叟宴與多寶格〉則著重乾隆皇帝在文化上的蒐藏，及其萬壽聖節南巡等的鋪張，使吏治民風同時敗壞，再也無法挽回了。至於《四庫全書》的修纂則是就故宮所藏的檔案，評析謄錄人員的素質、待遇，並論及《四庫全書》中的謬誤，使其不能成為善本的原因。而修《四庫全書》的另一面，則為乾隆皇帝的禁燬書。凡明末清初以漢人立場記載滿洲部族在關外的風土人情及戰爭等事，均有詆毀清朝祖先的嫌疑，應該銷燬。其次則為舉凡不合或違反程、朱理學思想的言行與著作，亦應為其貶抑或銷燬之列。藉修《四庫全書》以銷燬違禁書籍，藉銷燬違禁書籍剷除「異端」「邪說」，以程、朱理學統一學術思想，這或許是乾隆皇帝修《四庫全書》的真正目的。清代學術思想無法恢弘博大，實與此有莫大關係。

至英國初次正式派遣使臣馬戛爾尼來華，其目的原希望與清朝建立友好關係，發展其商業「利益」。但由於中、英傳統文化之不同，生活方式之互異，因而導致彼此觀念的衝突，而最顯著的衝突則為禮儀與貿易問題。而此衝突的擴大與結果，則為四十餘年後的中、英鴉片戰爭。康熙皇帝曾於開放海禁後又恢復海禁，沒有面向海洋發展工商，已喪失向海洋發展的契機。乾隆皇帝則是第一個正式與西方工商文化接觸的皇帝。他以中國歷朝「防堵」「夷」、「狄」等游牧民族的傳統策略來「防堵」西方工商文化的「擴張」，而「擴張」的力量正「方興未艾」，「防堵」的力量則「日漸衰弱」，終至衝潰「堤防」氾濫成災！只是中國以農立國太久，受儒家思想的影響太深，工商可以「富」國「利」民的觀念早已陌生，而對「科技」可以「富」國「利」民的觀念更屬新奇！乾隆皇帝也只能略窺一點西方「科技」的神奇，沒有掌握「中國現代化」的契機，這才是中、西文化第一次正式接觸後，中國方面最大的損失。

筆者原期在退休前將自己的論著加以整理，去其重複，乃蒐集了筆者十三篇論文，前九篇曾刊載於國立故宮博物院的《故宮文物月刊》上。其他四篇學術論文則分別刊載於《大陸雜誌》等學術集刊上。其中一篇〈順治年間的逃人問題〉則是為了慶祝李濟之先生七十壽誕而作。回憶民國五十二年國立台灣大學歷史研究所畢業後，承沈剛伯先生的好意介紹至中央研究院歷史語言研究所任臨時助理研究員，三年過去，史語所並無正式名額。所長李濟之先生乃親自打電話給國立故宮博物院院長蔣慰堂先生，並以副研究員的名義介紹我至故宮博物院工作。沈師剛伯，李師濟之向以「嚴師」聞名於台大，「平」「愚」的我，能受到二位恩師的肯定與愛護，實令人感念終生。

本書的順利出版則要感謝遠流出版公司主編游奇惠小姐，她詳細審閱拙作後，很有創意的突破傳統「論集」或「論叢」的框架，為本書訂名為《清史拼圖》，並允增添彩色圖片。筆者學歷史原期「通古今之變」，期望以文字或圖像，拼出歷史的真相，從真相中獲得啟發與教訓。這與遠流《實用歷史叢書》的宗旨正相契合，故樂於將此書交其出版，也願將「一得」之「愚」獻給讀者。

本書的排版打字由普林特斯資訊有限公司完成，校對及封面設計則由編輯傅郁萍小姐負責，他們校對拙作改正許多錯字，並提出許多寶貴意見，除感謝他們的專業與敬業外，也欽佩遠流出版公司熱心於學術出版事業的遠見及其分層負責企業化經營的精神。

當然最後還得感激內人蔣凱華女士的辛勞，與支持。

目錄

13

英國首次派遣使臣馬戛爾尼來華覲見乾隆皇帝所引起的問題／二六五

前言／中、英衝突之基本心態與原因／曲加體恤隆重接待英國使臣／禮儀問題之爭執／英國使臣「雙膝跪」呈國書／英使之目的與任務／結語

劉家駒◉著

清史拼圖

1 奏摺裡的玄機

皇帝與大臣間祕密通訊的方法

清朝的奏摺制度，大體沿襲明朝，也有其因革損益而獨創的部分。奏摺制度仍以公題私奏為原則，公事用題本，私事用奏本。但一個大臣的「私事」與「公事」有時實在很難明顯的劃分，甚至連曾任浙江巡撫，為雍正皇帝所寵信的大臣李衛，也曾誤將「公事」用奏本奏報，而受到斥責。題本與奏本最顯著的不同，是題本上蓋有上奏人的職銜關防。奏本或奏摺因係大臣以私人身分上給皇帝的報告，所以在封面上不蓋關防。題本因係公事，可以動用兵部所頒發的火票，以驛站傳遞，由通政司轉呈。奏本因係私事，則由大臣的家人直接呈送宮中，非不得已，不能動用兵部的火票。故宮博物院所藏的宮中檔案，就是內外大臣以私人身分上給皇帝的奏本或奏摺。保存題本最多的則為中央研究院歷史語言研究所，這批檔案當時差一點就被做了紙漿，是創辦史語所的傅斯年先生，以兩萬銀元搶購的。所謂內閣大庫的檔案，指的就是這批檔案。當時與甲骨文、漢簡，以及敦煌的收藏，被稱為史學界四大重要發現，是轟動學術界的大事。

滿清入關定都北京後，為了便於統馭滿漢及蒙古大臣，瞭解各地方的情形起見，特規定地方上的封疆大吏，如總督、巡撫、布政使、按察使、學政，與武職官員如提督、總兵、八旗都統及各地駐防的將軍等，均得以私人身分向皇帝奏報事情。道府等以下的官員，非經特別恩准，是沒有此項上奏權的。這是皇帝與大臣間祕密通訊的一種方法，大臣藉著奏摺將其所見所聞的地方情形，報告給皇帝，皇帝藉著硃批將其旨意諭之臣下，所以這一類的奏摺，也可統稱為「硃批諭旨」。奏摺制度，對皇帝而言，可以不出宮「門」，「能知天下事」。對大臣而言，上奏權使其成為皇帝的「股肱耳目」，是義務，也是權利。

為了縝密起見，當總督、巡撫上任之時，皇帝即賜以報匣若干，准許他以私人身分向皇帝報告事務。此報匣有二把鑰匙，一把隨同報匣賜給大臣，一把則由皇帝親自保管，所以只有皇帝及上奏之大臣才能開啟報匣，其他官吏不准也不能開啟報匣。奏摺的書寫須正楷，不能潦草，而且怕洩漏機密，奏摺要大臣親自書寫，不能假手於幕府人員。皇帝看過奏摺後，也親自用紅筆在上批示，稱為硃批，也不假手於親信大臣。康熙皇帝曾有右手受傷，用左手執筆親自批示的事。由此可知，康熙皇帝對奏摺制度之重視。經皇帝閱過硃批的奏摺，再發還原上奏大臣閱看保存，雍正即位後，於康熙六十年十一月，諭令內外大臣等將他們所保存的硃批奏摺一律繳還宮中，不能抄寫、存留、隱藏，或焚毀，否則「斷不寬宥，定行從重治罪」。從此硃批奏摺的繳還就成了定例，「繳批」二字也變為專有名詞。本院所藏的宮中檔案，就是大臣等繳還宮中的奏摺。

硃批的繁簡與皇帝的勤惰

清初，中國分為十八行省，同時有權上奏摺的總督、巡撫及中央官吏，據估計約二百餘人。一個皇帝平均每天要批閱八九十件奏摺，這實在是一大沉重的負擔。在有清一代的皇帝中，批改奏摺最詳細的，首推雍正。他不僅在摺後，摺中間及摺上眉批，甚至還改大臣的錯字。他的硃批有洋洋灑灑千言者，有的比原奏摺的字數還要多。其行文流暢，氣勢磅礡，實有君臨天下之勢。在他即位後的前六年，「晝則延接廷臣，引見官弁。傍晚觀覽本章，燈下批閱奏摺，每至二鼓三更」。其實雍正的硃批，已超出政事的範圍，有「教人為善，戒人為非」，教育臣下的作用。「曉以福善禍淫之理，勉以存誠去偽之功」，甚至有兩人奏事相同，而雍正的硃批則完全不同，這是雍正「因人而施，量才而教」。所以研究雍正朝的硃批諭旨，不僅可以瞭解當時的政治、軍事、經濟及社會情形，更可認識雍正的學養與個性。

雍正年間成立軍機處的主要動機，是為了對西北用兵，須調用一批大臣襄助處理軍政上的許多大事。但奏摺的繁多，皇帝硃批奏摺事務的繁重，也是成立軍機處的主要原因之一。雖然「硃批」仍為皇帝「乾坤獨斷」的專權，不能「太阿倒持」，假手於軍機大臣之手。但硃批後，奏摺中重要事務的處理，及謄錄奏摺一份以存軍機處等瑣事，就為軍機大臣及章京等的日常事務了。本院所藏的軍機處奏摺，則是軍機處的章京等用行書鈔錄奏摺或題本的副本。

在清朝初期，硃批沒有一定的格式，至嘉慶以後就簡單多了，也流入一定的形式，最簡單的硃批只有一個「覽」字。「知道了」，及「該部知道」或「該部議奏」等語句，也變成硃批固定的「口頭禪」了。康熙、雍正、乾隆三朝是清朝的極盛時期，嘉慶以後就走向衰運。由硃批的繁簡來看皇帝的勤惰，也可窺見一點大清帝國盛衰的縮影。

奴才與三跪九叩

奏摺既是大臣以私人身分上給皇帝的報告，所以有「旗籍」的大臣，可以自稱「奴才」，如在奏摺中提到兒子，則稱「奴才的兒子小奴才」，沒有「旗籍」、「特權」的漢大臣則稱「臣」。有的漢大臣為了討好皇帝，自稱「奴才」，還遭到康熙皇帝的斥責，認為與體制不合。可見當時能做皇帝的奴才，是一件光榮的事。順治初年，許多漢人甘心「投充」旗下為奴，一部分即出自這種心理。滿文阿哈（aha）的意思是奴隸，與奴才同為一字，這和滿洲部族的發展與擴大有密切關係。

滿清源起於長白山附近的小部族，屬於建州女真的系統。自清太祖努爾哈赤統一鄰近的部落後，建州女真才開始強大起來。這和太祖建立八旗制度有密切關係，太祖將滿洲的部眾與壯丁完全納入「旗」的組織，故「旗」是軍政合一的制度與組織。其後隨著滿洲勢力膨脹發展與擴大，除滿洲八旗外，還有蒙古八旗，漢軍八旗，總共二十四旗的武力。到滿清入關時止，八旗制度才算發展完成。每一旗設一固山額真，其下有甲喇額真、梅勒額真、牛彔額真等官。固山是滿文（gūsa）音譯，是「旗」的意思。額真是滿文（ejen）的音譯，意思是「主」。固山額真合起來，就是「旗主」的意思。就廣義來講，固山額真是一旗的主人或「主子」，一旗的部眾與壯丁，都是屬於「主子」的。這種觀念的擴大，使八旗的子弟在廣義上都是大清皇帝的世僕家奴，故入關後的八旗大臣，對皇帝自稱「奴才」，是一件很自然的事。

滿洲部族對「主子」的觀念，到清太宗皇太極改國號為大清，改元崇德，接受寬溫仁聖皇帝的尊號後，更加擴大而加深。滿洲部族深受漢人「天子」與「君父」觀念的影響，皇帝是「天子」，代表「天」來行使「君」「父」的權力，統治子民，故臣民對「天子」皇帝要「敬畏」無比，要行三跪九叩的大禮。

明朝是中國中央集權，君主絕對專制的朝代。舊日的宰相權，完全被剝奪，君主的權威，發展到極點。臣下的地位與君權相比，則日趨低落而卑下。清朝入關後，承襲了這種政治精神，作更進一步的發揮。明朝大臣對皇帝僅四拜或五拜，清朝大臣則要三跪九叩，所以清朝皇帝地位之崇高與專制，實在超過明朝。在清代的奏摺制度中，也表現了君權「神聖」的政治精神。大臣親自寫好奏摺後，還有拜摺的儀式。所謂拜摺，就是大臣將奏摺寫好後，在家或衙署中擺設香案，將奏摺放在香案上，對奏摺跪拜後，將奏摺放在報匣內，上鎖加封，再交家人呈送宮中。這也是提高君權的一種方法，使大臣隨時都有「天威咫尺」之感，而產生「敬畏」之心。

漢唐宰相，可以與皇帝「坐而論道」，有大臣的人格與尊嚴。清代軍機大臣召對，則須跪著奏對。故大臣被召見前，常以厚棉裹著膝間，以免久跪膝痛。身體肥胖，有心臟及血壓病的人，更是不宜久跪。乾隆十三年（一七四八），署直隸總督劉於義，即因奏對跪久，起立時跌倒暴斃於養心殿。雖然時人讚其死得其「所」，但大臣對「久跪」仍視為畏途。為了習慣於「久跪」，有的大臣每日在家及衙署中，練習「跪」、「起」之道。光緒二十年，慈禧太后六十萬壽聖節前，直隸總督李鴻章每日在衙署中，練習跪拜三次。相傳避免「久跪」祕訣，凡皇帝召見，無論奏對何事，必以三語為率，並須簡淺明白，不需皇帝再問。如此一來，則皇帝聽政及召對大臣，就徒具一種形式了。

除了三跪九叩及跪著奏對外，還有碰響頭的規定。凡臣工召對謝恩及諭旨涉及其父祖事時，均須免冠碰響頭，碰頭的聲音能傳徹御前，乃為至敬。按清代皇帝御政的太和養心等殿，實經過一番精心設計，在殿磚地下行行覆瓿，走在上面有空谷傳音之概，在覆瓿的殿磚上碰頭，則蓬蓬然若擊鐘鼓，而且不會太痛。如在沒有覆瓿的殿磚上碰頭，即令頭碰腫了也碰不響。只有重賂太監，指示向來碰響頭的處所，才能達到碰響頭的效果。這是清代很奇特的一種制度，其主要目的在提高君權的「神聖」。有的大臣在「天威咫尺」下，不知所措！咸豐年間，兩廣總督勞崇光入覲召對，免冠謝恩碰響頭後，而忘記復戴「紅頂花翎」的冠帽，就走出了大殿。這一「進退失儀」的舉動，完全是「敬畏太甚」，緊張過度的緣故。

民本的思想與雨水糧價的奏摺

中國以農立國，農民佔大多數，農業是國家的根本。滿洲部族在關外即重視農業，深受中國傳統儒家思想的影響。入關後，清初的幾位皇帝，對四書五經的儒家經典，更是熟讀默記。所謂「天視自我民視」、「民為邦本，本固邦寧」的「民本」思想，影響清初的政治至深且鉅。「民以食為天」、「農事傷，則饑之本」，為了勸課農桑與重視農業，聖祖曾命焦秉貞繪〈耕織圖〉

各二十三幀，其後乾隆又命陳枚繪彩色〈耕織圖〉各二十三幀。將農業生產過程中，浸種、耕田、插秧、耘草、灌溉，一直到收割、入倉與祭神等二十三種步驟，一一繪圖說明。除圖前有康熙及乾隆的聖序外，每幀圖上又各題詩說明，誠如聖祖在序中所言：「朕每巡省風謠，樂觀農事，於南北土疆之性，黍稌播種之宜，節候早晚之殊，蝗蝻捕捉之法，素愛諮詢，知此甚晰。」由此可知康熙與乾隆關心與重視農業了。

康熙與乾隆之重視農業，關心民瘼的精神，在奏摺中表現得更為具體。本院所藏宮中檔案中，所佔比例最大的就是奏報各地雨雪、田禾、收成、糧價及災情的奏摺。總督、巡撫、布政使、按察使是地方的行政長官，職責所在，每月按例要奏報地方雨水田禾糧價情形。就是提督、總兵等地方武職官吏也要奏報地方民情雨雪等事。上任，進京陛見，休致返鄉的官僚，有時也奏報沿途所見所聞地方上雨雪糧價情形。還有許多特殊機關如江南織造衙門的官僚等，在奏報地方民情的奏摺中，有時也奏報雨雪糧價的事。李煦、曹寅曾為江南織造，在其奏摺中有許多奏報江南雨水糧價的事。甚至在王鴻緒的密繕小摺中，也有奏報地方雨水糧價的事。江南織造屬內務府，為皇室採購宮中所需用的物品，也是為皇帝搜集情報，「打聽」消息的特殊機關。至奏報地方雨雪糧價情形，則是織造以外的「職責」了。以密摺奏報地方雨水糧價，實為防止地方官奏報不實，欺瞞等情弊，也是考核地方官吏的一種方法。所以同年同月同一地方的雨雪田禾糧價的奏摺有許多件。地方官不敢欺瞞，皇帝對各地方的情形才能確實的瞭解，而施政與賦稅才有基礎。值得注意的，在本院所藏宮中檔案中，奏報地方雨雪糧價及災情的奏摺，以康熙、雍正、乾隆三朝所佔的比例最大，嘉慶以後就有減少的趨勢，而且這類奏摺也流於形式，沒有以前詳盡。康、雍、乾三朝是清朝的盛世，由皇帝關心重視民間疾苦的情形來看，實非倖至。這些奏報地方糧價及災情的奏摺，實在是研究清代經濟史最有價值的史料。

密摺與朕安

在宮中檔案中有許多密摺，尤其是王鴻緒的密繕小摺，最為人所注意。這種密摺長約八公分，寬四公分，除抬頭二字的空間外，每行可寫九字，比普通宮中檔的奏摺約小一倍多，真是名實相符的「小報告」。這種奏摺主要的取其小巧，攜帶方便，甚至可以夾在請安摺或謝恩摺內進呈。本院藏有王鴻緒密繕小摺，共三十九件。

據《清史稿》的記載，王鴻緒，康熙十二年（一六七三），一甲二名進士。曾任明史總裁，內閣學士，戶部侍郎等職。至二十六年，擢左都御史，未幾丁父憂歸，後因朋黨案休致。三十三年，以薦召至京修書，尋授工部尚書，充經筵講官，調戶部尚書。四十七年，因保奏儲貳，詔旨切責，以原品休致。五十四年，復召至京修書。雍正元年，卒於京師。總觀王鴻緒一生最大的成就與貢獻，還是他主持纂修的《明史稿・列傳》二百零八卷。一個從未任封疆大吏的文翰之臣，居然有密摺上奏之權。這是清初政治的一大特色，也是清朝承襲其部族政治中文臣上書諫諍言事的制度，發展而成的一種特殊制度。

本院所藏王鴻緒的密繕小摺，都未記年月，且無上奏人之官銜。可能這些密摺都是夾在請安摺或謝恩摺內進呈的，所以未記年月。另一可能是年月寫在「封套」上面，封套遺失，密摺保存，所以沒有年月。王鴻緒言其「承旨密繕小摺於皇上巡幸之時」。按康熙第一次南巡在二十三年，正是王鴻緒充明史總裁，內閣學士等「閒散之員」的時候。至二十六年，王鴻緒升任左都御史。都察院是清代的監察機關，有監察及彈劾文武百官的職責。王鴻緒先有密摺上奏權，然後才擢為左都御史，「正式的」有密摺上奏權。但就王鴻緒密摺的性質與內容而言，有幾件密摺證明是王鴻緒在休致後被召還京修書時所上的。如此則王鴻緒自康熙二十三年，授與密摺上奏權後，終其一生都有密摺上奏權了。

密摺是由上奏大臣親自書寫，由其本人或親信家人送至宮中，不經通政司轉呈。但許多密摺是夾在請安摺或謝恩摺內一併進呈的。謝恩及請安摺的形式與內容都很簡單，全奏摺甚至只有「恭請皇上聖安」等六字，而「硃批」也只「朕安」二字。但有時皇帝在「朕安」之餘，詢問其他的事情。所以就史料而言，請安與謝恩摺都不太重要，但「硃批」有時確是有價值的史料。請安摺有時就是密摺，在蘇州織造李煦、江寧織造曹寅的許多密摺中，第一句話就是「恭請皇上萬安」，然後再奏報事情。本院所藏請安摺以康熙、雍正二朝為最多，這也許與康、雍二朝密摺多有關係，當然與康熙、雍正晚年，身體欠佳也有關係。因為有資格得到皇帝的特別恩賞，與有資格向皇帝請安的大臣，就是皇帝所親信的「股肱」，他們有「上密摺權」是一件很自然的事。

2 來如閃電　去似狂風

——從歷史觀點談馬

馬及其代表的遊牧文化

馬對遊牧部族而言除為戰爭中的利器外，更為生活上所必需。因遊牧部族居處不定，逐水草而居，蓬帳、牛、羊、駝、馬隨之而動，他們沒有不動產的觀念，也沒有不可移動的財產。馬能任重致遠，運動便捷，故馬遂為遊牧部族遷徙運動過程不可缺少的工具。我國西北方地高苦瘠，許多遊牧部族蕃息其間。為了適於生存，他們以打獵、畜牧為生計，馳騁於苦寒，一望無際的遼闊草原上。而自然環境也養成遊牧部族強悍、剛毅、勇敢與冒險的個性。

由於生活艱苦，他們性喜搶掠定居及從事農業耕種的民族。在我國古代的歷史上，即記載著許多游牧部族與農業民族間發生戰爭的事。

馬適合在寒冷乾燥的氣候中生長，故我國西北方是良馬的出產地，也是遊牧部族活動出沒的地方。而我國古代歷史上的外患來自西北方，即因西北方居住有許多遊牧部族的關係。他們的種族或有不同，名稱隨世易名，因地殊號，但均營狩獵及遊牧的生活方式。唐、虞的山戎、獯鬻，商朝的鬼方，與周朝的玁允、犬戎，即秦漢時的匈奴，甚至唐朝時的突厥也是匈奴的別種。他們的活動與強盛構成我國西北國防的威脅。

秦始皇北逐匈奴，然後修築長城以防之，即為我國西北邊防作「長治久安」之計。但萬里長城不止劃分出塞內與塞外，同時也為遊牧部族與農業民族活動的分水嶺，由是形成塞內與塞外兩種斷然不同的文化與生活方式。我國古代對「夷」「狄」與華夏的概念，即站在文化的立場上來區分，種族與血緣的關係倒在其次。所謂「夷」「狄」尚處於漁獵或遊牧的生活方式，所謂華夏民族則營定居與城廓的農業生活方式，其政治組織與文化較遊牧部族文化優越。萬里長城的修築使其後兩種不同文化的發展各有其特色，而形成尖銳的對比，連帶著禮俗、服飾與戰術思想等也發生了顯著的差異。

秦築長城　功不補過

秦始皇築長城，因役使民力過量，造成其國內人民普遍的怨恨，而「死的」萬里長城並不是有效的國防工事。故秦暴政滅亡後，漢朝代興，仍遭受匈奴寇擾邊疆的威脅。因匈奴為遊牧部族，憑藉其來如「閃電」，去似「狂風」的駿馬，匈奴戰士可以突破萬里長城上任一「缺口」，在搶掠塞內居住的農業民族的財物後而安然迅速離境。待塞內農業民族的大軍聚集，匈奴的騎兵早已離境遠去，追趕不上了。而且即令發生戰鬥，也是「凶多吉少」，無不敗衄而歸。

漢高祖劉邦曾親率三十餘萬大軍北擊匈奴，卻被匈奴圍困於平城白登山七晝夜，差點就全軍覆沒。還是劉敬獻和親政策，以漢朝「公主」嫁匈奴酋長，以財物賄賂匈奴，才能脫險，自此也造成漢朝對匈奴的恐懼。

以漢高祖的英武與雄才大略，北伐匈奴，何至如此狼狽?實因漢朝缺馬，沒有騎兵。漢初，天子御車之六馬，不能求得「純一」之色，將相無馬車乘，只好以牛車代步。當漢高祖被圍困於白登山時，四面全是匈奴騎兵，西方盡白馬，東方盡青駹馬，北方盡烏驪馬，南方盡騂馬，可見匈奴馬匹之多。以「運」「動」遲緩的步軍與「風馳電掣」的騎兵相戰，則勝負立判。漢高祖北伐匈奴的失敗，主要原因是漢朝缺馬，無法訓練出精良的騎兵。

這也說明萬里長城是「死的」防禦工事，無補於西北國防，而且因萬里長城的修築，限制了塞內華夏中華民族活動的空間，無法到塞外去開拓發展。故秦築長城，對中華民族後代子孫而言，是功不補過，浪費國帑與民力的事。

師夷之長技以制夷

漢景帝時鼂錯曾分析匈奴與漢朝的情勢，認為匈奴的馬好、騎術精與耐飢寒，都是漢朝比不上的。事實上，匈奴的三大特長與優點，都與其生活方式有關。匈奴為遊牧部族，馬為其生活上必需，匈奴士兵自幼即馳騁於馬上，已將生活與戰鬥技能合而為一，故騎術能精。至耐飢寒，亦與其生活方式有關。匈奴部族吃的是牛肉、羊肉，喝的是牛羊乳酪，吃喝這些含高單位的脂肪與蛋白質，自能較農業民族吃的糧食耐飢寒。而且匈奴人所騎的馬為蒙古種馬，雖然腿短馬身不高，但極具耐力，機動性亦強，能上下山陵，出入溪澗。漢朝的馬不但比不上，而且缺馬。

漢初，馬一匹值百金，已相當於中等人家的家產。在秦暴政後，繼之以楚漢之爭，民生凋敝之餘，漢朝的國力何能購買大批的馬匹？無馬匹即無法訓練出騎兵，故自漢高祖起，經惠帝、呂后、文帝與景帝四朝，對匈奴均採取守勢，忍辱負重的繼續高祖的和親政策。經七十餘年休養生息，奠定了國家富強的基礎，至漢武帝元光二年後（西元前一三三），漢朝才開始再度對匈奴使用武力。

漢武帝是我國歷史上雄才大略的君主，也是偉大的民族英雄。他一反過去對匈奴的恐懼，由被動的防守和親政策變為主動的攻擊戰略。他首先向西域及匈奴購買良馬，為出擊匈奴作積極的準備。張騫出使西域固為漢武帝夾擊匈奴戰略的一環，但也是為了戰略物資良馬的爭取。西域烏孫與大宛即以產良馬聞名。尤其是大宛產的汗血馬，更為漢武帝所喜愛。所謂天馬霑赤汗，即指西域大宛出產的此種名馬。此種馬持久力頗強，適用於長途跋涉，比匈奴的馬更好。因在馬的前髆上有一結疤的小孔，馬急走時，血即從此小孔中流出，後世謂汗血馬乃馬奔馳時汗流如血，實屬望文生義，以訛傳訛。

良馬既備，然後積極的訓練騎兵，「師夷之長技以制夷」。當時漢朝廄馬至四十萬餘匹，充分的顯示強大的國防實力，與漢初缺馬的情勢形成強烈而顯明的對比。待騎兵訓練精良後，漢武帝乃命衞青、霍去病率領強大的騎兵團，深入沙漠，捕捉匈奴的主力，加以殲滅。在漢朝數次大規模進攻匈奴的戰役中，有四次戰果最為豐碩。使匈奴壯丁及畜產損失慘重，一時無法恢復，至漢宣帝時，匈奴乃向大漢投降稱臣。

北伐匈奴是漢武帝畢生最艱苦的奮鬥，為中國的歷史寫下光輝的一頁，衞青與霍去病也為後人景仰的民族英雄。在霍去病墓前有馬踏匈奴石雕像，以紀念他討伐匈奴的豐功偉業，也是我國發揚民族精神的珍貴文物。

漢胡文化交流　突厥歸順唐朝

我國歷史上第二位開疆拓土的民族英雄是唐太宗，他一生烜赫的武功也與馬有密切關係。唐朝皇室因受南北朝以來胡風的影響，胡化色彩本來濃厚，再加上太宗的祖母、母親與皇后都是胡人，故他耳濡目染，胡化很深。他喜歡「胡服騎射」與突厥人接近，甚至以突厥人充當侍衞。他喜歡良馬，從回鶻人進貢的「千里馬」中，選其最優異者號稱十驥以備乘騎。他所御乘的六匹駿馬，分別賜以颯露紫、拳毛騧、白蹄馬與青騅等典雅名字。在唐太宗逝世後，分別以浮雕刻出六匹駿馬，裝飾在墓中，這就是聞名於世的昭陵六駿。

除唐朝皇室外，民間也受胡化的影響，穿著窄領、小袖、短衣、長靴的胡服，也是風靡一時。當然穿著緊身的胡服與便於騎射或有很大的關係。唐朝婦女的地位，也遠較後代為高，以健碩為美，且頗多習武騎馬。唐朝偉大詩人杜甫，曾描寫唐玄宗與楊貴妃出遊曲江的盛況，其詩云：「輦前才人帶弓箭，白馬嚼齧黃金勒，翻身向天仰射雲，一箭正中雙飛翼」，由此可以想見當時宮女矯健的英姿。唐人勇敢進取的尚武精神，與唐人愛馬與騎馬的普遍，頗有關係，也是唐人生活受胡化影響的明證。

自唐太宗即位至唐高宗初期四十餘年間，正是大唐帝國強盛的頂峰，其時有廄馬七十萬六千餘匹。置八坊四十八監，設太僕、牧監、副監等官，在隴右及河西肥沃的草原上，負責牧養、調教及管理這些馬匹。我國有馬政的制度，即始於唐朝。馬匹既多，訓練騎兵也就容易了。

唐朝主要的外患是突厥，突厥部族是匈奴的別種，也是遊牧部族，常寇擾大唐帝國的西北邊疆，為唐朝國防上最大的威脅。貞觀三年（西元六二九），唐太宗命李靖、李勣等率騎兵十餘萬，六道討伐突厥，大破之，俘獲其人口畜產數十萬。其後，突厥歸順唐朝，其他諸遊牧部族亦震於大唐的聲威，共尊唐太宗為天可汗。唐朝討伐突厥沒有像漢朝討伐匈奴那樣艱辛，主要的原因是唐人生活方式的胡化，瞭解突厥部族的內情，分化離間其部族後，再施用武力，而且良馬來自西域較漢朝更為容易。故唐朝烜赫的武功，也由騎兵所奠定。憑了多次烜赫的武功，大唐帝國的版圖疆域擴展至空前的最高峰。而且由於唐人胸襟開闊，坦蕩真誠的自由精神，大量吸收外族文化，進而創造出更光輝燦爛的偉大中華文化而為後世所嚮往。

清初的馬政與馬數

在我國歷史上以異族入主中原而能成就烜赫武功的，除由蒙古遊牧部族所建立的元朝外，則為由滿洲部族所建立的清朝。蒙古部族所建立的地跨歐亞的大帝國，固全靠蒙古騎兵，即滿洲部族的興起，也與馬有密切關係。

滿洲部族屬於女真，崛起於長白山附近。其生活方式雖早已由遊牧進入定居的農業，但滿洲部族性喜打獵，富尚武精神，騎射為其立國的根本。滿洲八旗勁旅，雖有披堅甲執長矛的步兵，但衝鋒陷陣決最後勝負的卻以騎兵為主力。尤其是平服蒙古後，馬的來源無缺，滿洲八旗更是家家畜有馬匹。滿洲幼兒與蒙古幼兒一樣，也是在馬上長大的。故滿洲八旗的騎兵，向以騎術精良，勇敢善戰聞名。滿洲部族能入主中原，完全是八旗勁旅中的騎兵所奠定的基礎。在《清史稿》十二卷兵制中，特別有〈馬政〉一卷，可見馬在清代兵制中所佔地位的重要。

清初沿明制，設御馬監，後改為上駟院，掌御馬，以備皇帝巡幸、謁陵及秋獮木蘭時乘用。因扈從官弁各給馬匹，故御馬有二萬三千餘匹。天下戎備之馬，統於兵部車駕清吏司。滿洲貴族親王、郡王、貝勒、貝子、鎮國公、輔國公等出征時，其軍馬之數多至四百匹，少亦有八十匹。至將軍、副將軍、護軍統領、前鋒統領、都統、副都統等武職官員，出征時規定的軍馬，自八十匹至六十匹不等，共需官馬二萬七千七百餘匹。另有駐防盛京、直隸、浙江、山西等十四省的滿洲八旗營兵，需馬十萬六千四百餘匹。而全國驛站的額設馬共四萬三千三百餘匹，總共清代的官馬約略二十萬餘匹。

事實上，清代的官馬不止此數。按滿洲八旗兵制，騎兵一人，需馬四匹，一匹為主騎，一匹為從騎，另二匹馱載器糧用具。在滿洲、蒙古及漢軍八旗共二十四旗勁旅中，除駐防各省的官兵外，至少有五、六萬騎兵，需馬約二十餘萬匹。而清初各行省由漢人組成的六十餘萬綠營兵，其需用軍馬雖不可考，至少也有一、二十萬匹。民間牧養的馬匹，其數則更多，因蒙古、新疆（西域）及青海等產馬之地，均為清朝所征服，納入清代的版圖，故清代的馬數也應超過唐朝七十萬餘匹之數。

乾隆愛馬　郎世寧畫馬

在清代帝王中最愛馬的則為乾隆皇帝。他六歲時即育於宮中，隨其祖父康熙皇帝秋獮於木蘭，至塞外騎馬打獵。故乾隆皇帝精於騎射而愛馬，是幼時所養成。他二十五歲即位，是貴為天子，富有四海。邊外蒙古及其他部族，如歸化城土默特、土謝圖、車臣、喀爾喀、噶爾丹、唐古代、沙拉伯爾及哈薩克等部族每年均進貢駿馬，天下駿馬可謂全集於御馬群中。他最喜愛的有八匹駿馬，每匹均御賜「典雅」的名字，並命西方傳教士宮廷畫家郎世寧為他的駿馬畫像。在畫上乾隆以漢文與滿文，御筆親書駿馬之名，並賦詩以讚其神駿。又由大臣賦詩以讚之，並記御馬的身高與體長。在我國相傳的歷代畫馬畫中，可說是幾幅別出心裁最巨大的畫馬圖。

我國歷史上最有名的畫馬名家為唐朝的韓幹，他的牧馬圖更是舉世聞名的國寶。相傳韓幹畫馬「以馬為師」，除畫馬的體態與英姿外，更能畫出馬的「神情」，是「不朽」的傳世之作。清代的畫馬名家則為郎世寧，他以西洋繪畫素描的基礎，畫實物最為形像逼真。他畫馬除畫其形像外，也能畫出馬的「神駿」之情。國立故宮博物院保藏幾幅他的畫馬名畫，如百駿圖、八駿圖，與八巨幅駿馬圖，都是他的「絕作」，是屬於「國寶級」的名畫。

馬的毛色大體分為白色、蒼青、赤黃、雜色四種，但馬的毛色何止百種？而且因馬的毛色不同，而各有其典雅的名字，如蒼龍、鐵驪、赤騂、連錢驄等。僅以白馬而言，馬膝上全白色名馵，四膝下皆白色名駮，四蹄皆白色名贈蹢蹄，俗呼為踏雪馬，兩前足皆白色名騱，後二足皆白色名狢，前右足白色名啟，前左足白色名踦，後右足白色名驤，後左足白色名馵，赤騂馬腹下白色名騵，白馬黑鬣名駱。從郎世寧的百駿圖來觀察，沒有兩匹馬的體態姿勢與毛色是一樣的，即知郎世寧的畫馬，是經過長時間觀察，以素描的基礎，「以馬為師」畫出的，故能畫出馬「神龍活現」的神情。

伯樂相馬　千里馬常有

馬既為戰爭中不可缺少，故我國歷史上許多英主與名將無不喜歡通靈且能日行千里的駿馬。如蜀漢昭烈帝劉備所乘的馬名的顱，曾救其脫險。蜀將張飛所乘的馬號玉追，更是英雄與名馬相得益彰，時人歌之曰：「人中有張飛，馬中有玉追」。曹操所乘的馬名白鵠，也是能「乘風而行」的神駿，俗諺說：「憑空虛躍，曹家白鵠。」至唐太宗所乘的名馬碧雲霞，更是一匹通靈「善解人意」的駿馬。唐太宗征太原時，往來乘之，上下山嶺如坐安輿。太宗乘之則屈前足，下則屈後足，使主人無登高降下之勞。餵養馬匹的圉人如供芻粟或少，則嘶鳴奮躍，踶齧不已。及太宗崩逝，此馬悲鳴不食而死。

馬能使主人馳騁於疆場上，建立不世的勳功，又能通靈救主，故我國的許多文學作品將馬比之如忠僕與良臣。更有許多名士不愛美妾愛駿馬的故事。但駑驥同槽，千里馬難辨。相傳三十二相馬法，也是憑牧馬的經驗所得的結論。僅以此相馬，也不是很準。大體而言，馬身長八尺為龍，七尺以上為騋，六尺以上為馬。故從馬後數其脅肋，有十肋者為良，凡馬有十一脅肋者行二百里，十二脅肋者行千里，超過十三脅肋者乃天馬，萬馬之中不能得其一。

「相馬眼為先，次觀頭，面則要方圓」，這也只是相馬的概略原則。至於說「馬生墮地無毛行千里，溺舉一腳，行五百里」，似乎又太過神奇。故又有將相馬法與解剖學合而為一的科學相馬法。如「馬肝欲得小，耳小則肝小，肝小識人意。肺欲得大，鼻大則肺大，肺大則能奔。心欲得大，目大則心大，心大則猛利不驚，目四滿則朝暮健。腎欲得小，腸欲得厚且長，腸厚則腹下廣方而平。脾欲得小，膁腹小則脾小，脾小則易養」。這種科學的相馬法，也只能觀其大概，要在千百萬匹馬中，尋得一「出乎其類」的神駿名馬，也不是很容易。故我國歷史上相馬士何止千萬，僅止伯樂一人出名。相傳伯樂相馬法，旋毛在腹下如乳者千里馬，這又屬於獨特的相馬法了。

唐朝大文豪韓愈在其〈馬說〉一文中云：「千里馬常有，而伯樂不常有。」已將千里馬比之能「任重致遠」的人才，而伯樂則比之能識拔人才的英主。韓愈有懷才不遇的感嘆，但在〈馬說〉中，無一句自我感嘆之辭，完全表現我國文人淡雅與開闊的胸襟，故能成為傳誦千古，令人嘆為「觀止」的不朽名著。

3 木蘭秋獮

木蘭秋獮的圍場

木蘭為滿文（Muran）的音譯，是哨鹿圍的意思，圍就是圍場，也就是哨鹿的場所。康熙後，遂為清朝皇帝「秋獮」（秋天農地收穫之後的打獵）的地方。哨鹿是女真部族的舊習，哨鹿者先以樺樹皮為長角，吹此長角，即發出雌鹿呦呦疲憊的聲音，附近雄鹿聞聲群至，獵人乃乘機射鹿。及至清朝，布哈特人擅長哨鹿特技。其哨改用木製，長二尺餘，狀如牛角而中空。吹此哨，也可發出鹿鳴呦呦的聲音，同樣有哨鹿的妙用。故清朝皇帝秋獮木蘭時，常有布哈特人隨往。

木蘭在直隸承德府北四百里，原為蒙古諸部落遊牧的地方。康熙時，聖祖秋巡塞外，舉蒐狩之典（古代春蒐、夏苗、秋獮、冬狩，皆因田獵以講武事），蒙古喀喇沁，敖漢，翁牛特諸部落藩王乃敬獻此牧場，聖祖收納，木蘭遂成為秋獮講武之所。木蘭四周皆以柳條樹作為柵界，以區別圍場的內外，稱為柳條邊。其南面有二路，為圍場的出入口。圍場的面積周圍約一千三百餘里，東西三百餘里，南北二百餘里；東至喀喇沁旗界，西至察哈爾旗界，南至承德府界，北至巴林及克什克騰界，東南至喀喇沁旗界，西南至察哈爾正藍、鑲白二旗界，東北至翁牛特界，西北至察哈爾正藍旗界。在如此廣大的空間內，林木蓊鬱，水草茂盛，故群獸生息其間，繁殖甚速，是帝王狩獵的理想環境。內有圍場六十九處，每一圍場設總管及翼長等官，負責管理圍場內的一切事務，並有八旗滿洲與蒙古官兵駐防，以緝查隨便進入圍場墾植的蒙古人或漢人。

騎射與木蘭秋獮的妙用

滿洲部族在關外時，非常重視騎射。其幼兒三、四歲，即放於馬背上，使他習慣於馬上生活。七歲左右即學習不用鞍轡騎馬，比賽騎馬技術。十歲後，即學習打獵，騎馬馳騁於山坡丘陵間，在馬上用箭射擊小動物，以不射中為恥。故滿洲部族中人，自幼即精於騎射，富尚武精神。從滿洲部族中精選出來的八旗士兵，勇敢善戰，都不畏死，實得益於幼兒時期的訓練。清朝的天下，就是他們的戰績所奠定的基礎。清太祖努爾哈赤曾自豪的說：「滿洲滿萬、萬不可敵。」可見騎射為清朝立國的根本。及滿清入關，遷都北京後，滿洲部族深受漢人傳統文化的影響，漸忘騎射及滿文。自聖祖提倡秋獮講武以後，歷朝相沿成習，以熱河為避暑之地，以木蘭為秋獮講武之所。使皇室與大自然接近，鍛鍊身體，常保青春活力。使帝王不致耽溺於無限旖旎風光的宮廷生活，銷盡了精力，而沒有勵精圖治的精神與雄心壯志。故秋獮事小，所關則甚大，康、雍、乾三朝富強極盛的基礎，未嘗不與木蘭秋獮講武有關。而且以木蘭秋獮來連絡蒙古諸藩部的感情，更有意想不到的效果。清初對西北邊防，完全摒棄中國傳統的修築長城派兵駐守的政策，改採積極友好的態度，主動的連絡外藩蒙古諸部落，與他們建立親善友好的關係。這不但節省龐大的修築長城及派兵駐守的費用，且使中國西北地區不受戰禍的蹂躪，沒有戰爭的威脅，為長治久安的西北邊防建立起無形的堅實基礎。這種政策的實行，有其深遠的意義與影響，而木蘭秋獮即為此種政策中重要的一部分。

秋獮行圍與講武

秋獮行圍時，蒙古喀爾沁等外藩諸部落，每年按例派一千二百五十人為虞卒（參加圍獵的士兵），稱為「圍牆」，以供合圍之用。完全遵照滿洲八旗行軍作戰的陣法，設中軍及左右兩翼，各設黃、紅、白三纛（大旗）以標識之。在兩翼之末，又各立藍纛以標識之，軍行進止均聽中軍號令節制。管圍大臣，皆以滿洲王公大臣領之，而以蒙古王公台吉等為副。兩翼之末，則各以巴圖魯（勇士之意）侍衛三人，率領馳行。

圍獵之前，先選一地為圍場，並於寬廣高敞的地方設黃幔幄，中設氈帳，稱為「看城」，也就是合圍的中心。按行圍之制有二，一以數百人分翼入山林，馳射飛禽走獸，圍而不合。一則於清晨前，管圍大臣率蒙古副管圍大臣及虞卒，八旗勁旅，虎槍營士卒，與各部落射生手等出營。以山川形勢及圍場的大小遠近，迂道繞出圍場的後面二十里或五十里，甚或七、八十里。然後再由遠而近，把獸趕往圍場中心合圍。

合圍後，參加合圍的虞卒，脫帽高舉馬鞭，高聲傳呼「瑪爾噶」口號，瑪爾噶是蒙古語帽的意思。聲傳遞至中軍，凡三次。中軍知合圍已成，乃擁黃纛慢慢前進，並指揮左右兩翼徐徐緩行，以等待皇帝入圍射獵。這時距皇帝駐蹕行營約二三里，合圍的虞卒，已馬並耳，人並肩，整個廣場不過三里許。圍場的外面從放圍的地方開始，以虎槍營士卒及諸部落射生手（熟練的弓箭手）等，又重設一層，專射圍內逸出的獸，而圍內的獸則例不准射。

行圍的日子，皇帝自御營乘騎，先到看城小憩。俟合圍的左右兩翼紅、白兩纛齊到看城後，合圍完成。皇帝乃身著戎裝，全身披掛，諸扈從大臣侍衛及親隨射生手、虎槍手等，擁護由中道直抵中軍。在中軍前半里許，周覽圍內形勢，瞭如指掌，而行圍疾緩進止，皆由皇帝親自指揮。

僅二三里的空間，射飛鳥，逐走獸，左右咸宜。有時皇帝親自下場射獵，有時則駐馬觀看諸王射生手等馳逐野獸的情景。當圍場內的獸聚集太多時，皇帝或特下御旨，散開合圍的一面，放獸逃逸，圍外的人，也不准逐射。獵罷，皇帝回御營，稱為散圍。諸部落各按隊歸營，日落前，已完成一日的行圍射獵。

哨鹿與餘興節目

鹿的種類很多，性溫馴，除肉可食，皮可製革外，鹿茸可做藥材。關東鹿尾，更為京師富豪食客們所喜食。齊齊哈爾附近的鹿為馬鹿，其鹿尾為知味食客所不取。吉林附近的鹿為梅鹿，也就是麋鹿，其鹿尾盤大醬濃，為食客的珍品，鹿茸也以吉林所產的為上品。鹿既有如許妙用，故在木蘭秋獮中，有哨鹿等節目。清朝皇帝也常以獵獲的鹿肉，分別賞賜給朝中文武大臣。因「祿」與鹿同音，故大臣等以獲得鹿肉的賞賜，為無上的榮寵。有的大臣為了皇帝欽賜的鹿肉，還要特別上奏摺謝恩。

哨鹿的日子與合圍完全不同，皇帝於五更時放圍前出營。侍衛及諸備差哨鹿人等分為三隊，約出營十餘里，聽旨停第三隊。又四、五里，停第二隊。又二、三里，將至哨鹿處，停第一隊。這時僅有侍從及扈衛（皇帝的侍從衛士）大臣十餘騎，隨護在皇帝身邊。漸聞清角聲揚，遠林呦呦，低昂應和，群鹿聞聲奔至，皇帝及侍衛人等可以從容的選定目標，追射麋鹿。獵罷，群臣行領聽旨，依次調遣三隊至皇帝前面，然後整隊回營。

在木蘭秋獮中尚有許多餘興節目，除滿洲及蒙古士卒等較射布靶，表演角力與馴馬等技藝外，皇帝於獵罷回營後，有時引領文學侍從的大臣，賦詩唱歌終夕。總之，木蘭秋獮不僅寓講武於遊獵中，更使帝王遠離深宮中的旖旎風光，與大自然接近，鬆弛日理萬機的緊張與繁忙生活，對身心的健康，實在非常有益。

在木蘭秋獮時，所有內外大臣的章奏均由驛站呈送御營，俟皇帝回營後披覽發出，毫無遺漏耽誤，故清朝皇帝也不因木蘭秋獮而荒廢政事。

木蘭秋獮圖

乾隆時，郎世寧、金昆及丁觀鵬等宮廷畫家曾繪〈木蘭狩獵圖〉。將高宗至木蘭行營、下營、筵宴、合圍等典禮進行情形，描繪得非常真實而生動。郎世寧等用既精細又流暢的線條，將人物繪得具有生命。馬及鹿腳的輪廓非常鬆軟，馬鬃及馬尾用柔和的陰影漸淡法畫成，顯得非常自然。除畫的本身有其藝術價值外，更重要的，這是一幅敘事的寫實畫，將乾隆秋獮時的一切情節，都如實的畫出，很少有幻覺和想像力存在其間，是清朝帝王木蘭秋獮的縮影與精華所在。每一個人物，上自王公大人，下至滿洲八旗及蒙古士兵，都按其品級與職位很適當的刻畫出來。甚至連車輿、誕馬、儀仗、旗幟、衣冠、佩飾與兵器等，都一一描繪得忠實而細緻，幾乎是一幅清代帝王木蘭秋獮的圖解。其中關於農村景物與莊稼人的活動，以及蒙古人的營帳設施與遊牧生涯等，也都忠實而細緻的描寫出來。有許多方面都是文字記載所未曾涉及的，真是一幅難得的敘事寫實畫。

4 束髮與薙髮

束髮與披髮

在我國古代，除華夏中原農業民族外，尚有所謂「東夷、西戎、南蠻、北狄」等種族。他們在外觀上與華夏民族最顯著的不同點，就是披髮、左衽。中原華夏民族通常把頭髮向上一挽，再用冠或巾罩住，或把頭髮梳理整齊後，用一塊幘布把頭髮包起來。久而久之，束髮就成為中原華夏民族的傳統習尚，也是漢人文化的特徵。

披髮就是讓頭髮自然的自上向下散披。到了漢代，西南夷人的文明有了進化，已經把披髮的習慣改成編髮了。編髮就是把頭髮梳成一根長辮子，所以南方的漢人稱其為「索虜」，就是因其辮子像一根繩索。自漢代以後，夷人遼人與金人都是辮髮。

金人控制中原時，金太宗天會七年（一一二九年），曾下令官吏一律辮髮，人民則聽便。元朝曾強制官民辮髮，但並未徹底執行。到明太祖開國，才下詔嚴禁中國人辮髮與穿胡服。中國人的髮飾與衣冠又恢復漢唐以來的固有習尚。束髮與衣冠是生活方式與文化的表徵，故明太祖開國在復興中國固有傳統文化上有其極重要的意義。

薙髮與辮髮

滿洲部族源出女真，屬東胡民族的系統。其文化深受遼、金的影響，但亦有其獨特性。滿洲部族除辮髮外，尚有所謂薙髮。薙髮就是在男子兩邊額角上劃一道直線，直線以外的頭髮全部剃掉，也就是把額角兩鬢，自耳朵以上及腦後脖子的頭髮全部剃光。然後把腦袋後面沒有剃掉的頭髮分成幾股交織起來，編織成一條長辮子。也就是說滿洲部族的男子只能留頭頂中間那一撮長髮，並將其編成一根長辮子垂在腦後。這與女真金人的剃髮習俗並不完全相同，是滿洲部族文化及習俗中的特徵。

滿洲部族原崛起於長白山附近，在其軍事及政治發展過程中，最引人注意的就是搶掠其附近地區的人口與明朝遼東一帶的漢人以壯大自己的勢力。為了易於辨別順逆，無論是搶掠而去或在戰陣中歸降的漢人官兵士民，最重要的第一樁事情就是令其薙髮。

三令五申的薙髮令

迄流寇李自成攻陷北京，滿清大軍在吳三桂的邀請下由多爾袞率領順利進入山海關，打敗流寇，在北京建都開國。皇帝是太宗的第九子六歲的福臨，多爾袞為攝政王，年號順治。

當順治元年五月一日，滿清大軍佔領通州時，多爾袞曾諭令通州官兵士民薙髮。五月三日，多爾袞以攝政王的地位對故明官兵士民一日之間連發二道正式的薙髮令：先表示其救民水火之意，傳檄招撫遠近，繼諭令「薙髮歸順者，地方官各陞一級，軍民免其遷徙」，「有雖稱歸順而不薙髮者，是有狐疑觀望之意」，「顯屬抗拒，定行問罪，發兵征剿」。「凡投誠官吏軍民，皆著薙髮，衣冠悉遵本朝制度」。五月四日，為了安撫故明官兵士民的激烈反抗情緒，諭令「官民人等為崇禎帝服喪三日」，「除服後，官民俱著遵制薙髮」。五月五日，「以三河縣民為亂」，多爾袞又重申前令，諭「其速改前非，遵制薙髮」。至五月十一日，多爾袞仍不顧民情激烈的反抗，再頒布嚴厲的薙髮令，「諭到，俱即薙髮」，「倘有故違，即行誅剿」。

束髮與薙髮本為生活上的小節，但在文化上所代表的則為夷夏之防的春秋大義。中國人數千年來即束髮，故束髮已為中國人傳統的習俗風尚，與中國傳統文化密不可分，具有極重要的文化意義。在中國古代只有夷狄變於華夏，未有華夏變於夷狄，故薙髮對中國人而言，不只是中國人對滿洲部族的順服，且為中國傳統文化對東胡滿洲部族的屈服。文化上的屈服是大義，為了維護民族的自尊，護衛中國的傳統文化，故三河縣及北京附近的官兵士民，紛紛起而抗清，反抗薙髮，甚至為了衛護頭髮不惜犧牲生命，壯烈成仁。中國人護衛傳統文化的精神與氣概，不是單憑武力所能征服的，真所謂「曩為斷其頭而順如羊者，今為斷其髮而奮起如虎」。為了緩和漢人激烈的反抗情緒，多爾袞以薙髮「甚拂民願」，乃於五月二十三日，頒布暫緩薙髮之諭令：「自茲以後，天下臣民，照舊束髮，悉從其便。」並於七月十七日下令蠲免明季最擾民的加派：「凡正額之外，一切加派，如遼餉、剿餉、練餉，及召買米豆，盡行蠲免。」「如有官吏朦朧混徵暗派者，察實糾參，必殺無赦，儻縱容不舉，即與同坐受罰。」

當順治二年六月，薙髮令再度雷厲風行時，多爾袞又諭令大赦天下：「凡官吏軍民人等犯罪，無論輕重大小，已發覺，未發覺，已正結，未正結，咸赦除之。」並重申前令永行蠲免遼餉、剿餉，練餉及召買等項。「即正額錢糧，以前拖欠在民者，亦盡行蠲免」。「大軍經過地方，免正糧一半，歸附地方，不係大軍經過者，免正糧三分之一」。

同年七月七日，浙江總督張存仁以漢人「借口薙髮」，反抗滿清勢力日漸擴大，奏請「開科取士」。如此「則讀書者有出仕之望，而從逆之念自息」。而多爾袞所施行的蠲免錢糧，薄稅歛的措施，也是希望「力農者少錢糧之苦，而隨逆之心自消」，以消弭漢人反抗勢力於無形。這完全是清廷寬猛互濟，一緊一鬆策略的交互運用，其終極目的在穩固滿清部族的政權。

最後一道薙髮令

多爾袞下達暫緩實施薙髮令，並不是俯順民情，只是一種懷柔政策的暫時運用。當豫親王多鐸的大軍奪得江南，南明福王被執，多爾袞乃於順治二年六月十五日，下達最後一道嚴厲的薙髮令，假借中國傳統儒家的綱常倫理曉諭軍民人等遵制薙髮。其意謂「今中外一家，君猶父也，民猶子也，父子一體，豈可違異？」「自今佈告之後，京城內外限旬日，直隸各省地方，自部文到日，亦限旬日，盡令薙髮。遵依者，為我國之民，遲疑者，同逆命之寇，必置重罪。若規避惜髮，巧辭爭辯，決不輕貸」。若「地方文武各官復為此事瀆進章奏者」，「殺無赦」。

同年十月三十日，陝西河道孔聞譚以「先聖為典禮之宗，衍聖公孔允植家服制，三千年來未之有改，基於崇儒重道之典，奏請准衍聖公家族蓄髮，以復先世衣冠」。結果孔聞譚以聖裔免死，革職永不敘用的懲罰。

各地方官吏為了免受處罰，切實執行薙髮令，乃在各城鄉的大街小巷張貼文字告示，令每一個男子在限期內薙髮，不薙就殺。或派胥吏數人手持或背負長腳形的牌子，牌子上寫著「留頭不留髮，留髮不留頭」十個大字，到各鄉鎮鳴鑼通知民眾限期內薙髮。有的則乾脆派胥吏陪同剃頭師傅挑著剃頭擔子，分別到大街小巷和窮鄉僻壤明查暗訪，發現沒有薙髮的男子，就強迫為他薙髮及辮髮。若執意不肯薙髮，或公然反抗，就砍下其人頭，並將其頭掛在剃頭擔子前端的木杆上，以示「梟首示眾，留髮不留頭」之意。

剃頭擔子是清初所發明，或為遼、金所固有，已難詳考，但其形象頗為特殊。就是剃頭師傅用扁擔肩挑擔子，擔子一頭是一個小木櫃，小木櫃上有好幾個抽屜置放剃頭用具和錢，而剃髮的人就坐在小木櫃上任由剃頭師傅薙髮及辮髮。剃頭擔子的另一頭是一個圓形的小木桶，小木桶上層置放銅盆盛洗頭水，下層則是燒火炭的爐子，洗頭的熱水就置放在銅盆與火爐之間。桶上有長杆子，上面掛著面巾與磨拭剃刀用的長形布條。據說這根杆子在清初是用以懸掛反抗薙髮者的人首的。

漢人的反抗薙髮

多爾袞下達薙髮令後，各地方衙門不敢不嚴格執行。但漢人束髮已久，相沿成習，故束髮已代表中國人的民族性，關係著中國人的禮儀，與中國的固有傳統文化密不可分，而且「身體膚髮受之父母，不可毀傷，孝之始也！」所以當時的漢人對清廷的薙髮令，普遍存有反感，特別是文風很盛，知書達禮江南一帶的漢人，都奮勇而起為護髮而反抗滿清，不肯受辱而死的人非常多。有的則逃隱山林或出家為僧，甚至憤而自殺，並有人在山上建立一座髮墓來致祭，表示對傳統文化的永久懷念。有力量反抗的人，就發動群眾反抗清軍。如江蘇省江陰縣的漢人，為了護髮而抵抗清兵，結果全縣的人都被殺光了。其次是嘉定縣漢人的護髮抗清，結果遭受清兵三次圍城屠殺。甚至在順治十年，還有一位名叫楊廷樞的人公然反抗薙髮，在行刑時，他高呼著說：「殺頭是小事，薙髮是大事！」由此可見反對薙髮運動之深刻。直到　國父孫中山先生起而革命，嘉定三屠的歷史慘劇，仍為革命志士激發革命黨人奮勇抗清的原動力之一。滿清推翻，民國建立，那根留在漢人腦後為外國人譏為豬尾巴的辮子才正式剪掉。

5 明式衣冠漢式裳

——清代服飾多元化

服式與生活方式

滿洲部族原耕牧於長白山附近，屬建州女真的系統，為女真民族的一支。其生活方式、語言習俗，與以遊牧為生的蒙古人甚為相近，但並不完全相同。因滿洲部族以畜牧為生，營定居的生活方式，與以逐水草而居的遊牧民族的生活方式略有不同。尤其是滿洲部族自清太祖發展農業以後，又深受明朝農業文化的影響，故滿洲部族的生活方式兼採遊牧民族與農業民族之所長而有其獨特性，滿洲部族的衣冠與服飾就是最好的說明。

中原華夏漢族數千年來即以農業為主，發展成優美博大精深的中華文化。發展農業之首要條件就是定居，從浸種、耕田、插秧、耘草、灌溉，一直到收割都須在一定的空間裡進行。農忙時固然胼手胝足，在豔陽高照下汗流如雨的辛勤工作，但秋收後穀滿倉的喜悅，頓使人忘懷辛勞，而寄望於農閒時悠然自得的生活享受。從衣冠與服飾上亦能看出中原華夏漢族生活的閒適，暇逸與富足的另一面。數千年來，中原華夏漢族的衣冠與服飾雖因改朝換代而略有不同，但皆寬衣大袖，以舒適、適用、美觀為主。農忙時固可捲起衣袖便於工作，農閒時穿著寬衣大袖的長袍，既暖和又舒適，而且有一份飄逸安詳之感，更顯得農業民族生活中閒適與怡然自得的可貴。中華民族之愛好和平，從其衣冠服飾上也能看出一點影子。在我國慣用的成語中有「袖裏乾坤」、「拂袖而去」、「長袖善舞」，與「袖手旁觀」等語，雖其表示的意義各有不同，但袖「大」之意隱然其中。明朝衣寬四尺，袖寬二尺，襪皆大統，鞋則淺面，是明太祖驅除蒙古人後復興中華傳統文化的具體表現。

「夷」、「狄」遊牧民族的衣冠與中原華夏漢族的服制最顯著的不同，除左衽外，則為緊身窄袖。我國西北邊疆地方寒冷乾燥，不宜於發展農業，許多遊牧部族生息其間。他們放牧牛羊，以牛羊為生，逐水草而居，無一定住所。以馬為運輸及交通工具，故遊牧民族自幼即與牛羊為伍，在馬背上長大，實與其生活方式及生長環境有密切關係。

遊牧民族除與大自然搏鬥外，為了保護自己的生命與財產（牛羊），更須與兇猛的野獸搏鬥，而且還得武裝自己與其他遊牧部族爭更廣大的生存空間——有水草之地。因此騎馬射箭遂成為遊牧民族生活中不可缺少的技能，遊牧民族的成員個個都是勇敢善戰的武士。遊牧部族的尚武精神正是日漸習於文弱的農業民族所缺少的動力。騎馬射箭需矯健的身手，故遊牧民族的服飾是以禦寒輕巧便捷的緊身窄袖為主，與農業民族寬敞舒適的服制完全不同。在中國歷史上戰國時代的趙武靈王為了提倡尚武精神，下令國人改易胡服，就是因為緊身窄袖的胡服便於騎射的緣故。若遊牧民族穿著寬衣大袖，再左佩弓，右挾矢，騎在馬上，不但顯得不協調，而事實上也不靈活，無法展顯其矯捷的身手。滿洲部族衣冠服式的制定繼承遼、金、元的遺制，即因其畜牧的生活方式與遼、金、元有相類似之處，但滿洲部族自太祖起亦重視農業的發展，故其衣冠服式亦受明朝漢人文化的影響。更由於地理環境及氣候與物產的關係，滿洲部族的衣冠服式亦有其獨特的風格，與中國歷史上其他朝代的服制有所不同，而顯得特別繁瑣與多采多姿。

滿洲部族源起於長白山東麓附近，而長白山為我國東方諸山之祖，松花江發源於其北，鴨綠江發源於其西，圖們江發源於其東，山南則為朝鮮界。因氣候寒冷，山頂四時積雪，故名長白山。海拔在一萬尺至一萬二千尺，山頂為輕石灰岩，樹木不生，有五峰並峙，中央有湖，周圍約三十餘里，稱為天池，亦稱闥門潭。滿洲部族三仙女下凡浴於布勒瑚里泊，幼女誤吞朱果而降生滿洲部族始祖布庫里雍順的神話故事，即以此天池為背景。觀三仙女，尤其是昇天二仙女所著衣服，即知受農業漢族寬衣大袖傳統的影響。至阿城西南方山地崖陰處的摩崖陰刻，所白描的一位戴盔踞坐的女真貴族武士，與〈職貢圖〉中女真人的畫像，才是遊牧部族緊身窄袖尚武精神的傳統。尤其是皮帽、窄袖、穿靴、手持勁弓、身懸箭囊的獵人裝束，更是女真部族的標準服式。按中國古代文獻上的記載，夷狄與華夏民族的服式最顯著的不同是左衽，但這幾幅滿洲部族最早的圖像中的服式則全為右衽，這當然是夷狄風俗習慣服式受華夏文化影響的最好說明。

服飾與生存環境

長白山山腹則全係土質，森林密茂，不見天日，然山坡傾斜平緩，行人上下不難。惟每年八月至次年四月為大雪封山之期，行人絕跡。中國東北的山脈都發源於長白山，土質濕潤肥美，松林蒼鬱，甚至有數千年未經開啟的原始森林。深山草叢中即以產人參聞名，而各種飛禽走獸亦生息其間，如野雞、鶡、孔雀、虎、熊、豹、貂、狐、鼠、猞猁猻、麋鹿、狼、野豬等最為蕃息。滿洲部族性喜打獵，即因其生長環境中有許多飛禽走獸可以獵取。

滿洲部族一年四季常出外行獵，只因出獵是集體行動，按參與出獵人數的多寡，行獵時間的久暫，而有小圍與大圍之分。如朝出暮歸，或二、三日方歸者，稱打小圍。秋間打野雞圍，仲冬則打大圍，二十餘日方歸。因參與人數多，圍獵的面積大，故所獲的獵物也最多，虎、豹、狼、熊、豬等兇猛野獸，也只有在打大圍時才能多所獵獲。獸肉可食，其皮革更為日常生活所必需，衣、帽、靴、袋等屬即多以皮革製成，尤其貂、狐等皮更是名貴異常，為禦寒的無上珍品。

而長白山諸山中皆產松子，尤其是滿洲部族發祥地附近及黑龍江等處所產的松子最為有名。因其山中多原始森林，多千年古松，高碩數百尺，枝幹昌茂，故松子大而芳美。貂喜食松子，故我國東北原始森林中即以產貂聞名於世，貂皮更是東北三寶之一的特產。惟貂性畏人，棲息於森林中，行動敏捷甚於猿猴，獵取極不易。捕貂之人須受特殊訓練，而且要極有耐性，長年居於森林中，以捕貂為業，稱為樹中人。貂毛色潤澤，香氣馥郁，輕而保暖，為禦寒珍品。以豐厚純黑為上，黃色次之，而紫貂更是難求，所謂紫貂銀狐，價值千金，只有帝王及皇族才能穿著。如紫貂馬褂即為皇帝行圍時所御用之衣，雖親王閣部大臣等不能僭用。滿洲部族多以貂皮製成外褂馬褂以禦寒，甚至將珍貴的貂、猞猁猻、玄狐等皮翻毛穿，以炫其富貴。又以貂皮或貂尾綴於帽以為纓飾，如七星貂帽，即以貂皮截成七條，綴於暖帽如纓然，為清朝武官四時所戴，行裝所用的冠飾。又有紅冠不綴纓而飾貂尾者，名曰得勝盔，甚至兵丁便服的草帽亦綴貂尾為飾。總之，滿洲八旗士卒以貂皮或貂尾為帽飾，除示其美觀外，更以貂的貴重顯其尊貴，貂的敏捷而顯其矯健勇猛。

原始森林中除產貂外，野雞、鶡、孔雀等更是蕃息，其肉嫩肥而多油，味極鮮美，也是我國東北的名產。滿洲部族喜歡以孔雀及鶡的羽毛插於帽上以為裝飾，大抵戴孔雀翎者較尊貴，戴藍翎鶡羽毛者職位較卑。孔雀翎以目暈多寡別官階品級，目暈即羽毛上之眼，普通皆一眼，多者雙眼三眼。其初皆出於酬庸曠典，由內廷頒給，惟有功的內大臣而蒙特恩者，始得賞戴。但親郡王貝勒及宗室大臣，例皆不戴花翎。貝子戴三眼孔雀翎，公爵戴雙眼孔雀翎，為臣僚之冠。然領侍衞管理軍營，鑾儀衞滿洲五品以上各員及王府頭等侍衞等戴花翎，則為朝賀或帝王等出巡時之威儀與觀瞻。

滿洲部族除以貂皮、貂尾及鶡雞與孔雀羽毛為裝飾外，更以特產的東珠為飾。盛京以東各河蛤蚌皆產珠，名曰東珠，但以吉林黑龍江界內松花江各江河中所產者為最佳，混同江及烏拉寧古塔諸河中所產東珠，勻圓瑩白，且有粉紅或大青等色，大可半寸，小者亦如菽顆。皇帝及王公大臣的冠服多以東珠為飾，並以冠上東珠的多少為官品的等第。皇帝冠服，冠用東珠寶石鑲，服黃袍，東金鑲玉版嵌東珠帶。而親王冠服，冠頂三層，三銜紅寶石，中嵌東珠八顆。前舍林嵌東珠四顆，後金花嵌東珠三顆。帶用金鑲玉版四版，嵌東珠四顆。至郡王及貝勒冠服，其所嵌的東珠，則依次各少一顆。而固倫公主與和碩公主的冠服，則各於其冠上嵌東珠八顆或七顆。至一般民人及官吏，則不准以東珠為飾。

除東珠外，還有五品以上文官所掛的朝珠，以珊瑚、金珀、蜜蠟、象牙、奇楠香等物所製成。其數一百零八粒，懸於胸前，有小者三串，兩串則男左女右，一串則女左男右。清高宗於乾隆四十四年三月二十一日諭令，正珠朝珠定律惟御用，至皇子及親王郡王不許戴用正珠，即東珠朝珠亦不准用，嗣後分封王爵俱不必賞給東珠朝珠。

由滿洲部族原始的衣冠服飾來看，實在非常簡樸，其衣冠服飾的取材也大部分是「土產」所製成，與入關後清朝衣冠服飾之日益繁瑣與奢華，成一顯明而有趣的對比。故順治初年，漢人譏諷穿著翻毛「獸」皮「馬」蹄袖馬褂，頭戴飛「禽」孔雀或藍翎的滿洲部族所著的衣冠服飾，為「禽」、「獸」衣冠。其間雖有漢人卑視及排斥滿人之意，但亦可窺見滿洲部族原始衣冠服飾樸質與簡陋是千真萬確不容爭議的事實。

繁瑣的清朝服制

清朝的衣冠服制先承遼、金、元的服制，復受明朝漢人及中華傳統文化的影響，而又保有若干滿洲部族的特色，故其衣冠服制之繁瑣而為中國歷史上所僅見。就以皇帝的服制而言，春、夏、秋、冬四季的朝服與燕服各有不同，而出巡、圍獵、祀天、祀祖等典禮所著的服制也有一定的規定。皇帝朝冠，冬用薰貂、黑狐，夏用織玉草、藤竹絲，上綴紅色帽緯。朝服以明黃色為主，惟祀天用藍、朝日用紅、夕月用白。兩肩前後正龍各一，腰帷行龍五、衽正龍一，襞積前後團龍各九，裳正龍二，行龍四，披領行龍二，袖端正龍各一，列十二章文。龍袍也以明黃色為主，也有用金黃或杏黃色，上列十二服章，間以五色雲。穿著龍袍時，必須戴吉服冠，束吉服帶，項間還掛有朝珠。

清朝皇帝的龍袍，前後及衣襟之內共繡有九條金龍，但從正面或背面單獨看時，所見都是五條，因兩肩上所繡的金龍前後都能看到。龍袍的下端，斜向地排列著許多彎曲的線條，名曰水腳。水腳之上，還有許多波濤翻滾的水浪，水浪之上，又立有山石寶物，隱喻著「綿延不斷」、「一統山河」及「萬世昇平」之意。

事實上，清朝皇帝是「天」之「子」，是「龍」，具「九」、「五」之尊等觀念，都受中華傳統文化的影響。但若將清代的龍袍與明朝的龍袍相比，即知清代的龍袍頗富創意，只有馬蹄袖上仍存留著滿洲部族在關外打獵生活的痕跡。因我國東北氣候寒冷，秋冬行圍打獵，馬蹄袖即可保護手背不被凍傷，是滿洲部族專為行圍打獵所設計的裝束。入關後，馬蹄袖雖無實用價值，但仍保存著，可見滿洲部族既富創意而又非常保守。

至清朝的文武官服，許多地方仍承襲明朝之舊。順治初年，清廷雖曾三令五申，下達嚴厲的「留頭不留髮，留髮不留頭」的薙髮令，但對衣冠服飾，為了節省民力，則採取較為緩和的政策，並未強迫漢人士庶立即改易滿清服制。故順治初年，滿洲大臣穿著滿清服式，漢大臣穿著明朝官服，同朝並列，而且知府知縣坐堂或下鄉，亦需穿著明朝的官服，若不如是，則人民不知其為官，抗不服從。此為「滿清從中國，非中國從滿清」，更非「萬事鼎新，大一統」的氣象。故順治二年江南穩定後，清廷又三令五申，強迫漢人尤其官吏一律改易滿清的衣冠服制。

事實上，清朝官服中的補服即沿襲明朝之舊。所謂補服，俗稱補子，為文武官吏之徽識，通常綴於章服的前後心，以所補之物，分別其官品等級。文官以鳥，武官以獸為標幟。文官一品至九品，各有其官位差等之服色補服，時人以之聯成七言詩句，其詩曰：「一、二仙鶴與錦雞，三、四孔雀雲鷹飛，五品白鶴惟一樣，六、七鷺鷥鸂鶒宜，八、九品官供雜職，鵪鶉練雀與黃鸝。風憲衙門專執法，特別獬豸邁倫夷。」至武職官吏亦以所補之獸別其官品，有詩為證，其詩曰：「公侯駙馬伯，麒麟白澤裘，一、二繡獅子，三、四虎豹優，五品熊羆俊，六、七定為彪，八、九是海馬，花樣有犀牛，色則用石青。」而婦女品官之補服，文武命婦受封者，亦得服用，各從其夫或子之官品以分等級，惟武官之母或妻，用鳥不用獸為徽識，意謂巾幗不必尚武。有的武職官員羨慕文職官員的補服，在武職補服上加繡鳥。如乾隆時，副都統金簡署戶部侍郎，自以為武官應服武補服，而現兼文職，頗羨文補服，乃於補服獅子尾端繡一小錦雞，竦立其上。高宗見而大笑，旋降旨嚴斥，謂其私造典禮。補服惟親王郡王所用者為圓形，其他文武官吏的補服皆為方形。光緒中葉，漢族命婦服，皆改方形為圓形。所以從補服的形狀及其上所繡的鳥獸，一眼就能分辨親王郡王及文武官吏之官品等級。

至清朝的蟒袍，亦承襲明朝蟒袍之舊。凡有慶典，王公大臣文武百官皆穿著蟒服。在此時期內，稱為花衣期。如皇帝生日萬壽聖節的前三日後四日為花衣期。只有乾隆皇帝八十歲萬壽聖節的花衣期最長，前後共二十一天。自八月一日至二十一日，宮中王公大臣文武百官都穿著花衣蟒袍，熱烈的慶祝高宗的壽辰，此為清朝宮廷的盛典。在花衣期內，官署皆停止刑事，不進刑部本月期摺，大臣遞遺疏及請卹等事，亦不得在此時期遞進，違者嚴責。蟒袍以繡蟒的多少為官品的等差，但限制不太嚴。如文官的蟒袍，一品至三品繡九蟒五爪，四品至六品繡八蟒五爪，七品及未入流，繡五蟒五爪。武官的蟒袍，一品至五品與文官相同，六品七品則與文官七品以下同，均服五蟒五爪蟒袍。文武官吏的蟒袍雖不拘任何顏色，但清朝以黃色為貴，惟皇子得服金黃色蟒袍，諸王則非特恩賞賜者不能服。乾隆初，諸王蒙恩特賜金黃色蟒袍者過半，其後則蒙賞賜者愈少，迄至乾隆末期，只定親王及怡親王二人蒙恩賞賜金黃色蟒袍。嘉慶初年，榮恪郡王亦蒙恩賜金黃色蟒袍。皇帝賞賜者少，故時人以能穿金黃色蟒袍為殊榮。另有麒麟蟒袍，是清朝冊封藩屬使臣的大禮服。相傳此項品服，自使臣陛辭之日始，至覆命之日止，皆得服用，以示其隆重之意。

至於袍的開衩，在中國隋唐時已有。清朝官吏士庶皆兩衩，宗室則開四衩，為便於乘騎的行裝。所謂缺襟袍，即為袍衣右襟短缺的行裝。清朝扈從行圍，例服行裝。會典所云行袍行裝，色隨所用，惟不得擅用黃色。行裳冬以皮為表，亦即缺襟袍，俗乎為戰裙。京外文武各官，若因公出差，則行裝。行裝不用外褂，以對襟大袖之馬褂代之。馬褂較外褂為短，即便於乘騎，惟靴帽仍依平時。其實缺襟袍始為軍服，而及於扈從行圍，後遂沿用之。

馬褂有對襟，大襟之別。對襟馬褂又稱得勝褂，對襟方袖，初僅用之於行裝。相傳傅恆征金川歸，喜對襟馬褂便捷，平時常服用之，名曰得勝褂，由是遂為燕居之服。所謂大襟馬掛，就是右襟馬褂，俗以右手為大手，故名右襟為大襟，兩袖亦平，都是清朝文武官吏的便服。至馬褂之窄袖而對襟者，俗稱為臥龍袋。其身較對襟及大襟馬褂略長，又稱長袖馬褂，河工效力人員，常以此服為正式的行裝。相傳某相國嘗隨駕北征，其母太夫人憂其文弱，不勝風寒，乃紉是衣，取其暖而便捷。相國感念母恩，常服是服。一日，帝急詔論事，相國不及更換衣服，帝見而異之，問所衣何名？相國乃直陳其事原委，帝褒其孝思，命得服此服入朝，當時名為阿娘袋，後誤為臥龍袋，後又稱為鵝翎袋，其實只是一種較長的馬褂而已。

清朝以黃色為貴，尤其是欽賜黃馬褂，更是臣工認為無尚的榮寵。其實，黃馬褂只不過是在朝服外加套一件正黃色普通半長不短的馬褂而已，原來是侍衛及內大臣等扈行皇帝時所著的一種特殊行裝。清制規定，凡內領侍衛內大臣、內大臣前引十大臣、護軍統領、侍衛班領，皆服黃馬褂，巡幸扈從鑾輿，藉壯觀瞻。其御前乾清門大臣侍衛及文武諸臣，或以大射中侯，或以宣勞中外，必特賜之，以示寵異。及洪、楊之亂時，文武勛臣及湘軍淮軍的將弁，獲賞欽賜黃馬褂者甚多，時人亦以為殊榮。

由以上清朝的衣冠服飾觀之，雖有其滿洲部族的特色，但受明朝漢人及其中華傳統文化之影響甚大。服制如此，其他制度亦然，終至滿洲部族完全漢化而為中華民族的一分子。

多元化的清代服制

當順治二年六月多爾衮再度下達嚴厲的薙髮令時，至「其衣帽裝束」，仍「許從容更易。悉遵本朝（清）制度，不得違異」。但在清廷官吏嚴厲執行薙髮及易服令時，漢人也強烈的反抗，故其後民間流行「十降十不降」的民謠。其與衣冠服飾有關者則為「生降死不降，老降少不降，男降女不降，妓降優不降」。所謂生降死不降，即生時雖無力反抗清人，降服清朝，服清人衣冠，但死後則服明朝衣冠，亦即「死」為明朝之「鬼」，以示眷念明朝之意。成年人被迫降服清朝，而幼童則服古服。男子服清人衣冠，女子則襲明朝衣冠，自順治以至宣統朝都是如此。至妓女等則穿著清人的時裝，以取悅於狎客，而演戲的優伶則穿著古裝扮演古人，亦不禁止。

此「十降十不降」的民謠，表示漢人激烈反抗清人後所採取保護傳統文化與衣冠服制之策略更為堅毅有力，而中華文化傳襲力量之大實在驚人！就以婦女的衣冠服飾而言，漢人婦女服明朝衣冠，尤其是女子出嫁時，鳳冠霞帔，自清初至於民國肇建以後，都是如此。甚至滿洲部族的女子，出嫁時也流行此種服飾。事實上，鳳冠為中國古代婦女至尊至貴的首飾。漢朝惟太皇太后，皇太后入廟之首飾，才能飾以鳳凰。其後代有九龍四鳳，或九翬四鳳，皆后妃之服。明朝皇后的常服，為花釵鳳冠。其平民嫁女，亦有假用鳳冠之例，相傳為明太祖馬皇后所特准的恩典，但在明朝的典制中卻無此明文規定。惟據《續通典》所載，謂平民婚嫁，但得假用九品服，婦服花釵大袖。霞帔則為婦人禮服，明代九品以上的命婦都以鳳冠霞帔作為禮服。清代霞帔與明代略有不同，明代霞帔狹如巾帶，有前無後，而清代霞帔則闊如背心，前後皆有，並在前後正中地位綴以補子，下施彩色流蘇。另由霞帔演變而成的雲肩，也是清代婦女裝飾的特色之一。鳳冠霞帔並不是清朝所特許的禮服，平民婦女亦僅於新婚及殮時服用，但在中國農村社會裡，不論北方或南方卻普遍的服用此種「大禮」服。

順治二年既許「衣帽裝束，從容更易」，故民間仍服明朝衣冠，即令清朝在嚴厲執行薙髮及易服令時，其能確實掌握的對象恐也只限於漢人官吏，而廣大的中國農村則為清朝勢力所不能及，故清初即流行「官降民不降」的民謠。從國立故宮博物院所藏焦秉貞於康熙三十五年所繪四十六幅耕織圖中的人物髮式與衣冠，全係明朝之舊，即可證明。焦氏於康熙時供奉內廷，與佈道於中國的西洋傳教士日相濡染，習西洋素描畫法。故其所繪山水人物，樓望之位置，自近而遠，自大而小，不爽毫髮。其耕織圖中的村落風景，田家耕作，人物衣冠髮飾，應相當真實。而且此圖係經康熙皇帝看過，「稱旨」後才令刊刻，表示康熙皇帝對圖中人物衣冠之認可。若果真如圖中所示，則康熙年間中國農村士紳農民的髮式與衣冠，已復明朝之舊了。

事實上，衣冠服飾除受傳統文化等力量影響外，亦受時尚之影響。江南地區自隋唐後已成為中國的經濟中心，民間富庶，民俗趨於「澆薄」務時，江南的服飾與北方已不相同，尤其是蘇州更是以「奇邪」著稱，再嚴厲的薙髮易服令也不能強迫人順服。從康熙年間所流行的吳下民謠，即可想見蘇州服飾的「奇邪」。其謠云：「蘇州三件好新聞，男兒著條紅圍巾。貧兒打扮富兒形，三雙三鑲襪，兩隻高底鞋，到要准兩雪花銀。爹娘在家凍與餓，見之豈不寒心！誰個出來移風易俗，喚醒迷津，庶幾可以闢邪歸正，反樸還醇！」

不止民間的衣冠服飾受江南時尚的影響，即清代的官服，尤其是宮中后妃甚或帝王的服飾都受江南時尚的影響。清初在江南原設江寧、蘇州、杭州三大織造，以內府親信大臣充任管理，除負責採購宮中所需珠寶玉石外，也負責監督織造皇宮中或官府需用的綢緞布疋。其衣冠服飾除遵照如意館工師所精密設計的圖樣織造外，有時也別出心裁，織造出特殊的花樣以博取帝王的歡心。就以蘇州織造管轄下的染織局及總織局而言，就各有織機四百張，工匠二千三百多人，長年生產官用綢緞布疋。帝王龍袍即由如意館設計，蘇州等織造監督，計算出各道工序，每件衣服用料若干？用工若干？都得計算出來。金銀線以若干絞計，金銀縷絲以若干萬條計，色絲以斤兩計。一件龍袍衣料動輒經年方能完成，而一件特殊龍袍的製成更是費料費工又費時。如以孔雀尾毛撚線作滿地，平鋪，另用細絲線橫界。其上再以米粒大珍珠串綴繡成龍鳳或團花圖案，費工之大，用料之奢，都為中國歷史上所少見。

中國向以絲綢王國聞名於世，而江南又是絲綢主要生產區與集散中心，在宮廷及文武百官服飾上的需求與刺激下，江浙的蘇繡、上海的顧繡、湖南的湘繡、四川的蜀繡、直隸的京繡，都更精益求精，各有其獨特的風格而馳名中外。其用料之精，和色之美，手藝之巧，也為中國歷史上所少見，而使中國的織造藝術達於登峰造極之境。清代的服飾也受江南時尚的影響，呈現其多彩多姿的另一面。

清代的服制原要求「畫一」，所謂「中外一家，豈可違異」？「若不畫一，終屬二心，不幾為異國之人乎」？若依此詔諭，則土司番眾亦當薙髮，服清朝衣冠。但據本院所藏乾隆年間謝遂所繪〈職貢圖〉來看，各土司番眾的髮飾與衣冠真是爭奇鬥豔，各具特色，並沒有改易清朝的服制。謝遂供奉內廷，工畫人物。其職貢圖全係據「監臣所手量」，「將帥所目擊」，「使臣所口陳」，應屬相當寫實傳真。統計職貢圖中所繪土司部曲三百，每部曲又各繪男女一人。六百男女衣冠服飾各具特色，不完全相同，但都受中華傳統文化的影響沒有「夷」「狄」的特徵——左衽，也符合乾隆四十五年三月的上諭標準，「衣冠各別，亦可見職貢來朝之盛」。可見清朝的服制先要求畫一，最後卻呈多樣、多元化的發展，實在非常有趣。

6 百歲觀場童子試

——科舉奇譚

自從唐代開始以科舉取士以來，歷朝相沿。滿清入關，也承襲明朝科舉考試的制度。由於科舉考試在我國已有一千多年的歷史，社會上也形成以擁有科名為榮的風尚。於是讀書士子埋首於故紙堆中，冀一朝能高中進士，光耀門楣。所謂「十年寒窗無人問，一舉成名天下聞」，「書中自有黃金屋」，「書中自有顏如玉」，正是科舉考試影響下所流行的諺語，也表現了當時的社會心態。

順治二年（一六四五），規定各省鄉試中額舉人的名數，順天名額最多，一百六十八名，貴州名額最少，止四十名。物以稀為貴，舉人在各省總人數中所佔的比例，真是微乎其微。再從舉人之中來考取進士，故進士在全國總人數中所佔的比例，更是少之又少。一般士子以得中進士為殊榮，實因名額太少的關係。

清朝士子對科舉考試的等第，非常重視，而且競爭激烈。因清朝會試沿襲明朝，一甲錄取三名，稱狀元、榜眼、探花，賜「進士及第」。二甲取若干名，賜「進士出身」。三甲取若干名，賜「同進士出身」。曾國藩為士子時，參加道光十八年（一八三八）的會試，殿試列三甲，賜同進士出身。按往例，三甲多不入翰林院，曾國藩因此非常惱恨。後得勞崇光的幫助，以其詩文分送顯貴，甚獲好評，得入翰林院，但曾國藩始終以不登二甲為恨事。及曾國藩功成名就為兩江總督時，偶與賓客閒談。語及「如夫人」三字無人能對，李元度即應聲對「同進士」三字。曾國藩聞之色變，李元度亦慚悔自己失言。可見曾國藩對自己「同進士」的出身耿耿於懷。

張之洞少時，文章豐采頗負時譽，惟豪放不羈，且好酒，醉後好為狂言險語，有時醉甚，則和衣而臥，鞋襪等物，往往放於枕邊。及道光二十七年（一八四七），其族兄張之萬，參加會試，以第一名及第得中狀元。張之洞非常悔憤，很感慨的說：「時不我予！」遂發憤戒酒，一改往日行徑。至同治二年，亦以第三名及第得中探花，然猶以不獲中狀元，比其兄差一籌，至晚年仍引為憾事。

各省士子考試於郡縣及提學，稱為童子試，俗稱小考，或小試。應試者稱童生，雖已年老，仍稱童生。甚至有年至七十，仍參加童子小試。因考取功名，是自己及全家族的光榮，故有父子及祖孫同時參加鄉會試的事。康熙三十八年(一六九九),順天鄉試,貢生黃章考舉人時,已百歲。入闈時,大書「百歲觀場」四字於燈,令其曾孫為前導。時人引為盛事。乾隆五十一年,廣東諸生謝啟祚,年九十八,始中舉人,後又參加會試,高宗特加恩授司業銜。於五十四年,啟祚進京祝賀高宗八十萬壽,晉秩鴻臚寺卿。十數年後逝世時,已近一百二十歲,有曾孫三十八人,元孫二人。

當然,以年少而考取鄉會試科目者,也不乏人。自順治至嘉慶朝,年齡在十八至二十歲之間就考中進士的,共有二十三人之多。與老年得科目相比,他們真是當時的青年才俊。至伊桑阿等二人,十六歲得中進士,已是青年才俊中的少年了。

在清朝考中一甲三名進士的,以地域而言,蘇州府為全國之冠。中狀元者十九人,中榜眼者四人,中探花者十人。蘇州府科考人才之盛,當然與蘇州府的富庶與文風有密切關係。

清朝也常以科舉加恩士子。如順治六年,中會試者三百九十五人,閣臣七人典試,實前朝所未有。時兩廣初平,二甲授參議,三甲授知府,以布衣平民考取進士後,即授官四品,實為奇遇。康熙五十一年,聖祖六十萬壽,即加開恩科,增加一次給士子參加考試的機會。雍正八年,世宗加恩是科會試,特命增加名額至四百名。

除科舉考試外,清朝又常開特科取士,如「博學鴻儒」、「詔舉經學」、「巡幸召試」、「

明經行修」、「孝廉方正」、「經濟特科」等。清朝各項特科得人最盛，其中名臣甚多。在康熙、乾隆二朝，所舉行的特科，多取江南、浙江、江西、直隸等省的士子，而湖南、湖北、廣東、廣西、四川、貴州、甘肅及蒙古等省，竟無一人受此殊恩，可見參與特科之難。

又科場定例，現任京官三品以上及翰詹科道，外官布政使，按察使以上，武官提督總兵以上的子孫，同胞兄弟及同胞兄弟之子，參加鄉試，別編為官卷，號稱官生。凡二十名，取中一名，較尋常考取舉人容易。又道光以前，凡禮部會試及順天鄉試的主考及房考官，其家人族黨有應迴避者，每別派官閱卷，或封卷進呈，擇其較優者錄取，比普通考生易於考中。雍正六年，各省鄉試後，世宗諭大學士、尚書、侍郎、都御史、副都御史等大員，有子弟參加會試及本省鄉試未經錄取而年在二十歲以上者，准各舉文理可以取中者一人，開送內閣請旨。於是開列大學士蔣廷錫子蔣溥等十二人具奏。其後得旨俱賜舉人，均一體參加京師會試。這是清朝帝王以科場加恩大臣子弟的實例。

清朝既以科舉加恩士子，故康熙時，兩廣總督于成龍疏請將土司子弟中讀書能文者，註入民籍，一體考試。其後湖廣各府州縣熟苗有通文藝者，准與漢人一體應試。處州畲民，有能文者，得應科舉。雲南麼些人，自設流官以來，都很恭順畏法，也有讀書識字能文的人。至光緒時，准其考試，因而有補弟子員者四人，中武舉者一人。

滿清未入關前已有科舉考試，當時將應試者分為三等，上者償絹二疋以示獎勵。至乾隆時，許多滿洲八旗宗室子弟漢化日深，漸忘滿文。高宗以滿文騎射為國家根本，而宗室貴胄子弟不解滿文，實在忘本。因而增宗室十歲以上者小考之例，每年十月派大臣主持，考滿文及弓馬，優者帶領引見，輒獎賜花翎緞匹。這是滿洲部族保存「國粹」的方法。

在科舉風氣影響下，寄居我國的外國人也羨慕科舉的光榮。清朝第一任總稅務司為英國人赫德，有二子，羨慕我國科舉的光榮。光緒初年，入籍順天，赫德延名師教之，參加順天鄉試，與試者群起而攻，乃不得入場應試。光緒三十四年，在我國京師大學堂師範科任教的日本文學博士服部宇之吉回國時，學部奏請賞給文科進士。這時已停科舉三年，但進士頭銜仍為無上光榮。

我國科舉考試雖在光緒三十一年停止，但是年考試東西洋畢業游學生時，仍賞給金邦平等人舉人進士出身有差。至宣統元年，乃頒佈考試「東西洋畢業游學生章程」。其中有分等給獎一條，列最優等者獎給進士，列優等中等者獎給舉人，各冠以某科字樣，如文科進士，或文科舉人。可見科舉雖停，進士或舉人的頭銜，仍有相當的號召力。詹天佑，嚴復等人為留學生的先進，也分別補給進士或舉人的頭銜。

為了使科舉特殊化與公平起見，考試法令甚嚴。凡倡優隸卒的子弟，及有刑傷過犯者，均不准參加考試，歧考冒考等情事亦禁。考試時，不許夾帶片紙隻字進場。康熙五十九年，順天鄉試，特命十二貝子監外場，搜檢進場士子甚嚴。有一考生，大腹便便，披襟而前，鼓其腹說：「此中大有文章，為何不搜」？這人體貌瑰偉，意氣磊落，眾皆注目而視。大概在道光、咸豐以前，科場搜檢非常嚴格，甚至令考生解衣脫鞋以搜檢。同治以後，禁網漸寬，搜檢者也不深究。於是詐偽百出，考生輒以石印小書，或寫蠅頭小楷書，私藏於果餅及衣帶中，所攜考籃酒器與墨硯等具，皆置夾底。而帽頂兩層，靴底雙屜，也是常見的事。甚至將夾帶寫在衣服內層，作弊方法真是花樣翻新。更或賄囑皂隸，將夾帶公然帶進考場。光緒九年，應會試考生至一萬六千餘人，士子熙攘而來，番役無暇搜檢，止聞高唱搜過之聲。至光緒十八年會試後，搜檢之例雖未廢，搜檢之聲則無。所謂搜檢，已是有名無實了。

除考生作弊外，考官及閱卷官或受人情請託，或受財物賄賂，也有作弊的事。考官與考生，預先約定暗號，於考試時標明於卷中，謂之關節，亦稱關目。大小科考均有，京師會試尤甚。每屆科場，送關節者，紛紛皆是。或書數字虛字——「也歟」、「也哉」或「也夫」於試卷中。於詩下加一墨圈者，銀一百兩，加一黃圈者，金一百兩。又進士於殿試前，預測某官可派閱卷，則先呈字體，以便辨認，亦為通關節的另一方法。

科舉考試，有很多忌諱，非熟悉其情，不得而知。如光緒時，尚書裕德，屢為主試或閱卷官，見試卷中有犯其家諱者，即起立，肅衣冠行致敬禮，然後將試卷擱置，雖文佳不復閱，故凡遇裕德主試時，有知其家諱者，常戒親友勿觸犯，以免誤觸考官之家諱而落榜。溥良於任江蘇學政時，忌諱尤深。凡科考詩中有「翠珠」等字樣的試卷，雖文佳亦不錄。因慈禧太后的小名為「翠妞兒」，故館閣中人應試，將詩賦中「翠」字，避而不用。此事惟久於京師者始知之，外省考生多不知其情。光緒某年，新進士殿試，題為「麥天晨氣潤」。一進士詩中有「翠浪」二字，閱卷官大駭，謂「翠」字已不可用，況更加「浪」字。若進呈，必大觸慈禧太后怒。因京中俗諺，以「浪」為婦女風騷的代名詞。同列閱卷官以是卷詩文均佳，有擬為周旋者，然終恐或遭不測之禍，無人肯負責任，是卷終被斥。

清朝科舉考試，極重楷法，稱之為館閣體，要練習很久，書法才能達「館閣體」的標準。新進士殿試用大卷，期考用「白摺」。閱卷官偏重楷法，置文義與內容而不問，一字之破體，一點的污損，皆足以失翰林。廷試亦專剔小過誤字，不論文之佳劣。桎梏人才的發展，浪費太多的精力在書法上。

科舉考試最桎梏人才的，莫過於考試範圍，完全限制士子在四書五經上下功夫，而且要以宋明理學大師等註釋的四書五經為主，束縛人才思想的發展。清代晚期的積弱不振，未嘗不與科舉考試有關。及日俄戰爭後，袁世凱密陳慈禧太后，亟謀變法圖強。張之洞等有遠見的封疆大吏，乃力倡廢除科舉，設學堂以培育人才，並主張變法圖強當從根本著手。清廷遂於光緒三十一年，詔諭鄉會試及各省歲科生童考試，均一體停止。在我國實行了千餘年的科舉考試，至此完全廢除。

7 十全老人與香妃

十全與六全

從乾隆十二年（一七四七），對大小金川用兵開始，到五十七年（一七九二），第二次用兵廓爾喀時止，在四十餘年間，乾隆皇帝曾大規模的用兵十次。故於平定廓爾喀之亂後，乾隆皇帝躊躇滿志，親書〈御製十全記〉，洋洋自得的記述其武功。又將〈十全記〉的石刻置於西藏都會拉薩的布達拉寺前，與康熙皇帝的平定西藏碑文並立，以誌其武功之盛。自詡為「十全老人」，並篆刻「十全老人之寶」以誌其盛。誠如乾隆自己所說，武功不過是君王的一事，十全不僅指武功，它象徵乾隆朝的政治及弘曆一生都是十全十美的。事實上，並不盡然。乾隆一生固然集幸運的大成，但乾隆朝的政治，除最初十年用人行政頗有可觀外，愈往後期，愈是不堪回首，尤其是他晚年寵任貪瀆的和珅後，乾隆幾乎被罵為昏君。就以「十全武功」而言，實乾隆強自鋪張，並非攻無不克，戰無不勝的顯赫戰功。八旗勁旅早在康熙三藩之亂時，已習於奢靡，驕縱腐敗而不能用。乾隆所賴以誇示武功的綠營漢人武力，也是暮氣沉沉，軍無鬥志。乾隆十三年，命訥親為經略，督張廣泗攻打金川時，已顯露軍隊的腐敗，其後乾隆三十六年再伐金川時，木果木之敗，更證明乾隆朝軍事的廢弛。征緬甸，伐越南，與兩次討伐廓爾喀，都是在軍敗後再接受納貢請和的。所謂「十全武功」，若扣除以上四次戰役的失敗，只剩平大小金川二次，平準噶爾二次，平回疆一次，及平台灣林爽文叛亂一次，總共只有「六全」武功了。

再就財政而言，「十全武功」前後所花的錢，實難估計，據說用了「一萬萬二千兩銀子」，相當於中央三、四年的總歲入。而且這個估計也不確實，因為僅僅第一次金川之役，就用去了七百五十萬兩銀子。可謂耗盡了康雍兩朝所儲集的財富，國運由極盛而轉衰，何能稱為「十全十美」？

十全的評估

中國以農立國，愛好和平，儒家傳統的政治理想，也是以「仁不伐國，儒不談兵」的愛民、養民政治為最高鵠的。所以認為乾隆的「十全武功」，是浪費民脂民膏的窮兵黷武行為。事實上，乾隆的武功，在開疆拓土，增廣中華民族活動空間，與民族同化融合上，確有不少的功勞與貢獻。若僅以中國的疆域而言，乾隆朝的疆域實超過漢唐盛世，如此「豐功偉績」，何忍以「窮兵黷武」四字而完全抹煞？乾隆皇帝最為人所詬病的，是他晚年寵任貪瀆枉法的和珅，把吏治民風都敗壞了。一個帝王如果沒有知人之明，何能稱為「英明」？何能夠得上「十全」「十美」？而且中國儒家的傳統政治著重「禪讓」，「禪讓政治」的最高理想是後一代比前一代更好。乾隆所選定的繼承人嘉慶皇帝及其輔佐大臣，卻無法挽救大清帝國由盛而衰的國運，無法「開萬世之太平」，乾隆要負責任。所以乾隆永遠無法與他祖父康熙皇帝相比，康熙後是盛世，乾隆後則由極盛而衰。康熙被尊為「大帝」，乾隆朝雖盛卻被認為是窮兵黷武，其主要原因就在此。還有乾隆的自誇，自詡「十全老人」的作風，也與中國傳統儒家「謙讓」的美德大相逕庭。乾隆皇帝為誇耀其武功，曾數次命將阿桂、福康安等百數十功臣，圖像紫光閣，以慶祝凱旋與勝利。其場面的鋪張與豪奢，的確浪費了許多不必要的錢財。所以乾隆皇帝儘管多才多藝，有許多功勞與貢獻，在中國傳統儒家眼中，他所佔的地位仍然不是很高。因此對乾隆「十全武功」的評價，也打了很大的折扣。

春秋之筆，責備於賢者。所謂「不虞之譽，求『全』之毀」，用在乾隆身上，應該是最恰當不過的了！

十全老人與香妃

與乾隆武功有關，最膾炙人口的故事，就是乾隆與香妃的傳說。香妃天生麗質，身具異香，是大將軍兆惠於平定回疆大小和卓木時，搶掠了一個有夫之婦，獻給乾隆的。乾隆對香妃非常傾倒，因香妃信奉回教，具有回教創始人穆罕默德「聖裔」的血統。乾隆為了討好她，怕她思家，怕她生活不習慣，特別為她建造一座回回式的樓房，稱為寬月樓，內面有回回式的浴室，牆壁上嵌有回回式的小花磚，並且在一個房間掛有戎裝美女畫像。在寬月樓的對面，乾隆又建造一座回教堂，而且遠遠的，在皇城城牆以外，設了一個回回營，又築了一條回回街，調來許多回回在街上開店，住家。

儘管乾隆對香妃百依百順，盡量討好她，但香妃自進宮後，誓死不從乾隆，始終鬱鬱不樂，而且身藏利刃，使乾隆不敢接近。終於在某年的夏至節，乾隆去天壇拜天的時候，孝聖憲皇后（乾隆的母親）命人把她絞死。

香妃死後，被埋葬在北京南下窪陶然亭旁，墓前立有石碑，碑面僅有「香塚」二字，碑後卻有一首詞：「浩浩愁，茫茫劫，明月缺，鬱鬱佳城，中有碧血，碧血有時盡，血有時滅，一縷香魂無斷絕，是耶？非耶？化為蝴蝶。」

另有一種傳說，則為香妃後來自北京回到喀什噶爾，死在這裡，也葬在這裡。在喀什噶爾城外，歷代和卓木及其家屬的公墓中，還有「香妃墳」，在墓旁的房子裡，擺了一座據說是香妃乘坐回來的中國式的綠呢大轎。如此，則香妃「一」人——墓有「兩」個了。到底香妃葬在那裡，卻不得而知。

香妃與容妃

香妃的種種傳奇，引起研究清史的學者很大的興趣。為了明瞭歷史的真相，許多學者千里迢迢的跑到實地去勘察訪問，希望有所證實。據孟森先生的考證，許多關於香妃的傳說，都與歷史事實不符。

香妃在清朝官方文書上稱為容妃，這「容妃」二字，是乾隆皇帝封的。她初進宮時是「貴人」，其後升「嬪」，最後升為「妃」，稱為容妃，意思就是她的容貌出眾。她的父親是和札賚台吉。「和札賚」三字是「和卓木」的別寫，是「聖裔」的意思。她的丈夫也是「聖裔」，但具有阿拉伯血統。她自己卻是烏茲別克人，烏茲別克與維吾爾同種，而不同族。

香妃所住的「寬月樓」，是在乾隆二十三年春天建築的。兆惠奉命率領蒙古及漢人軍隊，進入新疆南部，大小和卓木敗亡，是在乾隆二十四年秋天的事。那末，「香妃」可能並非兆惠所俘，而是大小和卓木於叛清以前獻給乾隆的。香妃死於乾隆五十三年，乾隆皇帝的母親孝慈憲皇后則死於四十四年，比香妃早十一年逝世，如何能命人「絞死」香妃？至於香妃誓死不從乾隆，是「節烈」女子的傳說，更屬以訛傳訛。郎世寧曾繪一幅乾隆與香妃各騎白馬的戎裝像，看他們一前一後，「夫唱婦隨」的樣子，甚為怡然自得，香妃那有一點鬱鬱不樂的神情？甚至乾隆在京城附近所建造的回教堂與回回街，也不是專為香妃建築的，可能是乾隆羈縻籠絡回教徒的一種政策。

回教自傳入中國後，到了清朝初期，勢力很大。新疆的居民，大部分是維吾爾人，幾乎全是回教徒。統治新疆的許多大小回王，並非阿拉伯人，也不是維吾爾人，多數是蒙古察哈台汗的旁支子孫，在血統上是蒙古人，在宗教上是回教徒，在語言上卻與維吾爾人沒有什麼分別。乾隆皇帝在京師建造回教堂，設回回營與回回街，也許是羈縻籠絡新疆回教徒的一種政策，使新疆來朝的大小「番王」有「賓至如歸」之感。甚至乾隆娶香妃也可能是這種羈縻政策的運用，並不是香妃的「容貌出眾」、「國色天香」。

郎世寧的乾隆后妃像

乾隆二十五歲即位時，郎世寧曾為乾隆皇帝及其后妃繪像。根據這幅手卷畫像，乾隆有后妃嬪貴人等共十一位。據清史稿清高宗后妃傳的記載，乾隆皇帝一生有二位皇后，一死於乾隆十三年，一死於乾隆三十一年，自此以後，乾隆遂不復立皇后。至乾隆皇帝的「妃」與「貴人」，則一共有十五位。其中有滿人、蒙古人與漢人，香妃則是「回人」。以一個中國帝王而言，有十五位后妃，實在不算太多。

值得注意的，郎世寧所繪乾隆后妃像，十一位后妃的臉形差不多完全一樣，好像戴著同樣一副面具。以郎世寧西洋繪畫的造詣及素描的基礎，所繪人物應該是維妙維肖，為何將乾隆的后妃畫成一種臉形，最大的可能，中國是禮義之邦，男女之「防」較嚴，尤其是中國帝王生活起居的「禁宮」，是不准許其他男性隨便出入的。郎世寧所見到的乾隆皇帝的后妃，也許只「瞄」了一眼，然後憑「印象」畫的。中國人的臉形沒有西洋人突出，輪廓也不顯明，許多歐美人士看中國人都長得「一樣」，所以郎世寧把乾隆的后妃，都畫成一種臉形。另一種可能，就是中國皇太后為太子選妃的標準，都著重在「德」的方面，「厚重」的「福相」為上選，「單薄相」的女子，除非是帝王特別的愛好，是不容易被選中為后妃的。所以郎世寧所繪乾隆后妃都屬「福相」的臉形，也許乾隆的后妃像本來就是「這種」臉形。香妃則屬於「單薄」型的。

但國立故宮博物院所藏郎世寧所繪香妃戎裝像，卻非常有「個性」。香妃的傳說既如此傳奇，所以傳世的香妃像也最多，而且都認為是郎世寧的手筆。但就繪畫的技巧來說，這幾幅香妃像似乎「不全」是郎世寧一人畫的。至香妃的「容」貌是否出眾?是否國色天「香」?只有請讀者仔細端詳了。

8 千叟宴與多寶格

——乾隆皇帝這個人

幸運的乾隆皇帝

乾隆是年號，弘曆是名字，高宗是廟號，他是清世宗的第四子。按照中國傳統對帝王的稱呼，應該稱為清高宗，但歐美及日本的學者，都以年號直稱他為乾隆皇帝。這與我國以廟號稱呼帝王的傳統，是不相符合的。因為在我國的歷史上，一個皇帝有許多年號，漢武帝曾改元十一次，有建元等十一個年號，到底以那一個年號來代表漢武帝？好在清高宗只有一個年號，乾隆時期又代表清朝富強極盛的頂點，自此以後清朝的國運就走向下坡，是清朝由極盛而衰的轉捩點。故以乾隆年號來稱呼清高宗，也不算錯。

就乾隆皇帝個人而言，他是一個福、祿、壽、喜四者俱全的人。他生於康熙五十年，即位時是二十五歲，逝世時八十九歲，整整作了六十年皇帝，三年多的太上皇。他一生無憂無慮，晚年五代同堂，沒有一個子孫敢不孝順他，真是享盡了人世間的一切富貴榮華。他生下來的時候，就比他父親幸運得多。雍正有許多面目猙獰的兄弟，競爭皇位，大家明爭暗鬥，各樹黨羽，而弘曆只有一個同父異母不成材的弟弟弘晝，算是一個象徵性的競爭者，故乾隆的繼承大統，登上皇帝的寶座，實在非常順利。

他小的時候就很聰穎，六歲時受教於庶吉士福敏，即異於常人。十二歲時，晉謁聖祖於圓明園，他祖父見了他即鍾愛非常，命養育於宮中，教他學習騎射火器，而乾隆由於稟賦特異，故學則能精。後隨康熙巡幸熱河避暑山莊，秋獮於木蘭圍場，他打獵的勇敢與鎮定，深獲他祖父的讚賞。故有人說：「雍正能入繼大統，實因其子受聖祖鍾愛的緣故。」

雍正即位後，即預立弘曆為皇太子，在藩邸歷練，並將他的名字密封於匣，藏在乾清宮「正大光明」匾額的後面，又書密旨藏於內府，使他將來能順利的登上皇帝的寶座。當雍正對準噶爾及西南苗疆用兵的時候，均命弘曆參與軍機，悉知兵事。一切安排妥當，雍正十三年，世宗崩逝的時候，莊親王胤祿、果親王胤禮、大學士鄂爾泰、張廷玉等四人同受遺命，宣讀遺詔，奉弘曆即皇帝位，以明年為乾隆元年（一七三六）。

在血統上，乾隆比康熙、雍正更遠於漢人，但在文化上，他卻是一位十足的漢人君主。他喜歡作詩，喜歡寫漢字，喜歡收集古董、字畫，更喜歡在古董字畫上題字題詩，並加蓋「乾隆御覽之寶」及「古稀天子之寶」等大印。江南織造原為清廷探聽民情，收集情報的特殊機構，但也為乾隆搜集不少的古董、字畫及玉石。凡是他收藏及看過的古董、字畫，都登錄在《石渠寶笈》及《西清古鑑》等書中，以便後人研究參考。國立故宮博物院的「國寶」，如果不是經過乾隆的刻意收藏，那真是要遜色不少。他的詩文均收集在《乾隆御製詩文集》中。據說他一生寫了十幾萬首詩，其中不少是別人代作的，但他能作詩卻是毫無疑問，只是詩的意境不高而已。他喜歡模仿王羲之、董其昌的字，他臨寫王羲之的〈快雪時晴帖〉，有數十百次之多，但他的字永遠無法與王羲之相比，甚至也沒有董其昌的神韻，不過在字內行間，已顯露他的才華。他能畫，早年愛好花鳥畫，後來學倪雲林及惲南田的畫，筆法靈活而圓融，很有藝術素養。由此可知，他所受的完全是中國傳統式的文人教育，除四書五經外，詩詞歌賦與書畫無一不學，雖無一能精，但就一個帝王而言，已是多才多藝，實在不是一個普通的漢人君主可與他相比。

乾隆本人雖漢化很深，但對滿人薰染漢人文化，放棄滿文、騎射，卻認為是一大惡習。軍機大臣鄂爾泰的兒子鄂昌，寫了一首〈塞上吟〉，稱蒙古人為「胡兒」，乾隆知道後，非常生氣，賜他「自盡」，因為鄂昌是滿洲人，也是「胡兒」，乾隆恨他「忘本」。自此以後，乾隆即嚴禁滿人染上漢人習慣，並規定旗人參加科舉考試，要先試滿文及騎射，合格後始准入場考試。又令滿洲王公文武大臣，每年比較騎射，有不中法者，立加斥責，或命執賤役以辱之，其主要用意就是要保存滿洲部族的固有文化與傳統。但乾隆實在是白費苦心，後來滿洲部族，在血統、語言、風俗與習慣上徹底的漢化，又那是乾隆所能預料得到的？

乾隆的南巡及其身世

乾隆許多作為，都模仿他的祖父，想作一個「聖王」，康熙在位六十一年，乾隆不敢踰越，當他作了六十年皇帝後，把帝位讓給他的兒子，自稱太上皇。事實上，大權仍在他手中，嘉慶初即帝位，只不過奉命擺擺場面而已。康熙六次南巡，乾隆也有六次南巡。康熙南巡是為了治理黃河，探詢民間的疾苦，而乾隆的南巡，則純為遊玩。為了觀看錢塘江的海潮，乾隆不惜千里迢迢的趕去，而且每次巡幸的鋪張與奢靡，所用去的費用，比康熙時代的巡幸，何止十倍？聖駕所至，戲台、綵棚、龍舟、燈舫等物，沿途點綴。水行巨舟千百艘，四圍都是侍衛武職人員，而夫役乘勢逞威，勒索民間錢財，有不予者，則以妨礙聖駕的罪名，立予懲罰。其擾民傷財，莫此為甚！在乾隆巡幸時期，沿途館驛行宮，則為兩淮鹽商及地方紳商捐貲所修建，其內部陳設，有的比京師的宮殿還要富麗堂皇，地方官吏與民間均以為苦。故乾隆南巡，實在是勞民傷財，消耗元氣，影響所及，吏治民風，同時敗壞。當乾隆六十年，高宗遜位自稱太上皇後，深悔六次南巡的勞民傷財，但為時已晚，大清帝國已由極盛而衰，不是平庸的嘉慶皇帝所能挽回的了！

由於乾隆南巡曾至錢塘觀潮，又常到海寧陳閣老（世倌）的家中，故民間流行一種傳說，謂乾隆不是雍正與熹妃鈕祜祿氏所生，他的親生父母是陳世倌及其夫人。但這事沒有充分的史料可以證明，只能算是一個歷史上的疑案。

千叟宴與萬壽聖節

清朝皇太后或皇帝的生日，稱為萬壽聖節。朝中王公文武大臣在萬壽聖節的日子，要特別上早朝排班祝賀。若遇皇帝或太后五十、六十、七十、八十等萬壽聖節，宮廷中還要開酒宴慶祝。康熙五十二年（一七一三），聖祖六十萬壽，開千叟宴於乾清宮，與宴者一千數百餘人。乾隆即位後，事事模仿康熙，千叟宴的舉行，更是一次比一次盛大，一次比一次鋪張。乾隆二十五年，高宗五十萬壽，開千叟宴於乾清宮，與宴者三千九百餘人，各賜鳩杖。嘉慶元年，值太上皇八十六萬壽，開千叟宴於皇極殿，與宴者五千九百餘人。參加千叟宴，年齡須在六十以上，除皇帝特恩准許參加者外，京官須三品以上，外吏惟封疆大臣，才有資格參加，故參與千叟宴在「齒」（年齡）與「爵」（官品）雙重的限制下，本屬一件光榮的事。所以許多告老還鄉的大臣，千里迢迢，僕僕風塵的趕往京師，就是為了參加萬壽聖節的千叟宴。

乾隆五十五年，高宗八十萬壽，各省奏請加恩耆老，百歲者多至數百人，浙江慶元縣的藍祥已一百六十六歲。高宗以藍祥為盛世的人瑞，特旨賞給六品頂戴。

許多京中的王公大臣及各省的封疆大吏，為了表示自己的忠誠，討好皇帝，也得挖空心思進獻珍奇的禮物，來祝賀皇太后或皇帝的萬壽。故宮博物院現藏的古董、字畫及珍玩等物，有不少是大臣等進獻皇室祝壽的。

如乾隆八十萬壽時，兩廣總督福康安進獻的禮物為小枏木匣一個。木匣內藏一小屋，屋中置一屏風，屏風前有小桌，桌上放列筆床硯匣，桌下藏有機關。扭動桌下機關，即有一尺許高的少女，自屏風右出來，徐徐拂去桌上灰塵，然後注水入硯，取墨磨硯。墨磨好後，再從架上取硃箋一幅，鋪放在桌上。這時有一虬髯客，自屏風左邊出來，走到桌前，取筆就紙書寫滿漢合璧的「萬壽無疆」等八字。寫畢，乃擱筆返回屏風後面。少女再從屏風右邊出來，從容收拾筆硯等物，放歸原處，然後關門閉戶，回到屏風右邊。

事實上，這是一部全自動的機器，為福康安重金請人製造專為乾隆祝壽的。機器內部應用了齒輪、輪軸、彈簧、滑輪、速度及槓桿等力學原理，再加以精密的配合。在沒有電腦與能源的情況下，要設計一部全自動能寫「萬壽無疆」的機器，已很不容易，更何況還要寫滿文 [illegible]（

Tumen jalafun jecen akū）四字呢？因漢文與滿文的書寫方法完全不同，要一部機器寫出漢文後又寫出滿文，其機器內部的複雜與各部精密的配合，就可想而知了。在一百九十多年前，我中華兒女就能設計一部如此精巧的機器，可見我國傳統的科技，在種種不利的人為因素下，仍有高超的發展與成就。只可惜這項科技不久就失傳了。

專利的多寶格

多寶格為精巧設計的櫥匣，其箱中有盒，盒中套匣，匣中又分若干小格，每格中貯珍玩一件。故多寶格的體積雖僅尺許，其內所藏的珍玩，有的竟有數十件，乃至百件以上。所藏珍玩多屬精巧絕倫，世所罕見的寶物，而多寶格本身就是一件無價的工藝品。故宮博物院現藏乾隆朝的多寶格三十箱，每箱的形式大小都不相同，除雕琢的精巧與細緻外，有的還應用了我國傳統科技上輪軸等力學的原理，使多寶格的形制精美絕倫，多彩多姿。將乾隆皇帝所收藏的珍玩，按其形式大小，放在恰如其分的固定而有秩序的位置上，而且顯得非常調和沒有擁擠的感覺。實在經過一番精心的設計，使人嘆為觀止。

故宮現藏多寶格中，有一竹絲纏枝番蓮多寶格圓盒，高二十四、三公分，徑十八、六公分。其製造以木作胎，外部以竹絲併拼粘貼而成。上端粘雕木蟠枝番蓮及變體圖案，周壁貼竹皮所雕串枝番蓮及八寶紋，器底鑲骨足。其盒分四組，中以暗軸相聯，合成一體則為圓形。可以自由啟闔，分成兩半圓形，亦可作四瓣狀，並排則如一屏風。或反折成方形櫥，可以四面觀賞。盒內部，每組設格多層，其格的形制各不相同。盒的底層各置一屜，其中設有小扉、小屜，並有活動轉心軸，可以左右轉動，其面上並飾彩繪西洋風景玻璃檔。此多寶格貯列各式玉玩二十三件，畫卷三件，畫冊一件。

多寶格中所貯列的寶物，有玉器、瓷器、古銅器及書畫等小品文物，無一件不是精選的上品，無一件不有其藝術價值。只有富有四海的皇室才有如此豐富的收藏，只有酷愛藝術的乾隆皇帝才有如此多的寶物。但多寶格的製造為皇室的專利，任何王公大臣是不准私有多寶格的。嘉慶四年，仁宗親政後，將貪贓枉法的和珅正法，並籍沒他的家產。其重要罪狀之一，就是和珅私藏多寶格，有僭越犯上的罪嫌。多寶格既為皇室的專利，製造多寶格的科技與工藝人才，也只限於為皇室服務。我國傳統的科技與工藝不能在「厚利眾生」上廣為應用，研究改良，進而創造發明，這是非常可惜的。許多重要科技與工藝的失傳，未嘗不與皇室的「專利」有關。

9 四庫全書修書祕辛

全書三千四百六十一種

高宗於乾隆三十七年正月初四日，命中外蒐集群書，直到乾隆三十八年二月，安徽學政朱筠奏請以翰林院所藏明《永樂大典》及內府所藏與武英殿刊刻諸書為基礎，擇其中若干部，分別繕寫抄錄，才較為具體可行。於是蒐輯群書的工作，遂奉旨從校核《永樂大典》開始，乃選派大臣負責其事，並以翰林院衙門內迤西房屋一區，作為辦事之所。稍後《四庫全書》之書名，亦為高宗所御定。

原《永樂大典》共二萬二千九百餘卷，一萬一千九十五冊。惟現藏於翰林院內者僅存九千餘本，約缺一千餘本，較原本少十分之一，不知何時散失。其後《四庫全書》告成，得自《永樂大典》者，凡經部六十六種，史部四十一種，子部一百零三種，集部一百七十五種，共三百八十五種四千九百二十六卷。

至各省採訪遺書，奏進書單，直到辦理四庫全書處成立，已開始校核《永樂大典》時，仍是寥寥無幾。江浙為人文淵藪，從前藏書最富之家，如崑山徐氏之傳是樓，常熟錢氏之述古堂，嘉興項氏之天籟閣，朱氏之曝書亭，杭州趙氏之小山堂，寧波范氏之天一閣，都是名盛一世的藏書家。各地方督撫如能善為諮詢，詳加物色，四處借鈔，何至經一年二月餘之久，奏到書單仍如此寥寥？

各行省遲遲進獻遺書，固為督撫等視上諭為具文，奉行不力，沒有體認高宗之意旨，但其最重要的原因則為避禍。蓋自雍正大興文字之獄後，查嗣庭、汪景祺、呂留良等均因其詩文日記「謗訕譸張，大逆不道」而獲罪。乾隆二十年胡中藻之詩獄，更屬以「莫須有」之談，而竟構成大獄。故藏書之家，恐書中有「忌諱字面」或「誕妄字句」，而裹足觀望不前，不肯呈獻藏書。而督撫等更心存「疑畏」，不敢經手彙送遺書。高宗有見於此，乃傳諭各督撫即使書中有「忌諱」或「誕妄」字句，亦不過將書燬棄，與藏書之人無干涉，並不加罪，而督撫等經手彙送，更無關礙，且以辦事光明正大，可以共信於天下作保證，絕不藉訪求遺書，而於書中尋摘瑕疵，罪及收藏之人。何況只是借書抄錄，將來仍發還原書，與藏書之人無損。經高宗如此曉諭後，各地方督撫及藏書之家，即無所疑懼，不必「畏首畏尾」而踴躍進獻藏書。

在接奉上諭後短短的三個月時間，江浙藏書之家紛紛競獻藏書，商人馬裕家內書籍，開列目錄，揀出一百三十三種。鮑士恭等願以家藏舊書，上充祕府，計一千九百餘種，先繕書目進呈。天一閣後人范懋柱等俱抒誠願獻藏書。浙江江南督撫及兩淮鹽政等奏到購求呈送之書，已不下四、五千種，實屬踴躍奉公。凡進到書目，均交四庫全書處校勘查辦。此時計內府藏書，並《永樂大典》內揀出各種，及外省進到之書，「已不下萬餘種，自昔圖書之富，於斯為盛」。這些書籍，基本上包括了乾隆以前中國古代的重要著作，尤其是元代以前的書籍收輯更為完備。高宗乃於此時特詔詞臣，除纂輯《四庫全書》外，更纂輯《四庫全書薈要》一部及《四庫全書總目》。

至次年五月，高宗為了擴大影響力，使所有古今載籍，及時蒐羅大備，特下詔訂立獎勵辦法。凡呈進書目至五、六、七百種者，著賞《古今圖書集成》一部。凡進書一百種以上者，每人賞《佩文韻府》一部。其進書百種以上，令擇其中精醇之本，高宗親為評詠題識簡端。凡進到各書，均於篇首用翰林院印，載明年月姓名於面頁。其已經題詠之書，儘先發還，俾收藏之人益增榮幸。其一人而收藏百種以上者，可稱為藏書之家，即應將其姓名附載於各書提要之後。其在百種以下者，亦應將該督撫採訪所得之姓名，附載於提要之後。

在高宗獎勵之下，各地方督撫及藏書家進到之書，又有增加，只是各地方呈獻的書，就有萬餘種之多，《四庫全書》就是從其中選擇抄錄而成。乾隆四十三年二月，完成了第一部文淵閣所藏《四庫全書》，其中收錄的書籍共三千四百六十一種，七萬九千三百零九卷，存目的書籍有六千七百九十三種，九萬三千五百五十一卷。

千字值二錢五分銀

《四庫全書》是我國第一部規模最龐大的叢書，完全用手繕寫謄錄而成，而二部《四庫全書薈要》又幾與《四庫全書》謄錄的工作同時進行。除了繕寫謄錄的工作外，每一種書都要纂寫一篇題要，放在書的前面。收入《四庫全書》的書籍，固然要纂寫題要，一些沒有採入《四庫全書》的書籍，也就是所謂《四庫全書總目》中存目的書籍，也要分別纂寫題要。提要的內容除了論述本書大旨及著作源流外，還要列作者之爵里、考本書之得失，以及辨訂文字、篇帙增刪之始末等等。一萬餘種書籍提要的纂寫也是一件相當繁重的工作，故《四庫全書》及其《總目》的完成需要各種專業人才。在纂輯《四庫全書》時，即設有總裁、總閱、總纂、總校、提調、協勘、分校、收掌及謄錄等官，分層分別負責纂輯《四庫全書》的工作。

除總纂、總閱及總校官多為一時之通儒外，即分校官也是通過科舉考試進入翰林院的進士，謄錄則多由字畫端楷的貢監生或未中式的舉人充任。繕寫謄錄是四庫全書館的基本工作，需用人員最多，由最初的三百餘人增至一千餘人。其初期，規定每人每日至少抄寫一千字，後來由於增繕北三閣及南三閣的《四庫全書》及二部《四庫全書薈要》，工作量增加，特規定每人每日至少抄寫二千字。謄錄人員的工作量增加，錯誤就難避免。就此點而言，本院所藏的文淵閣《四庫全書》，是七部《四庫全書》中最先完成的一部，也是抄寫較為仔細錯誤較少的一部。

至謄錄人員的工作報酬，十餘年間並未調整，均按字數給酬，每千字給銀二錢五分。每人每年扣去三十日，計每人每年至少抄寫三十三萬字或六十六萬字。而分校官的工作量，其初期與最繁忙的時期都是一樣，沒有增加，每人每日規定校二萬字。在四庫全書處尚未定立章程以前，甚至有謄錄及分校官將書攜歸家中抄錄或校勘而遺失《永樂大典》的事。而四庫全書館謄錄人員與分校官之人數，大約是十與一之比。高宗對四庫館之工作人員督課甚嚴，規定每三月奏報一次，如其功課沒有達到預定進度，即受懲罰。在短短五年內，四庫全書館能迅速繕寫完成第一部卷帙浩繁的文淵閣《四庫全書》，謄錄人員的辛勞，實在功不可沒。

謄錄人員既按字給酬，一個謄錄人員每月至少可抄寫二萬五千或五萬字，每月至少可得六、七兩或十三、四兩銀子的報酬。按當時安徽省的糧價，上米每倉石值銀一兩四錢六分。一個謄錄人員的收入，每月至少可買四、五石或八、九石上米，供養五口之家，只是僅能餬口而已。謄錄人員工作單調繁重，且收入不豐，但有人卻願自備資斧飯食，捐貲充任謄錄，實因五年期滿之後，工作課程超過一百八十萬字或三百六十萬字以上之標準，即可獲議敘州同、州判、縣丞、主簿等官，甚至可獲御賜舉人或准予參加下科進士殿試之榮寵。故願充謄錄者大有其人，甚至請託人情或賄賂上官而為謄錄。《四庫全書》中繕寫抄錄之草率，錯謬百出，也都是這些不肖謄錄人員所造成。

一人記過三千七百二十八次

四庫全書館因各書原本，大小不一，刊刻則費時耗款，故《四庫全書》全係繕寫謄錄而成，既省時又節費。但因《四庫全書》卷帙浩瀚，字數繁多，故需用謄錄人員甚多。開始繕寫抄錄《四庫全書》時，繕寫處所用謄錄人員，多由纂修提調等保舉，自備資斧在館效力，五年期滿，按成績之優劣分等議敘授官。但保舉之法易開倖進之門，而滋生流弊，書法拙劣者以此為進身之階，善書者反無門得進。其後乃改為考試，由高宗欽選大臣數人，令願充謄錄之貢監生及未中式之舉人當堂書寫數行，錄取其字畫端正者，四庫全書館之纂修提調等官均不能干預其事。總計七部《四庫全書》及二部《四庫全書薈要》的繕寫抄錄，前後陸續所用謄錄人員，共三千八百二十六人。

因謄錄人員之素質不齊，學養並非上選，故《四庫全書》之舛錯譌誤，所在多有。高宗亦深知舛誤之難避免，特於四庫全書館繕書處任總校官四人，分校官一百七十九人，負責校勘《四庫全書》的工作。總校官多為通儒，分校官則由翰林院編修等擔任，就學養而言，自較謄錄人員為優。高宗原期望藉總校分校之心力，詳細校勘《四庫全書》，俾其能成為善本，故於繕寫期間對其督課極為嚴厲。自乾隆四十一年起，特定總裁總校等按等按次記過的辦法。其分校覆校錯至兩次，總裁名下錯至三次者，均查明交部議處，每三月奏聞一次。其記過三次以上之總裁，即照例罰俸半年，總校分校等則照例罰俸三月。自乾隆四十三年至四十九年間，四庫全書館諸人，上自總裁，下至分校，被記過罰俸，數不勝數。總校官四人在六年中總共被記過一萬一千八百五十三次，其中尤以總校何思鈞被記過次數最多，一人共被記過三千七百二十八次，創我國歷史上官僚被記過的最高紀錄。

高宗雖如此嚴厲督課，但至《四庫全書》繕寫完竣進呈時，高宗隨手抽查，發現仍是魯魚亥豕，連篇累牘，而未經抽查者，其中錯誤更不可勝計。故當內廷四閣《四庫全書》完成後，高宗為求其益臻完善起見，不得不有再校全書之舉。此事起於乾隆五十二年五月，時高宗駐蹕熱河山莊，偶閱文津閣《四庫全書》，發現其中謬誤甚多，即令隨行人員再加詳校改正。並令在京科甲出身之大小官員二百餘人，每人每日閱校《四庫全書》一、二匣，如此則文源及文淵兩閣《四庫全書》，在二個月內即可全部校閱完竣。文淵閣《四庫全書》在文華殿內閣等處閱校，文源閣《四庫全書》在圓明園朝房閱校。其中有關天文曆算等書，交欽天監堂司各官閱校，樂律等書則交樂部閱校，醫藥等書則交太醫院官員閱校。並命皇子大臣專司收發等事，以免遺失書籍。至校勘錯誤之挖改與換頁，亦有專人管理。

覆校之結果，除一、二錯字隨時挖改外，發現各書訛舛處甚多，甚至有連篇累頁空白未寫一字，實屬草率已極。最使高宗憤怒的，則為在其中發現違礙書籍，遂有從文淵等閣《四庫全書》中撤出十一種著作之事。負責《四庫全書》之總裁、總纂、總校、分校等官都受到嚴厲的懲罰。總校陸費墀則受罰獨重，後復革職，當南三閣《四庫全書》尚未裝潢完畢，即鬱鬱以歿。高宗於其死後又傳旨申斥，並令查明其原籍現有田產房業，除酌留一千兩贍養其家屬外，餘均籍沒作為添補南三閣辦書之費。陸費墀之受罰特重，即因其在四庫全書館時「惟以牟利為心」。

校書如掃落葉，錯誤很難盡除。乾隆五十六年，高宗至熱河，又偶閱文津閣《四庫全書》，發現其中錯誤仍然很多，甚至有二行空白未寫之事，除再對總纂紀昀等痛加申斥外，並命覆校文津閣書籍，僅經部又簽出空白舛誤一千餘處。故文津閣《四庫全書》經過三次校勘，錯誤較少。至文淵閣《四庫全書》係第一部完成，字較工整。又因文淵閣位於文華殿後，每年仲春經筵，照例在此賜茶，高宗亦時至此翻閱書籍，故四庫全書館臣，恐再見錯誤而獲罪，校勘較他處為精，謬誤只是較少而已。

《四庫全書》之舛謬錯誤如此之多，除卷帙浩瀚外，最重要之原因還是基礎的謄錄工作沒有做好。就謄錄人員之素質而言，多貢監生或未中試之舉人，其合格之標準則為字畫端正，並不要求其學養工夫。有的照本繕寫謄錄不知其意義，謬誤自難避免。而只要求謄錄人員趕課程，並不責成其對所繕寫抄錄之謬誤負責，也是謬誤百出的重要原因。而《四庫全書》雖經高宗一再督責校正，但謬誤仍有，其故亦在此。

乾隆燬書三千餘種

為了搜求遺書，高宗一再傳諭督撫即使書中有「違礙」或「誕妄」字面，與藏書家無干，與督撫等更無關礙。但「違礙」或「誕妄」等辭意含混，到底那些書籍屬於「違礙」之類？那些書籍是「誕妄」？此一尺度實難斷定。尤其是在帝王集權專制達於極點之時代，臣下更不敢擅作主張，唯恐因「文字之獄」而獲罪。高宗乃於乾隆三十九年八月初五日，諭令查繳「違礙」、「誕妄」書籍之標準。凡明末清初詆毀清朝之稗官野史均應查繳銷燬，以杜遏邪言，正人心而厚風俗。

為了使查繳「違礙」、「誕妄」書籍能順利進行，高宗又重申前旨命即速交出不應留存之書，與收藏之人無干礙，如隱諱存留，則以有心藏匿問罪，即承辦之督撫亦將受罰。各地方督撫於接奉上諭後，均遵旨據實奏覆查辦「忌諱」、「干礙」書籍之經過。兩廣總督李侍堯即於南海，番禺二縣查出屈稔湞等私藏逆犯屈大均之各種書籍，請旨將屈稔湞等問擬斬決。高宗則以「辦事光明正大」，「不肯以訪求遺書，罪及收藏之人」，再次重申前旨，免屈稔湞等罪。

雖然高宗一再傳諭查繳違礙書籍，不罪收藏之人，但各地方繳出違礙書籍「尚覺寥寥」。究其原因，除各督撫及藏書之家懼禍，「畏首畏尾」，不敢獻出違礙書籍外，尚有客觀的困難存在。因「村僻愚民」，本不知書，即家藏斷簡遺編中有「忌諱」、「違礙」之語，無由得知。而藏書舊家，有的則因子孫零替，目不識丁，亦難繳出其家中的違礙書籍。而江浙等省士民「聞有應燬之書，且以為新奇可喜，妄行偷看，甚或私行抄存，輾轉傳抄」，更使查繳銷燬違礙書籍之工作困難重重。

但由於高宗一再督責，各地方督撫等也不敢怠忽，乃責成地保等逐戶宣諭，並令試用教職人員，往各地方陪同地保等查詢，倍價收購。各地方學校之教職人員，並得立具甘結保證其學校查無「違礙」、「忌諱」書籍。在如此地氈式的嚴密搜查下，十餘年間共查繳銷燬的書籍，據估計至少在三千種以上，與《四庫全書》所收入的書數，大約相等。

在訪求違礙書籍期間，文字獄亦發生十餘起，慘酷之狀，亙古所未有，更加深訪求違礙書籍之恐怖。故各地方士民為了避禍，而私自銷燬的違礙書籍，更是不計其數。清高宗為人所詬病，遭後人所非議，其主要之原因在此。甚至有人認為中國文化厄運，自秦始皇焚書坑儒後，要以此次為最甚。事實上，清高宗亦批評秦始皇焚書坑儒之暴虐，他是在效法模仿漢武帝罷黜百家，獨尊儒家，只是學得不像，學得太狹隘點而已！

清高宗崇尚宋明理學，期以程、朱之學統一士大夫之思想，一切經典注解及義理之學，俱以程、朱之學為正宗，而貶抑陸、王及其他非程、朱學派之思想。在此尺度下，舉凡違反程、朱正統思想之言行及著述，均在貶斥與銷燬之列。清代學術思想無法恢弘博大，實由於此。至清代之文字獄，與銷燬明末清初之稗官野史，則在消除漢人的種族觀念與反清思想之存在。在高宗雷厲風行十餘年間查繳銷燬違礙書籍之政策下，使研究清史者常懷史料缺少與不足徵信之感嘆。在稗官野史缺少的情形下，而本院所藏文獻檔案，就更彌足珍貴了。

10 清初漢軍八旗的肇建

前言

生活方式影響一群人的觀念、價值判斷與行為。建州女真乃一畜牧漁獵兼農耕的部族，故其風土人情兼有二者之長；其強悍與擅於騎射乃漁獵畜牧部族之所長，亦為彼等武力能侵入中原的主要原因，「馬上得之，不能馬上治之」，其統治中原則非純用武力，必須佐以文治，亦即要以一套適合農業文化的典章制度來統治農業民族。清初降附的漢人及漢軍八旗即扮演著介紹便於統治漢人的典章制度文物予滿人的重要角色。入關後滿族之徹底漢化，固由漢文化「同化力」之強大，但亦因滿族之部分農業文化與漢文化相近似，故易於為彼等所轉借而傳播❶，最後也同化得最徹底。蒙古，滿洲同為異族入主中原，但其漢化程度各異，吾人以此歸之於二者統治中原之久暫，毋寧歸之於彼等固有的生活方式。蒙古為一純粹的游牧民族，故其入主中原之初，有毀田舍為牧場的荒謬想法，而建州女真則不然，在入關前即重視農業並搶掠漢人為彼等從事農業生產，更利用這些漢人輸入便於統治漢人之典章制度與文物。蒙古入主中原之初也有漢軍，但其身分、地位，及其享受的權利鮮能與漢軍八旗相比。漢軍八旗在文化之轉借與同化上扮演著重要角色，而蒙古漢軍則一切皆處於從屬地位❷。這不僅影響彼等政權之穩定，且影響二部族漢化之程度。

本文即引用史料敘述漢軍八旗建立之經過及其原因。

一、建州女真之壯大與其重視農業的關係：在一個農業生產落後，荒地待墾的地區，人口的增加，就等於財富的增加；尤其對一個處心積慮謀求向外發展的部落而言，人口的增加，非獨增加其財富，且壯大其戰力。建州女真自太祖誓師攻明，至多爾袞之入關，其間不過短短二十六年的歷史。在其成長、壯大的發展過程中，最值得注意的，莫過於自太祖起重視農業，與善養歸附的人。本來建州女真「自耕牧外，惟事捕獵」❸，或過著打獵、採集的生活方式❹。自太祖乙卯年六月諭各「牛彔下出十人，牛四頭，於曠土屯田，積貯倉廩」❺，始漸漸重視農業。其屯田動機，則在「積貯倉廩」以為大舉攻明的準備。如太祖諭：

使我今日仗義伐明，天必祐我，天祐我可以克敵，但我國儲積未充，縱得其人民畜產，何以養之？若養其人民畜產，恐我國之民反致耗損，惟及是時，撫輯吾國，固疆圉，修邊備，重農積穀，為先務耳！❻

二、農業生產與人力：農業不僅是一種生產方法，且是一種生活方式。太祖之重視農業，屯田積糧，固為了軍事目的，但也因農業生產與女真部族的定居「耕牧」生產方式相近，故能收到預期的效果。不輕舉妄動遽爾攻明，先作「撫輯吾國，固疆圉」，慢慢充實壯大自己的工作，這是努爾哈赤過人之處。經二年屯田積糧的準備，乃以七大恨誓師伐明，毀撫順城。「論將士行賞，以俘獲人口三十萬給之……其歸附人口，編為一千戶……並全給以田廬、牛馬、衣糧、畜產、器皿，仍依明制，設大小官，令李永芳統轄。」❼降民給以田廬、農具、種子令其耕種；俘獲的人分賞給將士為奴僕，在主人莊園中耕種，甚或為旗人之隨役，隨主人出征作戰。漢軍八旗的主要分子即是從這些奴隸、降民中抽調出來的。

漢軍八旗與奴隸

一、奴隸的來源：清初奴隸的主要來源靠俘獲與搶掠。入關前八旗士兵並無糧餉，甚至連買馬製裝都要自己來籌備❽，其經濟來源則靠搶掠；搶掠可說是滿洲在發展過程中賴以維生的經濟基礎❾，也是八旗「賈勇爭先」、「殊不畏死」的原動力❿。滿洲人搶掠的對象當然是漢人，次為朝鮮蒙古。朝鮮國小力薄，蒙古人民窮困，均不是最好的搶掠對象，獨有明朝是農業大國，民性淳厚，積貯頗豐，復以邊備鬆弛，武備不整，故搶掠漢人可收到事半功倍的效果；難怪滿人莫不以漢人家為奇貨，皆以行軍為喜。《天聰實錄稿》六月五日甯完我等奏：「臣等環視今日軍情，無大無小，都以漢人為奇貨，是之必入內地也。」《八旗通志》卷二十九乾隆六年上諭：「昔太祖時……無論長幼爭相奮勵，皆以行兵出獵為喜。」誠如李民寏在《建州聞見錄》中所記：「出兵時無不歡躍，其妻亦喜樂，惟以多得財物為願。如軍卒家有奴四、五人，皆爭偕赴，專為搶掠財物故也。」值得注意的，滿洲士兵出征不止搶掠財物，並搶掠人口來壯大戰力，增強生產力；亦即滿洲人除把自戰陣中俘獲的人口用來作戰外，並用之生產與再生產的工作，故搶掠人口與建州的壯大，有密切關係。熊廷弼在其懲前規後修舉本務疏中曾痛陳遼民被掠奪的情形：「臣惟遼左今日之患，莫大於無人，夫邊非無人也，土沃而民聚，向稱富庶矣。自萬曆四年、七年、十一年受虜，而寧遠前屯之人盡；自萬曆五年、八年、九年、十一年、十四年、十五年、廿二、廿七年受虜，開、鐵、汛、懿之人盡。自萬曆二年、三年、十年、十一年、十三、十七、十八、廿五年受虜，而遼瀋迤北之人盡。自萬曆五年、六年、十八、十九、廿一年受虜，而遼海迤西南之人盡。間有存什百於千萬者，邊吏又不為之保護，聽虜節年檢拾無遺，雖使造物能生人，遼土善育人，而歲計所產，不抵所掠，遼於是無人矣！自遼之無人也，舉族被俘，而補軍不得，田土拋荒而徵糧不得；補軍不得則墩軍盡，不得不貼以堡軍，堡軍盡，不得不貼以營軍，而營軍又漸盡矣。徵糧不得則額糧虧，軍食不得不乏；軍食乏，京運自不得不多，而京運且不至矣。始不得不議增軍以通勾軍之窮；而及其增也，又苦無人以應募，始不得不議增餉，以通餉額之窮；而及其增也，又苦後來之難繼。說者但謂餉不必增，一清餉而餉足，不知遼之無人辦餉也，遼於是乎益不可為矣！此臣所謂今日之患，莫大乎無人也。」⓫凌純聲先生在其《松花江下游的赫哲族》一書中，曾搜集了關於赫哲民族的二十首情歌和十九個故事。在十九個故事中有十二個故事，說到俘虜人口的事，甚至把一城一屯的人民運到征服者的地方去。在讚美蘇完尼別汗的情歌中：「人民相信你厲害，把各屯的人都運回來。」⓬故知搶掠人口，為塞外女真族一向的傳統。俘虜來的人口，強壯的用來當兵，伶俐的用來家庭役使，老弱則用之於農業生產，「屯田積糧」支持戰爭，滿洲人對奴隸的使用，一般情形大概如此。

二、奴隸的豢養：陣獲的明朝軍民，無論是官是兵，在廣義上都是女真人血戰所得的奴隸⓭，身分上既是奴隸，則一切皆處於從屬地位。天聰八年正月諭眾漢官：「爾等俱歸併滿洲，大臣所有馬匹，爾等不得乘，而滿官乘之，所有牲畜，爾等不得用，滿洲官強與價而買之，凡官病故，其妻子皆給貝勒家為奴，既為滿官所屬，雖有腴田不獲耕種，終歲勤苦，米穀仍不足食，每至鬻僕典衣以自足，是以爾等潛通明國，書信往來，幾踏赤族之禁，自楊文明奸事被覺以來，朕姑宥爾等之罪，將爾等拔出滿洲大臣之家，另編固山。」但隨著建州女真的國勢迅速擴張，招納降附的人日眾，漢人在八旗中所佔的比率日大，地位亦漸重要，彼等遂不滿滿洲人之壓榨而生反叛之心，紛紛逃亡⓮，消極抵抗；有的則上書陳言要求改善其待遇⓯，而滿洲諸貝勒大臣，也因奴隸的戰功與忠忱，及不可忽視的實力⓰，逐漸改善其生活，從附屬的地位變為獨立與自主。把奴隸中一部分優秀分子編入旗籍，使他們享有與旗人同等的待遇。這就天聰七年先編漢軍為一旗，並命石廷柱為固山額真的主要原因。這一方面安撫了降民奴隸們的不滿情緒，另一方面則鼓勵了其他漢人的效忠！故漢軍旗之設立，為太宗朝最重要措施之一。

崇德二年分漢軍為二旗，先是天聰七年，令滿洲各戶有漢人十丁者，授錦甲一副，共一五八〇戶，令舊漢兵之將領統之，以補各旗之缺額者，至是設左右翼二旗，其旗皆用皂色，每旗設固山額真一人，轄所編牛彔。（《清朝通典．兵制》）

天聰七年八月，陞副將石廷柱為總兵官，先是廷柱征察哈爾善用兵，俘獲甚眾，因嘉其功，令為舊漢軍固山額真。⓱

天聰七年令滿洲各戶有漢人十丁者抽一，以補各旗的缺額，即是漢軍八旗成立的先聲。崇德二年又擴大為二旗，以石廷柱、馬光遠為固山額真。其組織完全與滿洲八旗同。崇德四年分漢軍二旗為四旗，崇德七年又擴大為八旗，漢軍八旗之組織與編制才完全確定。

崇德二年七月，分漢軍為兩旗，以昂邦章京石廷柱為左翼一旗固山額真，昂邦章京馬光遠為右翼一旗固山額真，照滿洲例編壯丁為牛彔。（《太宗文皇帝實錄》三十七卷三十頁）

崇德四年分漢軍二旗壯丁為四旗，每旗設牛彔章京十八人，固山額真一人，梅勒章京二人，甲喇章京四人，以元青、元青鑲白、元青鑲紅、元青鑲黃為旗色。（《太宗文皇帝實錄》四十七卷十頁）

崇德七年六月編增烏珍超哈（漢軍）四旗為八旗，以祖澤潤、劉之源、吳守進、金礪、佟圖賴、石廷柱、巴顏、墨勒根侍衛李國翰等八人為固山額真。（《太宗文皇帝實錄》六十一卷七頁）

善養奴隸降人是太祖、太宗過人之處；如果滿洲人只知搶掠財物，而不知養人，則建州女真充其量不過像匈奴寇擾漢邊，時擾時退不能入主中原。善養歸附的人，是滿洲入主中原的主要關鍵。善養降人使滿洲國勢日漸壯大，化敵人國武力為自己的武力，並消除了內在的危機——奴隸逃亡與叛變。今自《滿洲實錄》，《清鑑易知錄》，《太祖、太宗聖訓》中抄錄具體的若干條，以見太祖、太宗善養人的一般。

天命十一年，今滿漢既為一家，若以漢官為新附，恣行劫掠，是殘害我降服之國人也。（《太祖高皇帝聖訓》四卷五頁）

天聰四年二月，上諭諸貝勒大臣曰，明之土地人民，天已與我，是其民即我民也，以我之人民而我頻加侵暴，則已服之國，將非我有，他國人民亦無復有來歸矣！爾鎮守諸貝勒眾臣，宜嚴飭我國軍士，毋侵害歸順之民，儻有違背，該管牛彔章京以下俱治罪。（《太宗文皇帝聖訓》六卷一頁）

天聰二年四月，財物牲畜，固不可過於吝惜，朕所以令爾等撫養窮民及新附之人者。（《太宗文皇帝聖訓》一卷六頁）

爾等被圍三月，天以與我，我不忍加誅，故攜爾等至此，給以衣食，與以妻室，厚加撫恤，使我兵為爾等所獲，豈特不知養贍，即首領其能保乎？爾等當孩赤之時，養之者父母也，今朕衣食以養之，朕即爾等之父母也。鞠養之恩，如何可忘？（天聰六年八月《諭大凌河歸降官員》）

天聰七年十月，明千總朱得明，攜五人自皮島來歸，賜以妻室、僕人、馬牛、驢、貉裘、衣服、房屋，其五人亦各賜妻室、奴隸、衣服，俱付正黃旗章京喀喇養之。（《太宗實錄》十六卷一九頁）

天聰九年八月，上曰：爾等初歸時（孔有德、耿忠明等……）朕於陣獲之人，亦時加恩養，此皆爾等所稔知者。（《太宗實錄》二十四卷一九頁）

崇德元年十月，朕所以令爾等撫養窮民，及新附之人，蓋先哲有言，賞一人則勸者眾，罰一人，則懼者眾。（《太宗實錄》三十四卷二十六頁）

崇德三年八月，命各官俱按世職，每四個牛彔章京出牛一，婦女二，八家各出婦女十，牛二百，並在官婦女七十五口，賞給新附總兵沈志祥所率兵丁。（《太宗實錄》四十三卷四頁）

崇德三年十月，賜陣獲守備藺某，百總韓自明，貉裘，帽韡等物，其攜來漢人，編入戶口，共為七十一屯，各賜布匹等物。（《太宗實錄》四十四卷二十五頁）

崇德四年六月，賜錦州來歸傳塔漢，布爾哈圖等妻室、奴僕、房舍、馬牛、驢、緞、布等物。（《太宗實錄》四十七卷一頁）

崇德四年六月，賞給軍前來歸生員茅瑞庭、李天澤，各人口十六，牛四。（《太宗實

錄》四十七卷一頁）

崇德五年二月，賜東方頭目董糾妻室，及奴婢莊田。（《太宗實錄》五十一卷一四頁）

崇德三年七月，又諭國中新舊滿洲及舊蒙古，新舊漢人曰：爾等有家貧不能娶女，及披甲不能買馬者，有勇敢堪稱行伍，因貧不能披甲者，俱許自陳，先訴於牛彔章京，牛彔章京率同本人，訴於固山額真，固山額真詳問，即帶本人及牛彔章京，啟知本王貝勒貝子，本王貝勒貝子即將無妻者配妻，無馬者給馬以養之，如力不許，本王貝勒貝子以力不能之故奏明，朕自給與。如此貧苦之人，爾等既不能養，豈可復隱而不奏。（《清鑑易知錄》七卷五頁）

由上所引史料，知太宗之優待降人奴隸甚於太祖，他除了消極的勸諭滿人勿侵擾降民外，並獎賞降人，賜以田廬、牛馬、奴隸，使他們一部分人與旗人享受同等的待遇。值得注意的，漢軍旗由一旗擴編為八旗，在時間上與滿洲軍事勢力的發展有密切關係。漢軍旗之設立是在攻陷撫順、開原、鐵嶺、大凌河後的措施。由崇德二年至七年，在短短五年間，漢軍旗由一旗迅速擴編為八旗，是在太宗三次入關搶掠人口，進攻錦州松山之時；這正是滿洲俘獲歸降的漢人由三十餘萬突增至一百多萬的時候。故漢軍旗之迅速擴編除與滿洲勢力之進展有關外，更象徵著皇太極等之決計入關伐明。

三、女真人帶奴隸出征作戰的習俗：陣獲的明軍，盡數賞給出征有功將士為奴隸，平時從事農業生產，戰時則隨主出征為跟役、隨從。女真人帶奴隸出征作戰完全為了經濟動機；不只滿洲人皆以出征作戰為樂事，即奴僕也樂於隨主出征，均分搶掠的財物，誠如李民寏在《建州聞見錄》中所記：「出兵時無不歡躍，其妻亦喜樂，惟以多得財物為願。如軍卒家有奴四、五人，皆爭偕赴，專為搶掠財物故也。」[18]。故滿洲出征應將家中舊有奴僕帶去，不准雇民為跟役[19]。奴僕隨主出征能超越前進、立戰功者，其家人可出奴籍，並可得賞賜[20]。因戰陣負傷或死亡，其家人可得撫恤[21]。據林起龍順治十一年更定八旗兵制疏：「今滿洲一人出征，部落有帶六、七人者，有帶三、四人者，馬匹多者四、五匹，少者二、三匹，而馬匹器械，事事備之於己。」[22]不只滿洲士兵家有奴僕，王公大臣家的奴僕則更多，乃仿照八旗的編制，編為包衣牛彔，包衣甲喇；包衣即家奴之意，這種包衣牛彔章京，包衣甲喇章京，名義上是管理奴隸的人，其實他們自己也是奴隸。這些管理包衣的人，多係俘獲的軍官，或由有戰功的奴隸陞任。王公大臣府中的包衣究竟有多少？其人數在清代官書中雖不可考，但自瓦克達因獲罪被奪去的奴隸人數來看[23]，每個王公大臣家中畜有數百奴隸是一件很普通的事。在滿洲人未入關前，奴隸的主要來源是靠搶掠與賞賜，屯田積糧靠奴僕，出征作戰以奴僕為跟隨，故滿洲在發展中的經濟基礎建立在奴隸身上[24]，滿洲之壯大與擴張，也和奴隸有密切的關係。漢軍八旗的分子，有一部分即係出自奴籍的奴隸。隸漢軍正紅旗的甯完我，即係貝勒薩哈廉的家奴㉕。

就八旗的組織言，未成立漢軍旗時的烏珍超哈（漢軍）似為披堅甲，執長矛，專用於攻城填壕」的重兵。據《太祖實錄》的記載乙卯年十月設八旗。

上既削平諸國……每三百人設一牛彔額真，五牛彔額真設一甲喇額真，五甲喇設一固山額真，初設四旗，旗以純色為別，曰黃、紅、藍、白，至是添設四旗，參用其色鑲之，共為八旗。

這種八旗的編制，似混合滿洲、新滿洲、蒙古及漢人編制而成的㉖，缺額少的，則隨時自歸附或俘獲的人中抽調補充。觀其行軍作戰：「地廣則八旗竝立，分八路，地狹則八旗合一路而行，隊伍整齊，節制嚴明，軍士禁喧囂，行伍禁攙越，當兵刃相接時，從後衝擊，俾精兵立他處，勿下馬，相機接應㉗。鄭忠信於光海君辛酉年九月十日出使虜營的報告，除關於八旗的人數、旗色與《太祖實錄》中所記略有不同外，對八旗行軍作戰的組織，所記仍與實錄相吻合㉘，以專用於決勝的「別抄」為主力，披堅甲執長矛者專用於「攻城填壕」。八旗中以「披輕甲善射者」與騎兵為機動部隊，為八旗最後決勝的主力。滿洲作戰最得力的技術是騎射，歷朝皇帝都強調騎射的重要，太宗曾說：「我國家以騎射為業」，又說：「我國武功首重騎射，不重騎射之罪，非用慳之可比也。」世祖也說：「我朝以武功開國，歷年征討不臣，所至克捷，皆資騎射。」舊漢軍滿文為烏珍超哈，烏珍的意思為輕重的重，端重的重，超哈為兵，合起來似可譯為重兵，則漢軍原先在八旗中所居地位，似為滿洲「人海戰術」中當「披重甲」攻城填壕的砲灰。隨著女真勢力的迅速擴張，招降日眾，漢人在八旗中的比例日大，地位亦漸重要，乃把漢人自八旗中分化出來，另立一旗，但仍以重兵（烏珍超哈）以名漢軍，也未可知。這當然只是一大膽的假設，漢軍八旗原在八旗中所擔任的職務，是否如作者所言，當待更進一步的證明。

考建州女真出征作戰，所獲財物，人口必八家均分[29]。這一方可鼓勵八旗士兵勇於爭戰，以戰爭為喜；另一方面可消除內部因爭財貨而至互相慘殺的悲劇[30]。滿洲人出征既有帶奴隸作戰的習俗，但是否每個出征的滿洲人均帶奴隸？每人是否均帶「三、四人」或「五、六人」？這裡牽涉及八旗士兵家是否都畜有奴隸的基本問題。據作者在順治年間的逃人問題一文中所引檔案中史料，證明八旗士兵畜奴十幾人是很普遍的現象，則滿洲人帶奴隸「三、四人」或「五、六人」出征作戰，也就不算稀奇了。據乾隆年間所修文獻通考，八旗滿洲兵為五萬九千五百三十名[31]。以如此少的兵力，怎能亡擁兵百萬的明朝？僅就錦州、松山之戰而言，據實錄所載俘獲人口就七十二萬，不到六萬的滿洲八旗兵力焉有如此輝煌的戰果？但如合計隨旗兵出征作戰的奴隸，則滿洲八旗在名義雖只六萬人，實則有三十萬武力。如以此一比例來衡量，則滿洲之亡明，就不會太神奇了。

漢軍八旗與遼瀋降民

一、降民之安插與管理：陣獲歸降的人在原則上都是女真人的奴隸，按戰功分賞給八旗將士當財產，有的則編為民戶，安插於曠土墾種。如太祖下撫順時曾安插降民千戶，給以田廬、牛馬、衣服、農具，令李永芳統轄，並以阿巴泰台吉之女妻永芳，使彼等屯田積糧以養新附之人。其後攻克遼東錦州時，其安插降民之法亦大致如此㉜。依明制設大小官把降民集於一處，設「莊」、「屯」、「堡」，屯田積糧以作攻戰的準備，並以生聚多少為各莊屯管理官陞降賞罰革退的標準㉝。惟太祖時滿漢人民雜居一起，「同住」、「同食」、「同耕」與滿洲一例計口授田，每人六日（合三十六畝），承擔一切差徭，後因滿洲人欺壓漢人，造成許多糾紛㉞。這種實際的教訓為清入關後圈地時將滿漢分居之始㉟。豢養歸附之人，實是人地兼得的攻心戰術。消除滿漢歧見，設漢官審理滿漢間的爭執訴訟㊱，俘獲的人為奴隸者亦可參加考試㊲，盡量改善歸順漢人的生活，使彼等在經濟生活上，能獨立自主㊳。總之清初豢養漢人是一種政策，使彼等安於斯土，不生異心。漢軍八旗中的分子有一部分即是從這些農民中抽調出來的㊴。皇太極所以如此優待漢人，有一個重要原因。自從他父親奪得了瀋陽、遼陽，與整個遼河流域若干城鎮鄉村以後，滿洲接收了幾十倍於女真的土地人口。皇太極不得不選派漢官，將這數以百萬計的漢人加以分別治理，使他們享受若干女真人所享受的權利。由善養降人這點看來，努爾哈赤、皇太極、多爾袞諸人的氣度與胸襟，均足為開國之主。滿洲之入主中原不是僥倖，而是幸運的是他的敵人——明朝軍政腐敗，君主昏庸。

二、漢軍八旗的籍貫：漢軍八旗的分子以遼瀋人居多。此固因遼瀋距建州最近，其民情風俗有許多相類似，且最先為建州女真所佔領，其戍守遼瀋的明軍，也以遼瀋一帶人為主，故滿洲人無論獲自戰陣的俘虜也好，搶掠的人口也好，都以遼瀋一帶的人最多。其後編入漢軍八旗的天祐兵、天助兵也多遼瀋舊人。金德純的旗軍制曾敘及八旗組成的分子：「以從龍部落及傍小國臣順者子孫臣民為滿洲，諸漠北引弓之民景化內徙者，別為蒙古，而以遼人故明指揮使子孫，他中朝將眾來降及所掠得，別隸為漢軍，各簡其部中賢才用為大將，將其眾。」〈八旗文經序〉亦言：「取明遼東都司以及十三布政使司之人萬分之一，曰烏珍超哈旗。」翁同爵的〈皇朝兵制考略序〉：「我朝龍興東土，世祖入關定鼎，皆遼瀋舊人，及蒙古部眾。」沈起元的〈擬時務策〉：「我朝龍興沙漠，基王業於遼陽，其時部落之故人為滿洲，漢人之先附者為漢軍，漢軍云者，以別漢人之未附者也。」❹⓿由此可知漢軍八旗組成的分子地域上，均係遼瀋一帶的人。崇德七年所任命的八個漢軍八旗的固山額真，即以遼瀋人居多。入關後漢軍八旗組成分子比較複雜，但仍以遼瀋一帶的人為主。

漢軍八旗的肇建與皇太極的集權

一、太宗的集權：初，太祖定制，戰陣中俘獲的人口財富八家均分，中央政權所在的機構則為八貝勒及八大臣所組成的議政團體，君主只徒擁虛名❹❶。皇太極當然對這種「雖有一汗之虛名，實無異整黃旗一貝勒的地位，不能忍受，故自太宗起開始有集權的傾向。這種集權的措施表現在經濟財政上的則更顯明。天聰六年正月二十九日胡貢明陳言圖報事即主張君主抽取戰利品總和的百分之三十後，再八家均分❹❷。自天聰七年以後太宗變更舊制，俘獲之人不必如前八家分養❹❸，大權集於中央，統籌分配撥補因戰爭傷亡過重的旗，並定每旗三十牛彔，多則即行裁去，以補不足三十牛彔的各旗❹❹。亦即皇太極為防患某一旗勢力因戰勝過於膨脹擴大，足以與自己抗衡的一種集權措施。

二、漢軍八旗的建立與太宗集權的關係：除抽取戰利品總和的百分之三十，統籌分配俘獲人口等措施外，天聰年間最重要的事，則為漢軍八旗的設立。天聰七年命滿洲各戶下有漢人十丁者，授錦甲一，共一千五百八十戶，以補各旗之缺額者，此即為漢軍八旗成立的先聲。據《清鑑易知錄》的記載，是年（天聰七年）成立漢軍一旗，以石廷柱為固山額真。則這一旗的設立，似為撥補滿洲八旗後賸餘下來的漢人[45]。漢軍八旗、蒙古八旗（天聰九年設）的設立動機，即在分散八旗貝勒的實力，擴大自己的統治權的措施。皇太極的集權是成功的，使他由徒擁一汗虛名的整黃一貝勒，變成賞罰出於己，名實相符的君主[46]。

註釋

❶關於〈文化之轉借與傳播〉（"Borrowing and dissemination"）請參閱Race, *Langnageand and Culture*, by Franz Boas.

❷請參閱孫克寬著《蒙古漢軍與漢文化研究》，及拙作《清朝初期的八旗圈地》。

❸《鳳凰城》頁三：「所居旗民，自耕牧外，惟事捕獵。」

❹《松花江下游的赫哲族》頁七，生活方式。

❺《太祖實錄》卷四頁一七。

❻同上。

❼《太祖實錄》卷五頁一六至頁一八。

❽《世祖實錄》卷八二頁六：「順治十一年三月，朕入關討賊，除暴救民，平定中原，統一四海，悉賴滿洲兵力，

建功最多，勞苦實甚，乃產薄差繁，凡有征行，馬匹器械衣甲，餱糧無不自備，效力彌勤，資生無策，深可軫念。」

❾《天聰年間臣工奏疏》卷上頁一一：「……陳言圖報事，第以養人一節言之，我國地窄人稀，貢賦極少，全賴兵馬出去搶些財物，若有得來，必同家人平分之，得些人來，必分八家共養之。」

❿《太宗實錄》卷一四頁二四：「天聰四年，敵者殺之，拒者俘之，降者編為民戶，所俘各照牛彔悉數上獻，至於士兵，所獲不計多寡，聽其自取，若此則人人貪得，不待驅迫，而賈勇爭先。」

⓫《籌遼碩畫》卷一一頁一二。

⓬凌純聲先生著：《松花江下游的赫哲族》頁一四八。

⓭《東華全錄》卷三頁一：「崇德二年正月，今滿洲家人，非先時濫行占取者可比，間有一、二生員，皆攻城破敵之際，或經血戰而獲者有之，或因陣亡而賞給者有之……此行（克皮島）所得之人，皆因死戰擒俘，及陣亡而賞給者，乃無故奪之，則彼死戰之勞，捐軀之義，何忍棄之乎？若令以人補給，所補者獨非人乎？無罪之人，強令為奴，亦屬可憫，爾等只知愛惜漢人，不知愛惜滿洲有功之人，及補給為奴之人也。」

⓮實錄中所記奴隸逃亡事甚多，今略舉三條以見大概。其實奴隸逃亡除與滿洲的經濟有關外，更涉及政治、社會方面的問題，其詳情請參拙作〈順治年間的逃人問題〉。

《太宗實錄》卷一二頁一六：「天聰六年八月，上以旋師以來，大凌河歸降漢人，逃者甚眾。」

《太宗實錄》卷五二頁一一：「正紅旗梅勒章京葉克書，督造監獄不堅，以致本旗俘獲之人逃出，我兵被殺，葉克書應罰銀五十兩，追還賞物。」
《東華錄》天聰頁八、十：「天聰九年七月，各堡逃亡漢人，有二百名者，有一百名者，有八、九、十人者，雖屬天災病疫，亦當時各官撫養無方，任其流離死亡之咎。」

⑮《太宗實錄》卷十四頁一〇：「天聰七年五月上諭曰：嚮者，我國將士於遼民所擾害，至今訴告不息，今新附之眾，一切勿得侵擾，此輩乃攻克明地，涉險來歸，求庇於我，若仍前騷擾，實為亂首，違者竝妻子處死，必不姑息。」

⑯《清鑑易知錄》卷八頁七：「崇德六年九月，松山城外馬步兵全出，犯我鑲黃旗石廷柱汛地，我兵擊敗之。」
《清鑑易知錄》卷七頁二〇：「崇德五年五月，上率八旗擺牙甲喇等兵布列錦州城北，刈附近禾稼，今烏珍超哈舉砲攻城。」

⑰《清鑑易知錄》卷三頁一八。

⑱李民寏於天命四年降清，其記事當然相當可靠，惟其《建州聞見錄》作者未曾見到，以上所引見之於周藤吉之著《清朝の入關前に於けろ旗地過程》（《東方學報》——東京第十二冊之二）。

⑲《八旗中樞政考》卷一八頁二〇：「雇民代役，出征官兵不將家中舊有奴僕帶去，雇民為跟役帶去者，係官照例議處，係前鋒護軍，領催兵丁照例鞭責，如家中本無奴僕，雇民為跟役，及駐防雇民為跟役帶去者，俱免罪。」

⑳《欽定八旗中樞政考》卷二〇頁三七：「議敘出征奴僕：八旗出征官兵家中奴僕，跟役內，或於駱駝營，或於欖

木營，或於排戰對敵之處，有能超越前進，眾人隨後殺賊，敗賊者，將家下跟役本身，併伊父母妻俱著出佐領為另戶，其本主按人口給與身價銀兩。」

《欽定大清會典・戶部戶口》卷一〇頁三〇：「凡戶下人隨主出征，有先登得城者，准其出戶，其親伯叔兄弟，亦准隨出，編入正戶冊。」

《欽定大清會・典事例》卷四八〇頁二三：「康熙十九年奉旨，八旗從征奴僕，得一等功牌二次者，准其開戶。」

㉑《欽定八旗中樞政考》卷一一頁一二：「奴僕跟役隨主出征打仗受傷者，頭等傷給銀十二兩五錢，二等傷給銀十兩，三等傷給銀七兩五錢，未分等第者，照三等傷給與。」

同上卷二一頁七：「陣亡壯丁，閒散餘丁，壯丁卹銀七十五兩，隨營官兵跟役，係本身子弟亦照例給與。」

㉒《皇清奏議》。

㉓《太宗實錄》卷二五頁二二：「天聰九年九月，瓦克達因罪……應奪瓦克達僕從滿洲一五八名，蒙古廿人，並漢僕人一百九十六人。」

㉔《滿洲老檔祕錄》卷五頁一六：「天命六年閏二月僕夫力耕以供其主，不敢自私，家主於戰陣田獵之際，茍有所獲，必賚其僕，無所吝惜，則上下相親矣！」

㉕《八旗文經》卷二五頁三：「請立言官，參將甯完我奏，臣蒙皇上出之奴隸，登之將列。」

《清朝先正事略》卷二頁四：「甯完我，遼陽人，天命初來歸，事貝勒薩哈廉，隸漢軍正紅旗。」

㉖《皇朝文獻通考》卷一七九〈兵制〉：「溯國初先編立四旗以統人眾，尋以歸服日廣，乃增建為八旗，然尤統滿洲、蒙古、漢軍之眾而合於一也。迨其後戶口日繁，又編蒙古八旗，漢軍八旗，設官與滿官等，合為廿四旗，其制以旗統人，即以旗統兵，蓋凡隸於旗者，皆可以為兵。」

㉗《太祖實錄》乙卯年十月。

㉘《光海君日記》卷一六九頁五二八：「……其兵有八部，廿五哨為一部，四百人為一哨，一哨之中，別抄百，長甲百，短甲百，兩重甲百，別抄著水銀甲，萬軍之中，表表易認，行則在後，陣則居內，專用於決戰，兩重甲用於攻城填壕，一部兵凡一萬二千人，八部大約九萬六千騎也。」

㉙《天聰年間臣工奏疏》卷上頁三五：「天聰六年九月，胡貢明五進狂瞽奏，有人必八旗分養之，地上必八旗分據之。」

㉚《清鑑易知錄》卷二頁二四：「天命十一年六月上諭諸貝勒曰：昔我甯古塔貝勒及其董鄂王甲、哈達、葉赫、吳喇、輝發、蒙古諸國，俱溺於財貨，輕忠直，尚貪邪，而兄弟之間骨肉也，其爭財貨，以至於相殺，而國家亡。朕鑒於此，令八家之中，但獲一物或衣或食，必均食焉！故預立規制，俾八家者各獲其公平，勿私取焉！若所部之人，如美女良馬，貝勒取之，必得倍賞其值，凡行間及他處所獲之物，勿得藏匿，必分給於眾，勿爭利，而利尚公中，朕嘗以此訓誡矣！」

㉛《皇朝文獻通考》卷一七九〈兵制卷一〉。

㉜《天聰年間臣工奏疏》卷中頁一一：「天聰七年四月三日，黃昌等陳順天應人奏：竊以遠人之來，其最切者安插地方，給散口糧為重，今我國耕耘之時，糧食缺少，來人頗多，此事皆當區處，以臣愚見，共安插者，住東南一帶地方。其餬口者，借朝鮮以供目前，又且轉搬便宜，俟秋成之日，再作籌畫。」

㉝《太宗實錄》卷二四頁七：「天聰九年九月，分別管理漢人官員，以各堡生聚多寡，黜陟之。一等甲喇章京李思忠原管壯丁六一五人，凡七年，增丁一一三名，陞為三等梅勒章京。牛彔章京楊于渭，原管壯丁九八六名，凡七年，增丁一六一名，陞為三等甲喇章京。廢官佟三，原管壯丁九二三名，凡五年，增丁七八名，生聚雖少，以其革職後，能實心任事，優陞為三等甲喇章京。牛彔章京吳裕，原管壯丁二二〇名，凡三年，增丁一六〇名，生聚甚多，陞為三等甲喇章京。三等梅勒章京李國翰，原管壯丁三六〇名，凡四年，增丁二四三名，又曾輸糧五五石，以食貧民，雖值歉歲，仍生聚繁衍，陞為二等梅勒章京。高鴻中原管壯丁六〇七名，今減一四〇名，張士彥原管壯丁八四四名，凡八年，減一六九名，李時馨，原管壯丁七七六名，今減一〇三名，張大猷原管壯丁六〇〇名，今減一八一名，祝世廕原管壯丁八百名，今減二六〇名，吳守進原管壯丁七八一名，今減三六六，各罰銀百兩。高拱極原管壯丁二六八名，今減一五一名，蒲時雍原管壯丁一九九名，今減一一二名，俱革職為民。楊興國原管壯丁八百名，今減三百七十二名，革職為民，仍罰銀百兩。馬如龍死，金海塞接管壯丁，減二百八十七名，罰銀百兩，革去旗皷，永與貝勒為奴。」

㉞《滿洲老檔祕錄》卷上頁二九：「天命七年三月太祖諭令滿漢人雜居；上諭曾著滿漢人等合居一處，同住、同食

、同耕，今聞滿洲以漢人之牛車，執漢人令運糧草，並索取諸物，豈令漢人給滿人為僕乎？因其遠處遷來，無住舍食糧耕田，故令與爾等合居一處，自此以後，滿人與漢人合舍而居，計口合糧而食，所有田地滿漢人務宜各自耕種，若滿人欺索漢人，故違此諭，則漢人可扭而告於執法之官。」

㉟《清鑑易知錄》卷一頁二：「天命十一年（太宗即位）上以漢民與滿洲同處一屯，多為滿洲侵擾難堪，因令漢人與滿民分屯別居。先是，漢人每十三壯丁，編為一莊，按滿官品級，分與為奴，上即位，念漢人與滿人同居不能聊生，叛亡殆盡，深為可惜，遂擇其可為官員奴僕者，按品級，每備禦給壯丁八名，牛二頭，餘各處別屯，編為民戶，選清正漢官管理，自此漢民無逃者。」

㊱《天聰年間臣工奏疏》卷上頁二：「天聰六年正月，高鴻中陳刑部事宜奏，金（女真人）漢另審，先年金漢人同在一起審事，漢人事多有耽誤。自天聰二年設立漢官分審，未聞有偏私不公。」

㊲《東華全錄》卷四頁四：「天聰三年九月，至是考試分別優劣，得二百人，凡在皇上包衣下，八貝勒等包衣下及蒙古滿洲家為奴者，拔出一等者，賞緞二匹，二等三等者賞布二匹，俱免二等差徭，並候錄中。」

㊳《東華全錄》卷九頁二：「天聰八年正月，從此爾等得乘所有之馬，得用所畜之牲，妻子得免為奴，擇腴地而耕之，當不似從前典衣鬻僕矣。」

《太宗實錄》卷四〇頁一〇：「崇德三年春，部察院承政祖可法張存仁等疏劾戶部承政韓大動曰，大凌河官員困厄至極，荷蒙皇上矜全恩養，賜以田宅，豐且足矣！妻妾奴僕，眾且多矣！輕裘肥馬，榮且貴矣！犬馬圖報分所應然，梅勒章京韓大勳，不惟毫不知感，乃反盜用庫金，而且恣意荒淫，縱情聲色，以致妄費不貲，廉恥不顧，種種劣跡，法難寬宥，伏乞皇上將韓大勳速正重典，以肅官箴。」

㊴《天聰朝臣工奏疏》卷中頁四：「天聰七年正月丁文盛等謹陳愚見奏：我國漢人，十丁編兵一名原是好的，近有膂力閑熟者，畏避不出，或雇人頂替，似此何能克敵，不若令各甲喇，並營屯將軍簡選，十名之內有年力精壯並身家相稱者，定於實在身，以充行伍。」《天聰八年太宗諭漢人》：「爾等亦同滿洲三丁抽一為兵。」

㊵《皇朝經世文編》。

㊶天聰六年九月胡貢明進狂瞽奏：「且必狃著故習，賞不必出於公家，罰必入私室，有人必八家分養之，地土必八家分據之，即一人尺土，貝勒不容於皇上，皇上不容於貝勒，事事掣肘，雖有一汗之虛名，實無差異黃旗一貝勒也。」

㊷《天聰朝臣工奏疏》卷上頁一一：「天聰六年正月，如下次兵馬出去，若得銀八萬兩，八家每分七千兩，留三八，二萬四千兩收之官庫。若得衣八千件，八家每分七百件，留三八，二千四百件收之官庫。其八家應得之財物，即聽各貝勒自己使用。若要擺酒即令禮部向官庫支辦，若要賞人，即令戶部向官庫取給，所得之人都好一處養活，見其賢也，便養活得厚些，見不賢也，便好養活得薄些，且養他也由我，不養他也由我，厚薄予奪之權得以自操，而人之心志，亦必歸結一處矣。」

㊸《天聰朝臣工奏疏》卷中頁三：「天聰七年正月，如云八家養人是汗舊制，行之已久，難以遽變，獨不思先汗在

日，雖有分養之名，而予奪厚薄之權，實操於一己，今昔相比，果何如耶！況善繼人志者，謂之大孝，然益國之事，固不宜，改而僨事之規，豈可沿襲？使先汗當今日之局，亦不肯狃故而仍舊也。」

44《東華全錄》卷九頁一七：「天聰八年九月，諭之曰：此俘獲之人，不必如前八旗均分，當補壯丁不足之旗，八旗俱定為卅牛彔，如一旗卅牛彔之外，仍有多餘之牛彔，即行裁去，以補不超卅牛彔之各旗，如有不滿卅牛彔之旗分，擇年壯堪任牛彔之人，量能補授，統領所管壯丁，別居一堡，俟後有俘獲，再行補足，眾稱善，遂命貝勒德格類岳託會同分撥。」

45參本章「漢軍八旗與奴隸」一節。

46參註41、42、43。

11 順治年間的逃人問題

建州女真原為耕牧於長白山附近一部落，由於太祖太宗之重視農業，與搶掠人口，充分利用漢人及其高度化的農業生產技術來開墾關外的肥沃田土，使彼等能在軍事發展膨脹的過程中，實行「以農養戰」、「以戰擾農」的策略❶，從而進入中原。本文主旨即利用史語所已整理（尚未付印）之檔案及其他史料探討滿人搶掠人口與入關後旗下家奴逃亡，及其有關諸問題。

逃人的由來

滿洲入主中原後，在近畿一帶圈佔田土以養旗人，順治年間八旗宗室官兵圈去的田土，及旗人私自佔領的田土，與畿輔附近居民帶地投充的田土，總共當在二十四、五萬頃左右，平均四人種三頃田土，則二十四、五萬頃田地，需三十二、三萬人耕種。考清初八旗士兵入關的人數，據《皇朝文獻通考》所載為十萬四千八百五十人，加上跟隨入關的從征奴僕及家奴，總共當在四十萬以上。由滿洲人在關外搶掠人口的數目來看，則十萬八旗勁旅只帶二十、三十萬奴僕入關是可能的。又滿洲入關後仍承襲關外奴隸授田的規制，每壯丁給地三十畝為口糧田，以順治四年前圈給八旗宗室官兵的十六萬六千六百三十六頃土地計算，官兵在內每三人授田一頃，則八旗入關人數亦應在四十萬以上，觀滿洲入關後，盛京一帶田土荒蕪，無人耕種，可知跟從入關的奴僕人數很多❷。這裡牽涉到一基本問題，即每個八旗官兵家是否都畜奴隸？是否每家都畜奴三、四人以上？在林起龍順治十一年更定八旗兵制疏中曾言及滿洲帶奴隸出征的事。

> 今滿洲一人出征，部落有帶六、七人者，有帶三、四人者，馬匹多者四、五匹，少者二、三匹，而馬匹器械，事事備之於己。

由檔案中廂黃旗陳泰固山額兒格兔牛彔下六家逃人一百零八口推算，則一個八旗士兵家至少畜奴六、七人，再加上奴隸的家屬，總共當在十三、四口之數，與檔案281.15 0-12 0236鑲白旗包衣拉庫牛彔下逃人數相對照，則知八旗官兵畜奴七、八口是很平常的事❸。更由駐防兵丁無家奴者許買家人二人，官許買四人來看，畜奴是滿洲普遍現象❹，至旗員出任地方官，所帶奴僕更是驚人❺。

除八旗官兵的奴隸外，還有八旗宗室勳臣家的奴隸，一個親王畜奴數百人也是普通的事；不過這些奴隸與普通奴隸不同，因長期跟隨主人得主人信任，他們之中有一部分入關後編入包衣護軍營。滿洲八旗宗室勳臣及士兵的畜奴，除家中役使，出征時為跟隨外，主要的還是用來生產。奴隸可當財物一樣的買賣，故八旗士兵不止在關外搶掠人口，入關後在平定江南時亦有掠民為奴的事。雖然滿人入關自盛京帶來了許多奴隸，入關後又搶掠了許多人為奴，但仍不夠耕種入關後圈佔的田土，故順治元年世祖詔諭准許近畿一帶的漢人投充旗下為奴，耕種旗人的田地。

所謂逃人即這些旗人家役使或從事農業生產的奴隸逃亡。當然逃人問題不是入關後才有，太祖時已有奴隸逃亡之事，太宗之伐朝鮮與逃人問題之交涉頗有關係。今據順治年間審理逃人或逃人有關的一百七十八件檔案，證明滿洲人入關搶掠人口為奴，順治年間這些奴隸又從龍入關。在一百七十八件檔案中奴隸逃亡回家的五十八起，拐逃東婦案十八起。在奴隸逃亡回家的案件中山東二十五起，河北十七起，山西六起，陝西三起，江南二起（參一三〇頁附表）。逃人回家的地區與太宗數次孤軍深入搶掠財貨人口的路線大致是吻合的❻。

由逃人與窩主的親屬關係來看，兄弟關係十八起，父子關係十一起，夫妻關係六起，父女關係四起，兄妹關係四起，其他如嫂弟、岳父母與女婿，義父子的關係均為二起，而師徒、祖孫、後父母、姐弟、母子、繼父子的關係均為一起（參一三〇頁附表）。誠如魏琯所言：「初時自盛京而來，誰無父母妻子之思？而為之家者，見骨肉乍歸，誰無天性難割之情？且法度未明，冒昧容隱，逃者為真逃，窩者為真窩！」❼故對盛京從龍入關的奴隸，准許給假回家探親。順治八年三月諭戶部（《世祖實錄》五五卷一八頁）。

滿洲出征陣獲人口，各有至親骨肉，今既天下一統，誰無相見之思？向因禁止不許歸家探望，以致情迫勢急，不能自己，往往私自逃歸，既去之後，又恐法必不容，多有不敢歸者，不查，則滿洲艱辛所獲人口，豈可任其逃去？一經查出，收留者，又不得不坐以隱匿之罪，朕心大為不忍！爾部傳諭各旗，陣獲人口，如有願探望親戚者，聽本主給限前往。

這些歸家探親的旗奴，有的趁「假期」之便，詐害鄉里，橫行地方。

在這些審理逃人檔案中，二十起是被滿洲兵搶掠為奴的，七起是入關後被迫投充旗下為奴的，被賣給旗下為奴而後逃亡者五起，因罪入官而後逃亡者一起（參一三〇頁附表）。

由以上所舉奴隸逃亡的事例來看，可知在入關前的旗人除搶掠財貨外，還搶掠人口。順治年間這些被旗人擄去為奴的漢人又從龍入關，與拙作《清朝初期的八旗圈地》第一章第四節所述完全相符。今更舉出山東巡按金廷獻呈報「拏解逃人數目，並參玩法有司」的奏章於後以明逃人的由來，及清廷重視逃人的一斑：

竊惟滿洲家人自入關以來，往往逃竄者甚多。職奉命巡歷山左，於順治四年七月十三日入境受事後，即仰遵嚴綸，首重其事，頒發告示，編十家牌及嚴檄申飭，不啻穎秃舌敝。除職以前陸續搜查，並舉首起解已達未到逃人小存等共二百三十名，窩主鄰佑王三位等共四十八名。又撫臣張儒秀會同職起解過已到未到逃人劉文才等七十八名，窩主，鄰佑衞洪訓等四十一名，俱解部發落外。職於三月二十四日巡歷到臨清州，因思該州經大兵破過，又且駐劄日久。逃人必多，如何查解寥寥？非州官奉行不力，即有意瞻徇！隨設法詢及伺候諸役，報供逃人周天等六名，並隨匿不首窩主鄰佑百家長戴從玉等二十四名。一面嚴拏起解，一面大張榜示，遍貼城市鄉村：諭以逃人事重，國法森嚴，出首免究，如窩主不舉，即坐嚴拏，依律問罪。加以婉言勸諭，一時百姓聞風感服我皇上，皇叔父攝政王威德，出首者爭先恐後，四日之內共首獲逃人王大等一九三名。以此觀之，百姓未常不遵法，只因地方官不能寬嚴兼濟，實心力行耳！除審據口供係元，二、三年逃來者十之八、九，其四，五年逃來者十無一、二，分別旗色，牛彔主子各姓名造冊，多差兵

丁防護押解都察院轉咨兵部，聽候發落外。（檔案281.15 0-05 0228 山東巡按金廷獻奏）

奴隸逃亡的原因

順治年間旗下家奴的逃亡，其原因相當複雜，但主要的原因，還是受不了滿人的壓榨，「以奴婢與物同論，不以人類視之，生殺悉憑主命」❽，「滿洲往往輕斃其家人」❾以奴僕殉葬，也是慘無人道的❿。奴隸與主人在法律上有一種從屬關係，不論何種理由，逃走就是犯法，就有罪，故在審理逃人的檔案中沒有一件詢及逃人為何逃亡？再按其逃亡情節的輕重予以處罰的?!但吾人亦可從審理逃人口供中發現若干線索。今舉六件檔案於後以明奴隸逃亡及審理的一般情形：

據杜氏口供係正藍旗下人，不知固山牛彔姓名，於十一年八月內在海岱門外，被閻仲金問我，我說受不得苦，他說跟我下去，與你尋個好主過罷！我就跟他下來。到家住了五日，對我說是南人有陳一文做媒，受金廿二兩將我賣與蕭流芳，住穀了一年有餘。今日哄我說出真情，夫主不肯留我，舉首是實……據金仲口供往京城去在海岱門外見杜氏啼哭，帶將家來，賣與蕭流芳……（檔案281.14 0-13 ✓1 0098）

馬三供稱我到京城賣柴，遇見原妻三姐，向我啼哭說難過，因係我原妻，難以割捨

，故此拐逃是實等因。（檔案 281.14 0-13 ✓1 0090）

康大姐口供於順治十年七月廿日逃出，十一年十二月十三日被本家巴格兒在春皐寺廟南拏獲送部審問。康大姐口供我在排水地方失落壺瓶，正哭間遇著趙福到我跟前來向我說：你哭怎麼？你與我一同走罷！隨正黃旗褚根把都魯牛彔下佛寶有房一間，每月與他房錢三百文租住，將我作妻子。住了十六個月，我夫趙福因病，我去買藥，被本家人巴格兒拏住是實……趙福供我係文安縣民，因在本處度日不過，往京作生理，我遇見這婦人在挑水地方哭。（檔案281.14 0-12 ✓2 0152，以下康大姐口供同。）

審據大姐供稱：我原住張家灣，我爹死了，我娘改嫁，有北山楊各莊住的我叔叔張應元將我於去年十二月內賣與京城鼓樓底下住的正黃旗姓李的。我往德勝門外地裡剜菜，就撞見和尚，他向我說：你在達子家受苦到幾時？你跟我去，只說我是你叔叔，我與你尋個好處，我就跟他走了，晚上同他在空廟內睡，將我引的賣與姓孫的人家……（檔案281.14 0-12 ✓2 0082）

又據張二即張夕山告為打死東人事狀稱：二於順治七年六月內失落主人二牛，恐懼責治，領妻趙氏逃走在外。（檔案281.14 0-12 ✓1 0064）

劉天成供我為人要強，今在主子家不能為人，思想逃走，要到山東去，次日天明，我想我為人一場，今被主子拏回，我挨打罷了，若打我媳婦子，體面何在？我夫妻兩口情願死了，因媳婦往磨房牆下坐著，我就跟他出去，將他抹了一刀，死了，我就自抹，其刀子原在媳婦身上。（檔案281.14 0-13 ✓1 0/00）

逃人以八旗士兵或平民家的奴隸為多。在一百七十八件審理逃人的檔案中，只有十五起是屬於筆帖式，撥什庫，遊擊，章京，巡按，將軍等的家人逃亡，其他逃亡的均係八旗士兵或平民家的奴隸（參一三〇頁附表）。這說明八旗士兵的生活困苦些，其剝削，壓榨奴隸也較重些，而彼等之家人逃亡率也較高。另一造成八旗士兵家奴隸逃亡的，則為順治年間戰爭頻繁，主人出征去了，家中無人管理，奴隸乃乘機逃亡[11]。而八旗士兵授田有限，其田產不夠設「莊頭」專人管理，故奴隸易於逃亡，且「莊」、「屯」距離太遠，如莊頭等一起逃走不能立時發覺[12]。而包衣或莊頭（奴隸）等的家人逃亡在檔案中佔相當的比例，更是一件耐人尋味的事。再就奴隸逃亡後的生活情形來看（參一三〇頁附表），除逃回家的不計外，多在外傭工餬口，甚至靠乞食度日，夜宿空廟，其生活之困苦可以想見。假如不是「受不得苦」，豈肯冒生命的危險過逃亡的生活?!故順治十三年世祖訓諭八旗各牛彔「體恤家人，周其衣食，節其勞苦，無任情困辱，無非刑拷打」。

朕念滿洲官兵人等，攻戰勤勞，佐成大業，其家中役使之人，皆獲自艱辛，加以收養，誼無可去，乃十餘年間，或戀親戚，或被誘引，背逃甚眾，隱匿茲多。故特立嚴法以懲，窩逃正犯，照例擬絞，家產盡行籍沒，鄰佑流徙，有司以上各官，分別處分。以一人之逃匿，而株連數家，以無知之奴僕累及職官，立法如此嚴者皆念爾等數十年之勞苦，萬不得已而設，非朕本懷也！爾等亦當思家人為何輕去？必非無因，果能平時周其衣食，節其勞苦，無任情困辱，無非刑拷打，彼且感恩效力，豈有思逃之理？爾容彼之身，彼自能體爾之心，若專恃嚴法嚴止，全不體恤，逃者仍眾，何益之有？朕為萬國之主，念茲犯法者諸人，孰非天生烝民？孰非朝廷赤子？儻刑日繁，戶口日減，爾心亦何能自安?!（《世祖實錄》一〇二卷頁六）

另一造成奴隸逃亡的，則和捕逃法令有關。在捕逃事例中除窩主正法外，家產籍沒二分給主人，一分償給拏獲或舉首之人，故旗人為了多分得二分籍沒窩主的財產，難免「有意縱逃」的嫌疑。對旗人有意縱逃之事在檔案及其他史料中雖未明確指出，但由奴隸一年或一年餘逃走三次、四次的逃亡率來看（參一三〇頁附表），旗人雖無「有意縱逃」，但至少亦疏忽管理之責？另一造成奴隸大批逃亡的，則為水旱天災的影響，旗人本身生活都成問題，何暇顧及其家人？順治十一年廂黃旗陳泰固山額兒格兒牛彔下，因農田遭水旱災攜農具牛馬，一次逃走一百零八人至山東平度州，即為最好的說明⑬。林起龍順治十一年在其〈更定八旗兵制疏〉中，對使用奴隸於農業生產之不划算與旗人生計的困窮曾有透徹的說明：

> 滿洲不作生理，專靠土地，而地薄路遠，疊遭水旱，兼之新投莊頭不能養生，反來索糧，少加督責，攜家而逃。日用非錢不可，物價騰貴數倍，所得月餉有限，而軍器雜物，棚仗馬匹，無一不係自備，兵安不窮乎？

附表

檔案編號	審理人與機關	逃亡，捕獲與審理之年月日	逃人之所屬	逃亡原因	逃亡區域	逃人身分	與窩主之關係	逃亡後之生活	審結
0001	兵部侍郎楊方興等	順治 3.3.14 3.5.18	筆帖式客爾秦		濟寧道	因罪入官	與逃婦夫認識	逃至魏夏成莊上傭工	①魏夏成隱藏東婦依律處斬②家產入官分給失主及舉首工人③逃人鞭一百給主
0002	刑部侍郎召羅等	3.2.20 3.3.10 3.9.3	正黃旗金炳牛彔下茂山家人		豐潤				①窩主——②家產——③鄰佑——④逃人——
0003	刑部尚書吳達海	3.1.0		被拐賣	青縣				①王大拐賣東婦——②鄰佑俱不知情免議
0004	刑部尚書吳達海等	3.3.0 0.0.0 4.6.19	正白旗大半彔下家人	拐逃	通州			拐賣與人為妻	①拐主——②逃人——③隨拐隨賣鄰佑并該管官免議

0005	淮揚巡按宋調元	4.1.16	正黃旗談太固山牛彔下家人		淮揚	搶掠為奴		先傭工於外後為入義男女婿	題請敕部審奏
0006	刑部尚書吳達海	2.7.0 0.0.0 4.8.29	正紅旗董閔牛彔下家人		京城	投充為奴		為人妻僕	①宋氏不察東人為媒說合責四十板②逃人——③窩主不知情免議
0007	同上	3.5.0 4.4.0 4.9.7			濟寧州			在外十一月先拉官糧後為人傭工	①王文斗原非隱匿姑責四十板②逃人——③得旨：王文斗處斬
0008	同上	4.9.0	正黃旗奴山牛下撥什庫家人	拐逃	房山		旗下家奴拐逃東婦		①樊麻子除拐逃東婦外並糾同別人在外打劫擬斬
0009	山西巡撫申朝紀	4.10.0	鑲紅旗下胡應科家人		保定			拐馬二匹逃脫	①姜文星拐馬逃正法
0010	刑部尚書吳達海	0.0.0 0.0.0 4.10.10	正黃旗哈愷牛彔下葉格色家人	回家	三原	搶掠為奴	父女	主人出征隨父回家隱住	①窩主劉配世——家產——逃人——
0011	陝西巡按劉明英	4.7.5 0.0.0 0.0.0		回家	三原	搶掠為奴	父女夫妻	因病被棄乞食於外	請敕部詳查
0034	刑部尚書吳達海	1.8.20 4.9.0	鑲黃旗夏極答牛彔下家人	回家	臨清	搶掠為奴	父子	在父陳安家住三年	①窩主——家產——其鄰佑九家長百家長照例流徙

0012	陝西巡撫黃爾性	5.2.0		回家	三原			回家無人收留	①鄰佑百家長失於察覺按例鞭責②地方官降罰③各犯家產另報
0013	刑部左侍郎阿拉善等	5.5.0	同樣案0012						①比鄰不舉三名流徙其他六家釋放②該管官罰俸一月
0014	陝西巡撫黃爾性	5.5.4 0.0.0 5.3.7	廂藍旗希兒庫牛彔夷哈那家人		藍田			在王國柱家窩藏二月被其族兄弟舉首	①王國柱聞訊逃走②王憲章舉首後又洩漏以致窩主逃脫薄杖
0015	刑部左侍郎阿拉善	5.2.17 0.0.0 5.3.26		回家	房山		後父女	夫妻二人逃至後父家	①窩主胡進忠——家產——逃人——
0016	同上	2.10.15	廂藍旗懸的牛彔下塞樂家人	回家	山東		兄弟	回家後鄰佑舉首	①窩主——家產——逃人——②鄰佑舉首免議
0017	同上	4.4.13	正藍旗庫鹿強牛彔下家人	拐主馬回家	香河		父子	回家潛居後賃房居住	①窩主——家產——逃人——②鄰佑不知情免議
0018	同上	4.6.1 5.4.18	廂藍旗新打戶牛彔下家人	回家	樂安		義父子	在義父家住十日	①窩主——家產——逃人——②鄰佑九家鞭四十流徙邊遠百家長俟提到部議
0019	山東巡按金廷獻	4.8.20 5.4.0	正紅旗呼立布牛彔下葛八庫家人	回家	清平	搶掠為奴	父女	逃亡父家因貧賣給人為妾	①買主——家產——窩主——②同院住五人五家——

0041	刑部尚書吳達海	5.9.0	同上	同上	同上	同上	同上	同上	①窩主八十免死——家產——逃人——②鄰佑地方官俱免議
0020	刑部侍郎阿拉善	4.5.0	正黃旗莫黑林牛彔下逃婦	回家	安肅		祖孫	回家後因房地被圈作短工度日	①雇主——家產——逃人——②鄰佑地方官俱免議
0021	同上	5.3.5	正黃旗免爾必牛彔下魯爾不代家人		安肅				①窩主潛逃相應嚴緝——家產——逃人②鄰佑地方官免議③獄卒責四十板
0022	同上	2.12.4 5.5.2 0.0.0	正藍旗桑賽牛彔下昭尼家人	回家	昌黎		父子	回家探父後染病戀家潛住三年餘	①窩主劉尚安——逃人——鄰佑免議②批：劉尚安責四十板給主
0023	刑部侍郎阿拉善	1.9.0	正白旗申泰牛彔下喳眼打里家人				父子	回家探父後染病戀家潛住三年	①窩主——但年已七十免死籍沒②逃人——③鄰佑九家責四十板流徙
0024	同上	5.6.19	正藍旗阿半宿牛彔下賽不兒家人					隱居夏應家被本主查知報部	①窩主——②逃人——③鄰佑十家——④地方官降罰
0025	同上	3.10.10 5.6.27	正白旗上尼兒蒙古遊擊家人		章丘			逃至景奎龍家隱住十三月	①窩主——②逃人——③鄰佑九家百家長十家長——

0026	同上	5.7.7	鑲黃旗阿哈小牛彔下阿大家人		武定			在生員段知勇家傭工十日被鄰佑舉首	①窩主——②逃人——③鄰佑免議
0027	刑部尚書黨崇雅	4.5.0 5.7.24	廂黃旗三其哈牛彔下章七車家人		冀州			在褚思聰家隱住十日被鄰佑舉首	①窩主——②逃人——③鄰佑免議
0029	同上	2.6.20 5.7.27	廂白旗牛彔章京家人	回家	濟南			在自己房內居住三年餘	①無隱主——②鄰佑各責四十板流徙
0030	同上	5.1.16	正白旗力筆牛彔下葛白家人		景州			逃人夫婦女三口在李小湖家窩住十日	①窩主——②逃人——③鄰佑十家及百家長十家長——
0031	同上	4.6.4	正白旗錯合牛彔下三荐家人	回家	山東	搶掠為奴	父子	逃回父家隱住一年餘	①窩主——念年已七十姑免死——②逃人——③鄰佑知情不舉——
0032	刑部尚書吳達海等	5.1.15 5.8.24	正白旗阿吉兒牛彔啌兒代家人		雄縣			在朱望京家隱住被鄰佑舉首	①窩主——②逃人——③鄰佑念其旬日免議
0033	同上	5.4.25	廂藍旗莫哈大牛彔下白兒家核家人	回家	永平		父子	在父家隱住四十日自回	①窩主左右鄰各責四十板②十家頭並七家各責二十板釋放
0035	同上	4.5.27	正黃旗李顯真牛彔下家人		定州			在王宗宦家隱住一年餘被本州拏獲	①窩主——②鄰佑八家流徙

0036	同上	5.8.27	廂白旗胡拜牛彔下阿兒太家人	拐逃	遵化			在外隱住三日被伊主子拏獲到官	①窩主——②逃人——③地方鄰佑窩住三日免議
0037	同上	2.9.0 5.8.27	廂白旗阿六阿牛彔下家人		完縣			在劉光保家隱住二年餘	①窩主——②逃人——③鄰佑九家及百家長十家長——
0038	同上	3.3.10 5.8.	正藍旗噶搭紅牛彔下和尚家人		延慶州			與窩主拐主在深山砍柴度日	①窩主拐主——今在獄中病故免議②逃人——③鄰佑無
0040	同上	4.7.26 5.9.16	正紅旗胡國斌牛彔下王有披家人	回家	獲鹿		兄弟	在楊家隱居傭工為活後自回	①窩主——②逃人——③鄰佑——
0042	同上	4.4.0 5.9.16	正黃旗打米牛彔下愛如泥家人	回家	慶都		兄弟	在伊兄家隱居一年餘	①窩主——②逃人——③鄰佑九家各責四十板流徙④鄰人張懷林在監病故
0043	同上	5.9.17	廂藍旗胡拉代牛彔下印台家人	拐逃	潞安			被無業遊民拐逃本主拏獲	①窩主——②逃人——③鄰佑免議
0044	同上	5.9.22	廂黃旗格善牛彔下芭哈家人		山西	投充		隱居韋林家有鄰佑保結	①窩主——②逃人——③鄰佑五家——

0045	同上	4.6.24	正白旗貧代牛彔家人		長安			在閻明家隱住	①窩主——②逃人——③鄰佑——④未提到之丘家待提到日照例責
0047	陝西巡撫黃爾性	5.10.4							為處決窩主袁懋官事奏各犯家產待查明另行造冊送刑部
0048	淮揚巡按李胤嵒	3.6.2 5.10.	山東巡按金廷獻家人	回家	鳳陽	投充	父子		
0049	刑部尚書吳達海	3.4.15 6.1.7 6.2.13	廂黃旗已山牛彔下石得古家人	拐逃				傭工誘拐逃沿途潛住	①拐主——②逃婦——③鄰佑地方免議
0050	同上	4.8.0	廂紅旗郭汝紀牛彔下家人	拐逃				傭工誘拐逃至正白旗下園頭傭工	①拐主——②逃人挑水失腳跌井中死③拐逃東婦仍投旗下免議
0051	刑部尚書吳達海	6.2.19	來歷不明					地方稽查戶口時查出	①窩主——②逃人——③鄰佑免議
0226	保定巡撫郝晉	2.1.26	廂藍旗木大呵牛彔下家人	回家	淶水			在三處潛居一年七月自回	
	同上	2.1.14 3.9.	廂白旗拉木牛彔下愁奈家人		淶水			在洪德家潛住二月成在施隼宇家潛住	

0227	刑部尚書吳達海	3.6.18	正黃旗昂邦章京索密家人		懷來			潛逃在外被本主家人拏獲	①懷隆道不審明白罰俸六月②糧廳訓導趙一申擅用嚴刑罰俸二月
0228	山東巡按金廷獻報拏獲逃人數								
0229	刑部左侍郎阿拉善	2.1.6 5.4.22	鑲黃旗額黑里牛彔下家人	回家	臨清	搶掠為奴	嫂弟	回家與嫂同居一年餘後應役衙門	
	同上	2.1.6	正紅旗下逃人陳外郎之妻	回家	臨清				
	同上	4.6.0	鑲黃旗小子牛彔下活兒家人	回家	臨清		母子	回家潛一月投戶部鑄鐵	
	同上	1.12.20	正黃旗安布牛彔下喇子家逃人	回家	臨清		夫妻	逃回伊妻家後自投回	
0052		9.2.12	廂白旗偏我牛彔下施大家人					逃至旗人楊有才家隱住	①窩主係旗下照例罰銀五兩給逃人之主②逃人——
		2.4.0	正黃旗吳苦里牛彔下多買家人						①七兒自回免責

0053	兵部尚書固山額真噶達洪	9.7.3 10.1.1 10.7.21	廂黃旗厄必隆公家人					逃走三次並無窩主	①逃走三次照例處絞②批著三法司核擬具奏
0054	同上	10.1.0 10.3.0 10.4.0	廂藍旗木哈大牛彔下家人					逃走四次	①三次逃走本部具題請旨正法因遇免笞杖之旨免死鞭一百釋放四次逃走正法②批三法司擬奏
0055	兵部督捕左侍郎吳達禮	10.6.0 11.3.1	正白旗興約牛彔下楊希木家人		遵化	投充	原認識	逃出在外傭工	①逃人——②保人③兩鄰地方免議④——三法司擬奏
0056	同上	10.6.4 10.9.19 11.2.3	安大里固山光太牛彔下白言太家人					逃走三次	①逃人一、二次逃亡均鞭一百二次正法
0065	同上	11.6.16	正藍旗鵪兒欽牛彔下布恕庫家人					逃出在外賣煙生理	①賃房給逃人居住——②逃人——③兩鄰免議④三法司擬奏
	刑部尚書劉昌等	同上	同上					同上	①陳二知情賃房給逃人居住
0070	兵部督捕左侍郎吳達禮	9.3.0 12.7.7	鑲紅旗喜富牛彔下弘尤家人	回家	沭陽			逃出在外遊蕩二年餘後至兄家	①窩主——②逃人——③兩鄰各責四十板流徙④三法司擬奏
0071	同上	8.4.14	蒙古旗下家人		錦州			拐主銀十五兩做生意後娶妻	①窩主——②兩鄰免議

0073	刑部尚書圖海	同上	同上		同上			同上	①窩主——②逃人係蒙古家人不應鞭一百送理藩院
0230	刑部尚書阿拉善	5.7.14							①窩主——②逃人——③鄰佑責四十板流徙④地方官降罰
0231	刑部尚書黨崇雅	2.3.0 5.4.1 5.8.16	正紅旗把兒蝦牛彔下嗒喇布家人	回家	欒城		父子	逃回父家隱住三年餘	①窩主已故免議家產——②鄰佑責四十板流徙③地方官降罰
0057	兵部督捕吳達禮	8.6.1 12.1.23	正紅旗溫克牛彔下打撒家人	回家	獻縣	搶掠為奴		回家後父母雙亡乃被賣	①買主——②逃人——③鄰佑俱免議
0058	刑部尚書劉昌等	11.1.24 11.3.15 11.5.4	正黃旗索寧牛彔下伍什太家人					一年逃三次	①逃人逃三次處斬
0059	兵部督捕左侍郎吳達禮	10.6.0	鑲黃旗鵜拜牛彔下陶納里家人		薊州			先逃至樂陵縣住後傭工於人	①窩主——②逃人——③兩鄰——④三法司議奏
0060	同上	6.3.19	鑲紅旗白庫禮牛彔下家人		夏津		岳父女婿		①逃人——子幼免議②窩主——③鄰佑免議④知縣拏獲記檔
0068	刑部尚書圖海等	同上	同上		同上				三法司審理與上同

0061	兵部督捕吳達禮	10.6.0	鑲白旗愛惜喇庫哈方貝德家人	回家	武清		兄妹	在外遊蕩一年餘後至兄家被賣給人為妻	①窩主——②逃婦——③鄰佑免議④三法司擬奏
0063	同上	12.4.0 12.4.13	正藍旗包衣家人	回鄉	東安	投充	師徒	逃回其師王錮魯匠家	①窩主——②逃人——③鄰佑——④知縣記過查解者記檔
0062	同上	7.6.17 12.4.13	廂白旗交羅和尼牛彔下家人	回家	灤州		兄妹	逃回兄家度日不過賣給人為妻	①窩主——②逃人——
0064	刑部尚書劉昌	7.6.0	正黃旗包衣偏鵝牛彔下莊頭家人	回家				回家後被逐出後傭工於人三年	①窩主——②因大赦鄰佑免議
0067	兵部侍郎吳達禮	12.2.23 12.5.15	廂紅旗逆堪牛彔下莊頭家人	拐逃	栢鄉	被賣為奴		夫死乃同傭工逃出後被賣給人為妻因耳上有眼被舉首	①拐主病故免議家產——②栢鄉李文舉查逃人記檔
0069	刑部尚書圖海	11.4.14 12.4.6						在外傭工一年餘被本家人拏獲	①葉大保逃人居住——②三法司擬保人葉大不知情免死流寧古塔
0074	刑部尚書圖海	9.11.0	廂黃旗阿里牛彔下毛管家人		密雲			夫妻同逃在外傭工由李思作保	①保人——後在監病故②拏獲之人犒例銀二兩

0075	同上	8.8.12 12.6.21	正黃旗賽必兒牛彔下必多漢家人	回家	館陶		兄弟	在兄家潛住八月被舉首	
	同上	9.3.12 12.6.2	廂藍旗博布兒牛彔下家人	回家	館陶		兄妹	同夫逃後夫死其兄乃將彼賣給人為妻	①知縣查解逃人二名記檔
0076	兵部督捕左侍郎吳達禮	10.1.17	廂黃旗菲揚吾牛彔下家人		故城			夫妻同逃後夫病乃將妻賣給人	①李三為逃人作媒——②本家人拏獲不應給犒例銀
0077		11.9.14 11.11.25 12.3.29	正藍旗伊把罕牛彔頭等蝦勒豈家人						①三次逃走——
0078	兵部督捕左侍郎吳達禮	11.3.0 12.9.14	正紅旗梅勒章京孫得勝家人	回家	陽穀			帶妻兒同逃	①逃人——子五歲免責
0079	同上	7.5.10	鑲黃旗厄必公牛彔下康一太家人	回家	平度			先在各處遊蕩後到繼父家住四年並娶妻	①逃人——逃後所娶之妻及所賺的錢給主人
0188	刑部尚書圖海	同上	同上	同上	同上			僅存帖黃	
0080	同上	11.10.29 11.12.19 12.8.17	廂白旗東阿羅牛彔下逃婦					三次逃走	

0081	刑部尚書圖海		正白旗牛彔章京重愛家人					逃人因懼打服毒並將毒藥與同逃之人喫	①刑部尚書圖海依用毒傷人謀殺律逃人擬絞尚書劉昌謂非蓄意謀殺議鞭一百
0082	同上	12.5.0 12.10.22	正黃旗包衣董得貴牛彔下家人	拐逃				被行乞和尚拐逃	①拐主——無房產免究②逃人——其女九歲免責
0083	同上	2.9.0 12.10.27	正藍旗鵜啟爾牛彔下布沿兔家人	回家	灤州		兄弟	先逃回家後傭工於人並詐騙地方	①逃人之主未遞逃牌責二十七鞭
0084	刑部尚書圖海	同上	同上	同上	同上				①窩主徐根芳在監病故②窩主李自成隱常氏為妻在監病故
0085	同上	7.2.22	正紅旗楚庫兒魯牛彔下回駝家人	回家	汾陽	投充	兄弟	先投旗下後又為大兵搶去逃回兄家	①窩主在外貿易不知情免死杖一百流寧古塔
0086	同上	12.8.30							窩主在監病故
0152	兵部督捕吳達禮	10.7.20 11.12.13	廂白旗噶包里牛彔下家人	拐逃				被趙福拐逃為妻後夫病買藥被拏獲	①逃婦係本家人拏獲免給犒例銀
0153	刑部尚書圖海	同上	同上	同上				同上	三法司審理前案

0236			廂白旗包衣拉庫牛彔下家人					逃後復回將本家及莊頭夫婦及其姊殺死	①逃犯死罪主人代為求情不准其餘逃人無論自回或拏獲鞭一百
0265	刑部尚書圖海等	12.2.17							①旗下家人五人枉稱逃人赫詐驛官銀兩各鞭八十後四人出兵回後免責
0270	廣東道監察御史牟雲龍惕								①惕報神奸惡棍藉逃人事詐害地方事
0087	兵部督捕左侍郎吳達禮	13.1.10	定西將軍固山額真侯墨勘根蝦家人					逃亡在外傭工餬口	
0088	刑部尚書圖海	10.5.0 11.10.15 11.12.1						三次逃亡	
0089		12.11.22 12.9.11		拐逃				拐逃為人妻	窩犯在監病故
0090	刑部尚書圖海		正白旗包衣吳朝進牛彔下家人	拐逃回家	順義		夫妻	被原夫拐逃回家	①地方兩鄰免議②犒例銀二兩給拏獲之人
0091	同上		正白旗富納牛彔下白連家人					蘇大哄去逃人三名後打死一名	

0093	同上						姐弟		①朱進美窩隱乃姐在監病故
0094	兵部督捕吳達禮	9.8.26 10.2.22 12.12.4	工部撥什庫劉可寬下銅匠家人					三次逃走	①批：三法司擬奏
0095	刑部尚書圖海	12.10.24 13.11.2 13.12.18	廂白旗下牛彔章京趙廉家人					第三次逃走在外遊蕩	
0096		12.7.0	正黃旗秦牛彔下家人					拐逃主人錢財在外賃屋居住	查定例賃房與住將保人坐以隱匿之罪保人——
0098	兵部督捕吳達禮	11.8.0	正藍旗嗎喇牛彔下希浮家人	拐逃				拐逃後轉賣給人為妻	
0099	刑部尚書圖海	10.3.20 13.3.25	正黃旗孟塞禮牛彔下阿思哈哈家人					夫妻二人逃出在外乞食後傭工	逃人之子四歲免責
0100	刑部尚書圖海今降三級		鑲藍旗包衣十博兒牛彔家人	回家	山東			逃出後被獲後殺妻自殺未遂	
0101	同上	13.5.13						三次逃人尋仇殺人	
0102	同上	12.12.4	正黃旗包衣翁我春牛彔下家人	回家	豐潤	賣與人為奴	繼父子	逃出後至豐潤探母與繼父遇帶歸遼陽	①批：查一證人著再詳審具奏

0103	兵部督捕今戴罪辦事吳達禮	13.5.22	廂紅旗下額者庫哈番哈番宋登科家人	拐逃	保定			拐主銀三十兩與主家傭工同逃	因至滿洲家傭工鄰佑免議
0104	刑部尚書圖海	同上	同上	回家	曹州			莊內作活	
0105	兵部督捕吳達禮	12.7.8 13.5.3	正紅旗夸查牛彔下家人	回家	膠州	搶掠為奴	父子	先逃出後回家向親友詐錢財	批：三法司擬奏
0106	刑部尚書今降三級圖海	7.4.24	鑲黃旗包衣偏古牛彔下葉縱家人	回家	大同		兄弟	先逃出在外作生意後歸兄家	
0111	同上	11.10.0 13.2.2 13.4.18	正白旗塞勘牛彔下家人		通州			三次逃走在外傭工	無窩主
0112	同上		正紅旗色爾古楞牛彔下家人		河間			在外乞食後傭工於人	①逃人之主未遞逃牌責二十七鞭②逃人——因熱審減一等鞭九十
0113	兵部督捕今戴罪吳達禮	6.10.0 12.7.0	廂白旗祖澤沛牛彔下家人			被賣為奴		三次逃人	批：三法司擬奏
0114	刑部尚書今降三級圖海	13.6.14						逃後在外娶寡婦為妻	

0115	兵部督捕今戴罪吳達禮				歷城			在窩主家作活五年	其地方兩鄰各責四十板並妻少家產人口流徙寧古塔
0116	戶部尚書車克		正白旗包衣章京李自昌家人						為奴爭告事
0117	兵部督捕今戴罪吳達禮	13.3.26	廂白旗郎化麟牛彔下家人		高密	搶掠為奴		拐主銀三十五兩	①逃人——因熱審減一等鞭九十②高密知縣記檔
0118	刑部尚書今降三級	13.4.26 13.7.15	正白旗吳麻子牛彔下撥什庫褚天柱家人		河間			逃出在外割草度日	
0119	同上		廂黃旗菲揚吾牛彔下家人	拐逃	寧海	搶掠為奴			①逃人——因熱審減一等鞭九十面上刺字交還本主
0120	同上	3.1.0 13.7.24	鑲黃旗下一嘛喇家人		高陽		夫妻	逃出在外乞食後遇前夫乃歸家九年後被舉首	①逃人——因熱審鞭九十面上刺字給主②主人未遞逃牌責二十七鞭因赦前免議
0121	刑部尚書圖海	12.9.0 13.1.0 13.2.20	正紅旗包衣王國棟牛彔下家人		保定			逃出在外傭工度日夜宿空廟	①三次逃人事未敢擅便乃請旨

0122	同上	11.6.24 12.11.26 13.5.23	廂紅旗秋撥什庫家人		通州			逃出在外作生意	①三次逃人
0123	同上	8.2.20 13.8.8	廂白旗阿哈泥堪牛彔下家人		昌邑	搶掠為奴		先在外遊蕩後賣布生理	
0124	同上	13.8.12	廂黃旗翁愛牛彔下家人	回家	莒州		兄弟		①兩鄰地方各責四十板妻子家產人口併徙發寧古塔
0125	兵部督捕吳達禮	13.7.10	廂黃旗菲揚吾牛彔下阿哈尼堪家人		寧津				①窩主年已七十免死交督捕衙門免死發落後在監病故
0126	同上	13.5.3 13.8.13	廂紅旗倭黑納牛彔下家人	拐逃	清苑			拐逃為人妻	①逃人手飾被賣掉應將窩主之家產賠還②三法司擬奏
0127	刑部尚書圖海	13.8.27	同上	同上			同上	同上	①窩主依擬應絞著監後秋決
0128	兵部督捕吳達禮	11.9.0 13.8.13	正藍旗宜把漢牛彔下莊頭	回家	通州	被賣為奴	夫婦	逃回在各處空廟存身	①三法司擬奏
0129	同上	13.8.23	正黃旗下家人		豐潤	被賣為奴	夫婦	逃回夫處在空廟存身	①三法司擬奏

0130	兵部督捕吳達禮	2.0.0 13.8.24	正紅旗劉錫八牛彔下高世林家人		商河			佃田耕種或傭工度日	逃人於大因熱審免責歸主
0131	刑部尚書圖海	13.5.4 13.8.26	廂黃旗包衣陳秉正牛彔下家人	回家	清苑		父女	先乞食後回父家	逃人——面上刺字歸主
0132	兵部督捕吳達禮	13.5.28 13.8.30	廂紅旗三台牛彔下家人		灤縣			拐逃主銀在外與人合夥貿易	逃人——面上刺字歸主
0133	同上	11.3.10 13.8.30	正白旗屯特牛彔下家人	回家	大同	搶掠為奴	父子	先乞食後回家	①鄰佑責四十板徙寧古塔②逃人——面上刺字
0134	同上	13.11.0	廂藍旗包衣薄布兔牛彔下校尉					傭工度日	三法司擬奏
0137	同上	8.4.0 13.10.5	正白旗尼牙達牛彔下家人		通州			逃後被僱於船上	窩主在監病故
0138	同上	13.9.22 13.7.7 13.10.28	正藍旗錫拉布牛彔下家人					二次逃人	①二次逃人處死②批：三法司擬奏
0139	同上			回家	莒州		兄弟		①逃人——面上刺字歸主②兩鄰各責四十並妻子家產人口徙寧古塔

0142	同上	13.9.0 13.9.21 13.11.15	正藍旗阿爾津牛彔下家人	回家	博興			二次逃人	①二次逃人處死②三法司擬奏
0143	刑部尚書圖海	13.5.26	正黃旗說爾兑牛彔下家人	拐逃					
0144	兵部督捕吳達禮	10.1.19 13.9.23 13.10.15	廂白旗朱馬喇牛彔下家人		通州			在外傭工度日	①二次逃走處死②三法司擬奏
0145	刑部尚書圖海	13.7.19 13.11.16	包衣京額牛彔下撥什庫家人		諸城				①二次逃走處死②批逃人依擬應絞著監後秋決
0146	兵部督捕侍郎吳達禮	10.12.2 13.11.26	正白旗阿岳錫牛彔下家人	回家	昌邑		父子		窩主七十免死入官
0148		13.9.2 13.11.27	廂藍旗包衣托衣會牛彔下家人	拐逃回家			兄妹		窩主在滿洲家傭工鄰佑免議
0149	兵部侍郎霍達	11.2.15 13.7.1 13.9.16	正紅旗包衣吳麻里牛彔下王達子家人					傭工各處夜宿空廟	①二次逃人處死②三法司擬奏

0151	刑部尚書圖海	13.12.20							窩主在監病故
0177		8.1.9	正黃旗額兒孫牛彔下家人	回家	德州			先乞食後傭與人拉船	①逃人——奉旨因熱審減一等鞭九十
0178	兵部督捕吳達禮		廂紅旗淨厄牛彔下家人	拐逃	晉州			拐逃後賣與人	①逃人——因熱審減一等鞭九十②三法司擬奏
0244	都察院右副都御史蔣國柱	15.3.0							糾參太平知府及解役二人疎玩致押解逃犯逃脫
0245	兩廣總督李棲鳳	16.2.17							限一月拏解湖廣永州府逃人李昌
0246	湖廣等處巡撫張長庚	16.1.12							湖廣江夏知縣達例刺字逃人案
0247	順、永、河三府巡撫祖重光	15.10.17							故城知縣張乃星所管地方窩隱逃人四年竟不稽查照例革職罰銀
0249	兵部尚書梁清標	17.6.1							呈報各州縣及補營文武官員查解逃人數
0250	兵部督捕馬希納	18.10.24							直隸寧晉縣民趙光國假冒東人嚇詐鄉民依例入官

0154	刑部等衙門	3.2.16	正紅旗圖魯牛彔下家人	回鄉	莒州		兄弟	先在外傭工二年後回族弟家住八年	
0156	兵部督捕吳達禮	8.5.20	廂紅旗包衣杜倫牛彔下家人	回家	大同	搶掠為奴	兄弟	先在外遊蕩後回兄家	
0157	同上	8.11.0	正黃旗董得貴牛彔下家人	回家			嫂弟		三法司擬奏
0158	刑部	9.0.0				搶掠為奴	義父子兄弟		
0160	刑部尚書圖海	10.6.0	廂藍旗阨呷氣兔牛彔下家人	拐逃				被拐逃為人妻在外住三年	
0162	兵部督捕衙門	9.4.2	廂紅旗富喀纏牛彔下家人		山東		父子兄弟	先乞食後為佃農	
0163	刑部尚書任濬								三次逃人二名在監病故
0164	同上	11.1.12	廂黃旗陳泰固山額兒格兔牛彔下家人一〇八人	天災	平度				一牛彔下家人一〇八人逃往平度州

0165	兵部督捕吳達禮	9.5.5	正白旗下家人		三河	投充		傭工種地度日	三法司擬奏
0166	刑部尚書今降三級圖海	3.5.0	廂紅旗牛彔章京倭黑諾家人	拐逃	唐山	搶掠為奴	兄弟	逃回兄家娶妻生子後被拏獲	
0167	同上	11.12.8 12.4.3	正藍旗張格牛彔下家人	拐逃				拐逃主家細軟	
0168	刑部尚書圖海	10.10.19 12.10.27	正紅旗包衣吳馬禮牛彔家人					傭工度日	
0169	同上	8.10.0 12.8.0	正黃旗纛章京希兒根家人	回家	長子縣	搶掠為奴	岳父子		
0170	兵部督捕吳達禮	12.9.0	廂黃旗包衣郭邁牛彔下家人						
0174	兵部督捕吳達禮	11.12.1 12.8.20 13.5.15		回家	臨清			回家父母雙亡乃至各處傭工度日	三次逃人
0176	刑部尚書今降三級圖海	12.8.12 13.5.8	廂黃旗下家人		蘇州	搶掠為奴		傭工度日	
0179	同上	13.3.0	廂紅旗淨厄牛彔下家人					逃出後被人拐賣為人妻	

0180	同上	13.6.16 13.7.26 13.9.10	正黃旗恩額德牛彔下家人					在外傭工夜宿空廟	二次逃人處死
0184	兵部督捕吳達禮	8.3.20	廂藍旗撥拔兔牛彔下家人		臨邑			在外傭工賃房居住	
0189	刑部尚書圖海	13.5.1 15.1.25	廂黃旗包衣陳秉政牛彔下家人						
0191	兵部督捕吳達禮		正藍旗李登龍牛彔下家人					逃出在外乞食	三法司擬奏
0193	同上	11.11.0	廂黃旗納木代牛彔下家人	回家	沂水		兄弟		
0198	刑部尚書今降三級圖海	11.0.0	正黃旗二等蝦薄落特家人						
0263	刑部尚書圖海	8.10.13	正黃旗額爾孫牛彔下家人	回家	定州		兄弟	在兄家住二年	

附註：

一、本表係根據兵部督捕衙門、刑部、三法司及巡按巡撫等審理逃人與有關逃人之一百七十八件檔案編成（案件重複者不計）。在數萬件審理逃人案件中所殘留的一百七十八件檔案，甚合「隨意抽樣」的原則，故其內容亦可能為數萬件有關逃人案件的縮影，其統計數字有相當的「代表性」，為了充分利用這些難得的史料，故作此表。

二、第一欄為檔案的總編號，檔案的分類號281.14　0-12　V則省去。

三、第二欄為審理逃人之機關及署名主審者。

四、第三欄分列三個時間，即奴隸逃亡，捕獲與審理之年、月、日，因拏解逃人為清朝第一急務，故捕獲後立即審理，並無拖延之事。至三次四次之逃人，則於欄中記一、二、三、四次逃亡之時間。並於第九欄中註明。自三次、四次逃人每次逃亡之時間相近一事來看，旗人難免有「縱逃」之嫌，而「莊」、「屯」距離遠管理困難，也為奴隸易於逃亡之主因。

五、第四欄為逃人所屬的旗，牛彔與主人，從逃人所屬來看，逃人之主多為八旗士兵或平民。

六、第五欄為奴隸逃走之原因，在審理逃人檔案中從未詢及奴隸為何逃亡？故把「回家」或「拐逃」列為主要原因。在這些檔案中奴隸回家佔五十八起，事實上並不止此數，因有許多「回家」之奴隸中途捕獲者，並未說明。

七、第六欄為奴隸逃往何處？事實上與捕獲逃人之地區有關，因有許多「遊蕩」或「逃亡途中」捕獲的奴隸，即不知欲往何處，其中以畿輔附近捕獲者佔多數，故本欄中除「回家」不計外，以河北省為第一。

八、第七欄為逃人淪為奴隸之原因，其中以搶掠為奴者佔多數，這是清初八旗奴隸之主要來源，待此一來源斷絕，而八旗內的奴隸制亦隨之逐漸崩解。

九、第八欄為逃人與窩主之關係，由他們間之親屬或熟識的關係來推斷逃人之「回鄉」或「回家」。

十、第九欄為奴隸逃亡後之生活情形，回家者不計，逃亡後多在外傭工或乞食，這說明做「苦力」或「討飯」

仍較為旗人奴隸的生活自由，好些！更說明戰後農村對「勞力」之需要。

十一、第十欄為逃人案之審判，窩主正法，家產照例籍沒，鄰佑鞭四十流徙，逃人鞭一百歸主，其判例大致如此。為免重複起見，僅以窩主——家產——鄰佑——逃人——等符號代表，有的則全省去。又窩主，鄰佑死於獄中者，仍於本欄中註明。

督捕逃人之法令

據《大清會典事例》刑部六五七卷一頁的記載，旗下家奴或另戶人等逃亡（所謂另戶即准其開戶不准為民的旗奴）。「順治九年議准，逃至二次者處死。十一年題准，凡逃一次者鞭一百，二次者處死。又題准，凡逃三次者正法。十三年題准，凡逃一次面上刺滿漢逃人字樣，鞭一百，二次者仍正法。十七年題准，逃人初次逃者，左面刺字，鞭一百，二次逃者，右面刺字，鞭一百，三次逃者，正法。十八年定逃人犯至三、四次者，雖遇赦即處絞，不必候秋後。」對窩逃者的處罰則更嚴，順治三年七月諭兵部：「先定逃人自歸尋主者，將窩逃之人正法，其九家及甲長鄉約鞭一百流徙，該管官俱行治罪。今定逃人自歸者，窩逃之人，及兩鄰流徙，甲長並七家之人，各鞭五十，該管官及鄉約，俱免罪。其餘照以前定例⓮。據《大清會典事例》六五七卷六頁的記載：「窩逃及鄰佑人等，分別治罪。順治五年題准，窩家正法。妻子家產籍沒給主，仍出一分給出首之人，鄰佑十家長等各責四十板流徙邊遠。順治九年諭：凡隱匿逃人者，止令本犯家產給主，其分家之父子兄弟等不得株連。又議准，凡窩逃家責四十板，同妻子一併流徙，兩鄰各責四十板，十家長各責二十板。順治十年，凡窩逃之人，並家產給與逃人之主，房地入官，兩鄰十家長，各責四十板。十一年准凡窩家不准斷給為奴，並家屬人口充發盛京，父子兄弟分家者免罪。房地仍給戶部，兩鄰十家長，不行舉首，各責四十板。兩鄰各罰銀五兩，十家長各罰銀十兩，逃管官罰銀二十兩，給逃人之主，以一分與出首之人。又題准，凡窩隱逃人者，本犯正法，家產房地入官，兩鄰各責四十板，流徙，十家長責四十板，所罰銀入官。十四年題准，窩犯免死，責四十板，面上刺滿漢逃走字樣，家產人口一併給八旗窮兵，地方官仍不行拏獲，窩家兩鄰仍不行出首，或被逃人之主控告行提，或被旁人出首捕獲者，仍照從前處分定罪，如不知情之窩家免議。」逃人還有一次、二次、三次、四次逃亡的機會才死罪，但窩逃之人被察出後就是死罪，且不能赦免⓯。考之大清例律刑律盜賊律，一個盜賊要盜四十兩銀子才與第一次逃人所受的處罰相等，除流徙等外無死罪⓰。可知對窩者的處罰比逃人嚴，對逃人的處罰比盜賊嚴，甚至以查解逃人之多寡為地方官陞遷調補，黜降的標準⓱，此實出於常理之外。這些法令在審理逃人的檔案中均切實嚴厲執行，更是令人怵目驚心。今抄錄若干具體的事實於後，以見法令執行的一般情形：

刑部尚書黨崇雅等謹題……百家長，十家長及鄰佑劉文相、陳尚孌、陳在念、陳春方、陳在升、曹世官、孫可升、王緒業、張士舉、趙剛各責四十板，其妻孥流徙，尚少一家，俟提到之日照例流徙。

批：李小湖（窩主）著即處斬，餘依議。（檔案281.14 0-05 ✓2 0030）

刑部左侍郎阿拉善等謹題……該管官員失於覺察，陞任知縣湯鋐應降縣丞，陞任知府徐效奇，前任濟巡道今降調吳允升，均應罰俸一個月，其撫按職名行查未到，俟查明照例罰俸，伏望聖裁。（檔案281.15 00-5 0230）

刑部尚書黨崇雅等謹題……該臣等看得隱藏滿洲逃人之法，奉有嚴旨：而管住（逃人）潛匿欒城縣三載有奇，地方各官俱無覺察均難辭咎。如該縣知縣李湛雖已降調，仍應降一級，雷嘘和，高科俱應降縣丞，王士俊俟起復之日仍降縣丞，知縣劉自竑、劉可徵、姜念、井陘道丘茂華、原毓宗、原任巡撫郝晉，見任巡撫于清廉俱應各罰俸一個月陞任，巡按衛周胤與宗敦一、鄧孕槐，例應考核，順治五年八月十六日

批：李湛等俱依議。（檔案281.15 0-05 0231）

兵部尚書梁清標謹題……今臣等查得巡捕中營參將員顯明自順治十六年七月廿四日至十六年十二月卅日止所屬共查解逃人卅名。巡捕中營守備王有功自十六年二月七日起

至十六年十二月卅日止查解逃人廿一名。巡捕南營參將管良壁自十五年十一月十日至十六年十二月止所屬共查解逃人一三八名口。巡捕南營守備許泰國自十五年十一月十六日起至十六年十二月卅日止查解逃人廿二名口。守備任守德自十五年十一月十六日起至十六年十二月卅日止查解逃人卅三名口。守備李有運自十六年四月廿三日起至十六年十二月卅日止，查解逃人十五名口。守備崔吉自十六年三月十七日起至十六年十二月卅日，巡捕北營參將伊承祖自十五年十一月十日起至十六年十二月卅日止，所屬共查解逃人一三〇名口。北營遊擊周世龍自十六年七月廿六日起至十六年十二月卅日止，所屬共查解逃人卅三名口。巡捕北營守備王守成自十六年三月十二日起至十六年十二月卅日止查解逃人卅名口。守備夏棲林自十五年十一月六日起至十六年十二月卅日止查解逃人四十六名口。守備黃國昌自十六年一月十日起至十六年十二月卅日止，查解逃人廿名口。又查得直隸通協副將王一相自十四年八月卅日起至十六年十二月卅日止所屬共查解逃人九一名口。通協漷縣營守備施奇功自十三年十一月十三日起至十六年十二月卅日止，查解逃人廿二名口。通協武清營守備呂大捷自十四年九月三日起至十六年十二月卅日止查解逃人十六名口。通協武清營遊擊王世昌自十三年六月十七日起至十六年十二月卅日止，所屬共查解逃人十九名口，又於十四年六月廿五日署本協事起至本年八月十三日止所屬共查解逃人十六名口（兩處共查解逃人卅五名口）。查王世昌見任遊擊，應照知府例議敘。有已經題敘過各官，今又獲解足數者，查得舊任巡捕中營參將楊以松，又自十五年九月一日起至十六年一月十一日止，所屬共查解逃人卅八名口。中營守備平有福又自十五年九月一日起至十六年十二月卅日止，查解逃人十八名口。守備佟四維又自十五年九月一日起至十六年十二月卅日止，查解逃人卅二名口。南營守備徐茂又自十五年九月一日起至十六年十二月卅日止，查解逃人廿八名口。北營守備田志禮又自十五年九月一日至十六年十二月卅日止，查解逃人一九名口。北營守備楊太又自十五年九月一日至十六年十二月卅日止，查解逃人卅七名口。以上各官俱與臣部題定則例相符，理合具題恭請敕下兵部照例查敘施行等因，順治十七年五月三日題本月四日奉旨依議欽此欽遵五月八日抄出到部批方司查照說堂隨經司議呈堂。該臣等看得督捕顯明定例副將照道官例，所屬查解逃人四十五名者，加一級，九十名者不論俸滿即陞，參將遊擊照知府例，所屬查解逃人卅名者，加一級，六十名者，不論俸滿即陞。都司守備照州縣例，查解逃人十五名者加一級，卅名者不論俸滿即陞。今副將王一相、參將管良璧、伊承祖、遊擊馬清、守備任守德、崔吉、王守成、夏棲林、楊太、佟四維以上十員，查解逃人名數與不論俸滿即陞之例相合，均應不論俸滿即陞。內王守成、佟四維已經陞任，應於新任內不論俸滿即陞。

參將員顯名，楊以松、遊擊周世龍、王世昌、守備王有功、平有福、許泰國、李有運、徐茂、黃國昌、田志禮、施奇功、呂大捷以上十三員查解逃人名數與加一級之例相符，均應加一級。內平有福，王世昌已經陞任，應各於新任加一級，楊以松已軍政降一級調用，應於補官日加一級補用，臣未敢擅便，謹題請旨。

批：依議。（檔案281.15 0-05 0249）

檔案中的資料除證明清初切實執行嚴厲的督捕法令外，還有許多特例，今附若干條於後：

刑部尚書圖海謹題……應將王氏給與，賈三係口外蒙古家人，不應鞭一百，應將王氏同賈三一併咨送理藩院外，劉守寬窩隱是實，應請敕下刑部正法……（檔案281.14 0-12 1 0073）

其窩主楊有才係旗下，照例罰銀五兩給逃人主。……（檔案281.14 0-10 0052）

刑部……自四月十七日起至廿六日止，審結逃人共一三三起，除窩主卅一名照例給主外，謹遵雨澤愆期，豁免笞杖之旨，內有逃人應鞭責免鞭責者共一三八名口，鄰佑等應責免責者共九名口，審係無干徑行釋放者共五十九名口，相應題請恭候命下臣部遵奉施行，謹題請旨。順治十年五月十一日。（檔案281.14 0-10 0052）

兵部尚書固山額真噶達洪等謹題為捉獲逃走四次東人事……審據武什太係鑲藍旗木哈大牛彔下家人，案查本犯先於本年正月內逃走被本主拏送刑部鞭一百歸主，又於本年三月內逃走被鑲紅旗特金牛彔下張大拏送本部鞭一百歸主，又於本年四月十七日復行逃走被本主家人六十拏獲送部，查有三次逃檔，本部具題請旨正法，但彼時遇有免笞之上傳奉旨免死鞭一百釋放，今復於六月內逃走……（檔案281.14 0-10 0054）

刑部左侍郎臣召羅等謹……趙小泉既隱東人隊子，律應擬斬，家產無幾亦應籍沒，二分給主，一分賞原拏人錢四，其鄰佑除水淨移徙外，見在趙自美，傅洞兒各鞭一百，流徙邊遠，逃人隊子鞭一百給主，該管官未愈卅日之限，應免議。順治三年九月三日。（檔案281.14 0-03 002）

窩主一斬無辭，家產籍沒、二分給主，一分給原首人陳廣等，老媼並妻大姐及左右鄰，十家戶、百家長並地方該管官既經舉首，念其旬日俱應免議，順治五年八月廿四日。（檔案281.14 0-15 ✓2 0032）

審得張琨係山西太原府偏頭所民，用價十三兩在廂白旗冬我羅牛彔下布代家贖回張氏，出關被居庸關都司盤獲解部。今傳本主布代並撥什庫質對，贖回是實，張氏隨經張琨收領，已經完結。（檔案281.14 0-10 0052）

該臣等看得逃人張顯應鞭一百，交與本主外，查來文內張氏係逃人逃走後在地方所買之妻，相應給與逃人之主。據逃人口供先在伊繼父陳信省家住了一年，後到原住空房住了三年，又到陳信省家住了十五日。陳信省隱匿是實，應請勅下刑部正法……（檔案281.14 0-12 ✓2 0079）

查得定例內開窩主無論男女七十以上，十三歲以下者俱應免死入官。（檔案281.14 0-13 ✓4 0125）

以上七條，說明了督捕律中的特例，即蒙古逃人由理藩院審理，旗人是「特權階級」，即令窩隱逃人也只罰銀五兩，免受刑罰。逃人還有赦免免責的機會，窩主卻無此一「特惠」，由此而知督捕律之嚴厲與八旗生產力之缺少而重視「勞力」?!但窩主七十以上十三歲以下可享有免死入官之「豁免」，逃人在外所賺的錢財，逮捕後仍歸本主，主奴關係之明顯於此可見一斑。

旗人靠奴隸資生

在大清例律中並無捕逃及窩逃律（雖卷三五有捕亡律，然僅係對犯人逃亡而制定的），可知清初對逃人及窩逃者懲罰之嚴厲，完全出於滿洲大臣之私意，為逃人法嚴上奏章的趙開心、魏琯、李裀均因此獲罪。考清初對窩逃及逃人懲罰之嚴厲，實因「滿洲藉家僕生產，若立法不嚴，必致盡行逃走，不得已嚴定窩逃之法⑱」。「向來血戰所得人口，以供種地牧馬諸役，乃逃亡日眾，十不獲一，究厥所由，姦民窩逃，是以立法不得不嚴」⑲。「然法不嚴則窩者無忌，逃者愈多，驅使何人？養生奚賴？滿洲獨不苦乎？」⑳。「今爾等（漢人）欲使滿洲家人，盡皆逃亡，使滿洲失其所業可乎？」㉑。因滿洲人靠奴僕資生，所以當奴隸逃亡後犯死罪時，主人反替奴隸求情免死。

> 刑部尚書圖海等謹題為殺人劫財事……內開鑲白旗包衣拉庫牛彔下馬庫禮家人……欽遵抄部送司，正在覆審擬問伊主拉庫稟稱先被殺滿極大三人俱係我家人，今徐六，王三，張二，這三人亦係我家人，將他們都殺了，我係窮人，如何過活，王三是軟弱，俱是徐六等激勵他做的事情，大人可憐將王三鞭責與我罷等情……（檔案281.15 0-12 0236）

由此更可證明滿洲人全靠奴僕生產來維持生計的，奴隸逃亡過多，無異絕滿人生路，為了滿洲士兵生計著想，不得不嚴刑峻法來懲治窩逃及逃人。順治年間滿洲家人究逃多少？正史上雖無確實的記載，從順治三年諭戶部：「只數月之間，逃人已幾數萬」來看㉒，可知滿洲自盛京帶來的家奴為數很多，但逃亡的也不少！各旗所報逃人幾無虛日，而獲者少」㉓，順治年間挐解逃人真是擾遍天下㉔。順治六年三月諭戶部：

向來申嚴隱匿逃人之法，原以滿洲官兵，身經百戰，或因父戰歿，而以所俘賞給其子者，或有因兄戰歿，而以所俘賞給其弟者，或因親身捨死戰獲者，今俱逃盡，滿洲官兵，紛紛控奏，其言亦自有理。故先令有隱匿逃人者斬，其鄰佑及十家長，百家長，不行舉首，地方官不能覺察者，俱為連坐。

魏琯順治十一年罷籍沒定窩逃疏說得最為公正平允：「竊思籍沒非良法也，嘗以律例籍沒止以處叛逆，而強盜已不預焉！獨窩逃罪例竟籍沒，行之數年而未改，豈竊逃之罪，反重於強盜乎？即窩盜之律知情分贓者，與盜同罪而止。其不知情與知情而不分贓者，仍輕重有等，乃初犯再犯之逃人，罪鞭一百，而窩主則行籍沒，何逃者反輕而窩者反重乎？非法之平也！抑以初時，見逃人之多，故法不得不嚴耳！今且十一年於茲，其民之死於法，死於牽連者，幾數千百家，而究治愈力，逃者愈多，其故何也？蓋今日之逃者與初時異，初時人自盛京而來，誰無父母妻子之思？而為之家者，見骨肉乍歸，誰無天性難割之情，且法度未明，冒昧容隱，逃者為真逃，窩者為正窩，即至犯法籍沒，彼亦心服而無怨也！今則不然，自投充之門開，而所逃者皆不東人；自放假之事行，而逃者不盡私往；甚有逃人乘機害本主，通同以居奇，變態多端，難以悉數，是逃者未必真逃，窩者未必真窩也。夫亦思率土之民，莫非朝廷之赤子，今日籍一家，則閭閻少一家，明日沒一人，則版圖少一人，又復至再至三；或一人而株連數家，因而捨貧擇富，或一事而擾動通邑，致民間重足以吞聲，問官蒿目而辣手，初之不便於民者，漸且不便於國，臣故謂籍沒非良法也。孔子曰：聽訟吾猶人也，必也使無訟乎？今欲訟獄衰息，莫如除籍沒之法，欲除籍沒之法，須先定窩逃之罪。前臣部覆左侍郎衞周胤疏內：其第三次窩家事，議責四十板，罰銀廿兩入官，如無銀本身入官，奉有諭旨。夫逃人則有再三，窩家何分比此？豈皇上不忍第三次窩家，猶忍初次再次乎？則一視同仁，諒亦聖心所軫念也！伏乞敕下，罷籍沒之罪，定窩逃之法，務必平允，刊入條例，使臣部知所遵守，後世可為法程，其關於國本民生匪細故矣！」㉕。在《世祖實錄》督捕右侍郎魏琯的奏章說得更為沉痛，魏琯之獲罪必係此一奏章：「窩逃之人審實，例應羈候，提到家口，一同發遣，今暑疫盛行，絡繹病亡，屍骸暴露。臣思窩主之罪，原不至死，但既給監斃，其妻子係寡婦孤兒，道路誰為看視？即到盛京誰與贍養？恐死於飢餓者，不知其幾也！祈皇上格外開恩，凡窩主已故者，家口免於流徙，田宅免其報部，則恩及骨肉矣！得旨：滿洲家人，係先朝將士血戰所得，故窩之禁甚嚴，近年屢次寬減、罪止流徙，且逃人多至數萬，所獲不及什一，督捕衙門，屢經具奏，魏琯明知，何故奏言，著徙寧古塔」㉖。督捕衙門乃順治年間專為逮捕，審理逃人而成立的機構，督捕侍郎即主持其事，魏琯於審理逃人，窩逃時見這種殘暴不合理之督捕律，乃發惻隱之心為窩家請命，但最後卻落得罪徙邊遠，寧非怪事?!劉餘佑順治九年的劃一法守疏，也為窩主請命：「隱匿逃人，窩主減死流徙關外，已荷不殺之恩矣！但有問明應流之人，必須提取妻子盤費，不得不行監候。又有妻子已到，而戶部以人數零星，必積至多起，始押發一次，其病死獄府者，時時有之㉗。今應敕戶部，凡經審明者，陸續押發，亦可半徵生全也！即隱匿之家，亦有至情可憐者，如父母之於子，與子之與其父母，生離重逢，天性難割，與常人有心隱匿者不同，應查果係親子親女者，伏乞聖恩，量與分別懲責無知，其常人隱匿及非親者，仍照例發遣㉘。順治十一年九月巡撫宜永貴疏稱：「滿洲逃人甚多，捕獲甚少，而漢官議隱匿逃人之罪，必欲減輕一事。」對這些大臣之奏疏，世祖不但不認為彼等忠心謀國愛民，反認為漢官偏袒漢人，沽名釣譽，自私行便，漠視滿人生計。順治十一年九月諭諸漢臣曰：「朕荷蒙天眷，撫有鴻業，無分滿漢，概加恩遇，於漢人尤所體恤，乃爾等每與滿洲牴牾，不克和衷，是何意也？當明末北人南人，各有黨與，至傾國祚，朕儻有偏念，自當庇護滿洲，今愛養爾等，過於滿洲，是朕一體相視，而爾等蓄有二心，朕以故舊相遇而爾等猜如新識，朕以同德相期，而爾等懷異念矣！爾等之意，欲使滿洲家人，盡皆逃亡，使滿洲失其所可乎？嗣後各改心異慮，為國為君，忠心效力，以圖扳稱……若更持二志，行私自便，爾等事發，決不爾貸。」㉙。順治十二年三月的詔諭，最為歪曲事理。

朕承皇天眷命，統一寰區，滿漢人民，皆朕赤子，豈忍使之偏有苦樂？近見諸臣條奏，於逃人一事，各執偏見，未悉朕心，但知漢人之累，不知滿人之苦。在昔太祖太宗時，滿洲將士，征戰勤勞，多所俘獲，兼之土沃歲稔，日月充饒。茲數年來，疊遭饑饉，又用武遐方，征調四出，月餉甚薄，困苦多端。向來血戰所得人口，以供種地牧馬之用，乃逃亡日眾，十不獲一。究厥所由，姦民窩隱，是以立法不得不嚴，若謂苦嚴則漢人苦，然法不嚴則窩者無忌，逃者愈多，驅使何人？養生奚賴？滿洲不苦乎？歷代帝王，大率專治漢人，朕兼治滿漢，必使各得其所，家給人足，方愜朕懷。往時寇陷燕京，漢官漢民，何等楚毒！自我朝統將士，入關翦除大害，底於敉平，即今邊隅遺孽，殘虐百姓，亦藉滿洲將士，驅馳掃蕩，滿人既救漢人之難，漢人當體滿人之心。乃大臣不宣上意，致小臣不知，小臣不體上心，致百姓不知，及奉諭條奏兵民疾苦，反借端瀆陳，外博愛民之名，中為無國之實。若使法不嚴而人不逃，豈不甚便，爾等又無此策，將任其逃而莫之禁乎？朕雖涼德，難幾沾恩，以副皇天降鑒，祖宗委託。（《世祖實錄》卷九〇頁四）。

從這詔諭看來，漢人應為滿人的奴隸，滿人該「不農，不工，不商」坐享其成，靠漢人來奉養。基於此一觀念，則對逃人及窩逃者懲罰之嚴厲也是應該的。為逃人法嚴辯護的大臣，只是「外博愛民之名，中為無國之實」，其得罪更是「罪有應得」了。清廷對窩逃者處罰之嚴酷，一般百姓對迫於饑寒流徙他方的流民，不敢收留，甚至連一飯一湯也不敢施捨，地方官也不敢安插。李裀的安插流移疏中，對流民之苦與安置之法，說得最為中肯：「竊思天災流行，民不堪命，棄家就食，勢所必然！皇上蠲賑之仁，窮簷徧沐，而終不能止其流徙者，飢民眾多非趁食他方，無以轉死為生耳！近以窩逃法嚴，使地方官不敢容留，使鳩形鵠面之人，徬徨道途，間欲往不得，欲還不能，相率而就死地之苦。……臣愚以為安插與窩逃法之寬嚴，故有可並行不悖者。夫所謂逃人者，不過三、五成群，潛於親戚之家，及僻遠之境耳！若攜妻子荷鋤奮驅牛驢而行，如平度州木城關一案者，乃偶有之事㉚，即間有攜婦女逃者，粧束可改，其婦女之耳輪，不可掩也。似宜於流民之法稍為變通，令地方官嚴查牌甲，詳造冊籍，土著者為一冊，流窩者為一冊，細察其姓名口數，原籍某州縣，某里社人，責令投遞互結，將冊報部。倘中有夾帶，事發之日，罪坐互結者，地方官與土著免議。其被地方，令開造逃人姓名，或有異同，非逃即流，自可按冊拘提查理，是流民安插雖寬，逃人稽察愈嚴也。」㉛。「臣聞道路之口，流民萃集境上者，縣官牌催不許入境，土著之家無敢輕為居停，扶老攜幼，相對號泣，甚至有投水自盡者，聞知可為痛心……況在前秋月，但苦啼飢，值茲冬時，更迫號寒，填死溝壑。少一老幼，即少一朝廷赤子，急而走險多一壯健，即多一地方盜賊！然則此流離之民，不猶可憫，亦可慮也」[32]。魏裔介在其詳陳救荒之政疏：「暫准保結以安流寓，古者凶荒之歲，移民就食於豐稔地方，而今逃人之法甚嚴，民之移向他方者，謂他人父亦莫之顧，何者？恐留之而有逃人隱匿之罪也」[33]。向來大家富戶，因懼隱匿逃人之禍，凡流民所到地方，概行驅逐，不敢收留，視其死而不救，恐與人飯一盂，湯一盌，便不能自保身家」[34]。地方官也恐牽連逃人事獲罪，對流民安插不敢實在舉行。孫宗彝在其遵前條奏疏中曾有懇切的說明：「畿南流民屢經各該督撫，題請奉旨憐憫安插，但以逃人一節，恐終有牽制，不能實在舉行。臣愚以為，若因逃人事大，不盡料理，恐逃者愈遠，繼以死亡。不如令地方官，凡有流民，即撥荒地，用正項官糧，給與牛種，照典屯事宜，雖閒雜逃人，貪戀飽煖，不肯外向，久之自清」[35]。順治十二年三月戶部侍郎趙開心「以飢民流離可憫，請寬逃人之禁，以靖擾累，以救民命……聞近畿流民載道，地方有司懼逃人法嚴，不敢容留，勢必聽其流徙，若將逃人解督捕衙門，暫寬其隱匿之罪，以免株連，則有司樂於緝逃，即流民亦樂於舉發，而逃人無不獲矣！」世祖訓飭趙開心「不知實心為國，輒沽譽市恩，殊失大臣之誼，著降五級調任」[36]。禮科給事孫珀齡於順治十二年三月二十六日的奏疏對逃人法嚴影響流民之安插，及擾害地方之事，說得最為真切：

如逃人一案，屢經嚴諭，法例森然，臣何敢妄參一語，惟是比年饑寒載道，老幼填衢，雖天運何致！然亦由逃人之法網太密，故無片隙容身之地。村舍居民，既以兩鄰連坐之條，寤寐驚惶，寧忍無慈，雖立視其溝壑而莫容，地方官長，又以一人革職之例，夙夜畏懼，寧刻無寬，惟日嚴其驅逐而不顧？哀哀焭独，有死而已，豈不痛哉？更有不堪言者，借緝捕之名，行打詐之實，聞聲瞰影，到處生風。如直隸景州生員張昆秀被迫身亡，鄉民王上美家資立盡，山東濮州鄉宦葛含馨，因雠捉害，一家甫盡，又及一家。人人重足，靡有樂生，豈是治平景象？伏望皇上，法內弘仁稍施一線，凡諸條例減罪一等，所在官民功名性命之念，寬則惻隱救人之心動，朝活數千，暮活數千，其於皇上悲憫之願不大快乎？至於打詐之事，乞皇上勅下經管各該衙門，嚴加約束，務要情真；如有捕獲，星速解部，不得進挨措捺；如審係情虛，指詐之人，罪以反坐，庶良善可以安身，而奸徒不至滋害矣！。（檔案281.15 0-19 0258，此奏疏為禮科都給事中孫珀齡所上，為兵部督捕左侍郎吳達禮所抄錄。）

因對窩逃者處罰之嚴厲，窩逃者正法、家產籍沒，其家人流徙關外給八旗窮兵為奴，告發之人可分得財產，逃人自首回後如指認窩逃之家，窩逃者亦受懲罰。在此高壓人人自危的氣氛中，使人變得冷酷無情，對饑寒迫身的流民，甚至一飯一湯都不敢施捨，復以無稽棍徒，冒充逃人乘機詐害㊲。或告殷實之家為窩主，圖財設局，以害無辜㊳，或挾仇誣害㊴，或牽引妄扳㊵，地方官為了邀功，甚至將良民捏稱逃人拏解㊶，官拏重犯，因誑稱逃人，不敢加刑，遷延漏網；或解役與逃人結黨，沿途搶掠，肆行無忌，或地方官唆令逃人指扳富室，巧行嚇詐。此等株連蔓引，冤及無辜，饑死道途，瘐死監獄，使近畿騷然，百姓蕩家廢產，喪其樂土之心㊷。故順治十五年五月諭兵部督捕衙門：

逃人事宜，屢有諭旨，念滿漢人民，皆朕赤子，故請會議，諒請申法，衷諸平允，而年來逃人犯法者未止，小民因而被牽連告害者多。近聞有姦徒，假冒逃人詐害百姓；或借名告假還家，結連姦惡，將殷實之家，指為窩主；或原非逃人冒稱嚇詐，群黨指稱，轉騙不已；或有呈告督捕，即買主冒認指說名作真者；或有聲言赴告地方官處稟拏嚇詐良民者；或告假探親，肆行指詐，及領本貿易，假夥攀害，種種詐偽甚多，深為可惡。今有逃人本主即報明本固山額真等，將逃人之主，及逃人姓名，具印結報，如逃後日久方報，既獲逃人，伊稱係伊家人者，此人不許給主，即令入官。直省地方有旗下告假私出妄為，及冒稱旗下，群姦橫行者，著該督撫，嚴行訪拏，解部查明，併本主從重治罪。

捕逃與捕逃機關

「拏解逃人乃清朝第一急務」❹❸，不止以嚴刑峻法懲治窩逃以防隱匿逃人，並在兵部下特設督捕衙門來逮捕及審理有關逃人的案件。奴隸逃亡後，家主要向兵部呈遞逃牌，督捕衙門即根據此逃牌將逃人姓名，年齡，籍貫，特徵，及其家中父母，妻子姓名送至逃人原籍地方拏解，再押送來京審理❹❹。如家主沒遞逃牌，其家逃人經地方查出或給督捕衙門拏獲者，其家主責二十七鞭❹❺。人民拏解逃人一名者賞銀二兩，本家人拏獲者免議❹❻。

順治初年多以兵部督捕衙門審理逃人為最後的判決，愈往後期愈慎重，督捕衙門審理後再送刑部審理，甚至由三法司會審的。會審後即呈皇上，如發現疑問亦可退回復審，或逕自批判者。但不論督捕衙門審理或刑部審理，甚至三法司會審的逃人案件，均以督捕逃人律例為依據，對條文本身一點也不能更改，實無補於時弊。兵部督捕衙門審理逃人案，由左右督捕侍郎各一人，左右理事各一人，副理官，主事各一人會審，但實際審理案件者則為理事官。刑部則由刑部尚書二人，左右侍郎各二人，司理事官，副理事官各一人，主事一人，實際審理案件者為侍郎與理事。

三法司會審，刑部則有尚書二人，左右侍郎各一人，司理事二人，署司事員外郎一人，都察院則有參政一人，左副都御史一人，大理寺則有寺郎一人，左理官一人。有的案件之審理則又有滿洲郎中一人參加。有關逃人案件之審理，在檔案中大致如此。

結語

「土地」、「人口」、「資本」為農業社會的財富，尤其在戰後的農村，人口傷亡離散，田園荒蕪，「勞力」更為重要。本文所討論之「逃人」問題，即本此觀點來看旗人不事生產靠奴隸眷養的情形。太祖，太宗時為了解決旗人「披甲當兵」不事生產的問題，乃准八旗士兵大量畜奴，故畜奴是女真人在軍事發展過程中的重要「經濟政策」之一；而此政策實施之成功則有賴於「俘虜」與遼河東西「沃野千里」、「有土無人」的環境。順治年間在近畿的圈地亦為此種政策之延伸，但結果卻失敗，其關鍵仍在經濟社會問題未能有效解決。

畿輔一帶雖因戰亂殘破不堪，人口流散，但尚未至荒地千里無人居住的程度，故圈「民地」即為擾民的秕政，不如太祖，太宗時關外的開發既解決了人口過剩——俘虜過多的問題，又達到以農業生產來支持戰爭的目的。

旗人入關後仍本著不事生產的傳統圈地後用奴隸耕種，清廷為了維護他們既得的利益，不惜以殘酷不合理之嚴刑峻法懲治「窩逃」以防奴隸之逃亡。這種高壓政策並未發生效果，實因戰後農村對「勞力」的需求，奴隸逃出後仍可傭工度日，而鄰佑十家之流徙關外也為宣洩「人力」的地方，故督捕令雖嚴，仍不能制止逃亡！亦不能使人畏而不敢窩逃！當然「鄉土」使奴隸易起逃亡之念，而窩主也易為「血緣紐帶」等故舊之情所動！以家族為單位是我國社會的特色，「法」、「制」之訂立莫不直接間接與此有密切關係。當督捕法令雷厲執行時並未掀起「反抗」，除與連坐罰有關外，主要的還是經濟問題的解決。強制的移民實邊不止使關外開發，更是達成「充分就業」，化憤怒、反抗為生產力的有效方法之一。就督捕法令講是完全失敗了，但收效於關外的移民與屯墾！收效於滿漢民族的融合！這那裡是清廷所指望的?!

就長遠點講八旗內的奴隸生產制，養成旗人「不農，不工，不商」的依賴性，遂至喪失「謀生能力」，而承平日久人口增加，貿易盛行，貨幣流通後，此一奴隸生產制也逐漸崩解，代之而起的是一種「僱主」與「傭工」，地主與佃農的關係。可見無百世不變之成法，亦無「救萬世」之良藥！

後記

本文初稿成後，承李光濤師、黃彰健師、許倬雲師、陳槃厂師審閱，並提供許多寶貴意見，又蘇同炳先生慨然借閱其辛勤整理之檔案，使本文得以完成，統此敬致謝忱。

附錄

以下二件檔案為證明八旗士兵普遍畜奴人數之重要史料，因文長故附本文後，以供對奴隸制度有興趣者參考：

刑部尚書任濬……本部送准山東巡撫耿焞……內開順治十一年八月初五日據萊州道參政田起龍呈稱七月十三日據平度州申稱本年七月四日蒙本道發下蒙山東巡撫耿焞案驗准兵部督捕咨督捕司案呈廂黃旗陳泰固山額兒格兔牛彔下逃人男婦一〇八名口，馬三匹，牛驢共四二隻，逃在萊州府平度州所管五村。今有同逃偏我回來報稱：「額兒格兔牛彔下逃人王有功、栢朴四、任善宰、邵二、索爾好、小顧四、金賽、王木匠、小四子、石兒庫、王大、王小二、三兒共漢子十三名、又老婆孩子十四名口、馬三匹、牛八隻、驢三頭逃到萊州府平度州廷口村木城關唐相公家居住，以上俱是牛彔章京兒格兔家人。」

又達兒虎家逃人庚特、沈陽、海住、時小廝、塞四、周五、費大禮、金官、大小使、二小使、陳大共漢子十三名，又老婆孩子十名口，牛五隻，驢一頭逃到平度州停蘭秋村窩住。

又索木託拏格式家逃人八哈塔，小曲兒、陳大、跟曲兒共漢子四名，又老婆孩子共九名口，牛三隻，驢三頭俱在趙家莊窩住。

又吳八海敘殺喇家逃人葛大，洪來四、董三、劉四共漢子四名，又老婆孩子四名口，牛三隻，俱逃在許家莊窩住。

又二格兒家逃人五兒家七、費陽谷、三兒、張土四共漢子四名，又老婆孩子六名口，牛二隻，驢一頭，俱逃在彭家房窩住。

又葛大洪計三家逃人鄧行章、鄧行亮、張三、高大、曹鑾子、一哥、四哥、小六、老六、蟒牛共漢子十名，又老婆孩子共十七名口，牛十一隻，驢二頭。

又將各逃人訊問，格小曲兒供稱小的是廂黃旗陳泰固山額兒格兔牛彔下在京南河間北梁安屯。連年水潦，糧米高貴，小的是山東人，見年歲饑荒，隨於上年正月十八日同八哈塔，王木匠先來是實，他眾人見小的走，隨後陸續都來，俱作北直人話語，改變了頭腳，又認得木蘭關送在各莊居住，因此地方人等都不求稽查。

又問各莊逃人出屯日期，據眾逃人供稱：小的俱係一旗牛彔下，同在北梁屯作農，因遭水災，隨各人逃走就食，年前年後來到，俱說流移難民，曾經換查幾次，鄉人不敢盤詰。（檔案281.14 0-14 ✓1 0164）

刑部尚書圖海等謹題為殺人劫財事，浙江清吏司案呈奉本部送刑科抄出，准盛京昂邦章京葉克書咨前事。內開鑲白旗包衣拉庫牛彔下馬庫禮家人徐六夫妻、趙三夫妻、老卓夫妻。牛彔章京拉庫家人王三、張二夫妻、趙二夫妻、老二夫妻、田大夫妻、小五兒、小平兒兩個小子、劉大姐、四姐兩個婦人，這八個男人，兩個小子，並九個女人共十九人於六月廿一日離家逃走，王三、老二、徐六、張二這四人復轉回家，將本家的莊頭滿極大夫婦並他姊姊殺死三人，拏去銀卅兩，錢三千、毛青布一匹、深藍布二匹……（檔案281.15 0-12 0236）

註釋

❶《天聰朝臣工奏疏》卷下頁一九：楊明顯天聰九年上言「漸次圖明」招民屯田寧錦附近地方。

❷參拙著《清朝初期的八旗圈地》第一章第四節及第三章第二節。

❸本文附表中曾列舉二件有關逃人之檔案，知廂黃旗一牛彔下八家逃人共男子四八人，平均每家畜奴六口，再加上

奴隸的家屬八家共六十口，平均每家七口，則一個八旗牛彔下章京或士兵之畜有男女大小奴隸當在十三、四口之多，這個數字實在驚人！廂白旗包衣拉庫牛彔下二家逃亡奴隸男八口，妻子婦女十一口，共十九口來計算，則八旗牛彔下的一個章京或士兵之畜有奴隸亦在八、九口之數。由此證明順治十一年林起龍言八旗士兵帶奴隸出征：「部落有帶六、七人者，有帶三、四人者」之數字並非虛言。

❹《八旗則例》卷一二頁一二：「駐防兵丁，實在並無家人者，具呈該管官，查明確實，出具保結，許其買人，不得過二名。」

《欽定八旗中樞政考》卷一六頁二七：「駐防各官，如果無家人使用，准呈明該管官，由該管官查明屬實，出具保結，該管官大臣咨明地方官，查係民人情願賣給者，始准收買，仍不得過四名。」

❺《聖祖實錄》卷一〇八頁一七，康熙四十一年五月，山西道御史劉子章疏言：「各省官員赴任者，攜帶奴婢多至數百人，衣食之費，皆取於所屬官民，為累不少，請嚴加裁汰，制為定數。應如所請，凡外任官員，所帶奴僕限五十人，藩臬限四十人，道府限卅人，同知，同判限廿人，州同，縣丞以下限十人。所帶奴婦，女婢，亦不得過此數。至旗員任邊疆之事，非漢官可比，旗下督撫家口，不得過五百名，其司道以下等官，視漢官所帶家口，准加一倍。」

❻太宗曾數次率軍直入長城搶掠財貨人口，今舉崇德四年三月侵入長城的路線。《太宗實錄》卷四五頁二三，左翼多爾袞疏言：「臣等率兵，毀明邊關而入，兩翼兵約會於通州河西。由此邊過燕京，自涿州分兵八道，一沿上下

，一沿運河於山河中間，縱兵前進，燕京迤西千里內六府俱蹂躪，至山西界而還。復至臨清州，渡運糧河，攻破山東濟南府，至京南天津衛……克城州四座，降者六城，敗敵十七陣，俘獲人口二五七八〇口。」右翼杜度疏言：「臣等從明燕京，西至山西界，南至山東濟南府，蹂躪其他，共克十九城，降者二城，敗敵十六陣，俘獲人口二〇四四二三口。」

❼《皇清奏議》卷七頁一三。

❽《寄簃文存》卷一頁一五：「禁革買賣人口變通舊制疏。」

❾《有懷堂文集》卷八頁一五。

❿《聖祖實錄》卷四二頁一七：「禁止八旗包衣佐領下奴隸隨主殉葬。」

⓫檔案281.14 0-04 00/0：「刑部尚書吳達海等謹題為拐逃東婦事四川清吏司案……審據劉配世係陝西三原縣人，供稱有女大姐於順治二年正月廿一日被東兵帶來分與正黃旗哈愷牛彔下葉格色為婢，配世於本年四月初十日到京尋著伊女大姐就在葉格色家住歇，因葉格色往南出征見得家中無人，配世就不合將女大姐並使女二姐於二年八月內拐逃帶回本家……」

⓬參照❹。從鑲白旗包衣拉庫牛彔下八家奴隸逃亡一〇八人來看，可知耕種旗人田土的奴隸，其住處一定與主子家有一段距離，不然何至攜帶農具，牛馬逃走而不被主人立即發覺？

⓭《皇清奏議》卷八頁一。

⓮《世祖實錄》卷二七頁七。

⓯《世祖實錄》卷五九頁二十一：「順治八年，官兵民人等有犯除謀反叛逆……十惡等真正死罪不赦，又隱匿滿洲逃人，照例治罪……其餘自順治八年八月廿日昧爽以前，已發覺，未發覺，已結正，未結正，咸赦免之。」

⓰《大清律例通考》卷二〇頁一，刑律盜賊中：「凡竊盜已行，而不得財笞五十免刺但得財（不論分贓不分贓）以一主為重，併贓論罪。為重者（各指上得財不得財言）減一等，以一主為重，謂如盜得二家財物，從一家贓多者科罪并贓論。謂如十人，共盜得一家財物，計贓四十兩，雖各分得四兩，通算作一處，其十人各得四十兩之罪。造意者為首，該杖一百，餘為從各減一等，止杖九十之類，餘准此。……」

⓱《世祖實錄》卷一〇二頁三順治十三年六月：「更定督捕事例三欵：旗下人逃走者，各旗俱用信投遞逃檔，各督捕所屬官，有因逃人革職一員至四員者，巡撫罰俸九個月，至五員降一級留任。革職一員至九員者，總督罰俸九個月，至十員降一級留任。其督撫降至三級應調用者，均免其調任。巡撫查解逃人五十名者，記錄一次，一百名者，功過相抵，復一次。二百名者，復一級。總督查解逃人一百名者記錄一次，二百名者復一級，四百名者復二級，照此多解者，俱功過相抵。巡撫所屬官，有革職一員至四員者，巡按罰俸九個月，至五員降一級留任，其降三級者調用。查辦逃人五十名者，記錄一次，一百名者，加一級。」

《世祖實錄》卷一一七頁一二順治十五年五月：「州縣官查解逃人至十五名者，加一級，卅名不論俸滿即陞。不屬府屬之州，照知府例。道官四十五名者，加一級，九十名，不論俸滿即陞。巡撫七十名，記錄一次，一百五十名加一級，三百名者，加二級。總督一百五十名者，記錄一次，三百名者，加一級，六百名者，加二級。解多者，照數例加，仍准功過相抵。其鹽運司運使照道員，分司照知府，鹽場官照典史例。內外錢局中，布政照道員，主事照知府，同知照知縣例。窯場中該管官照知府例。其捕盜同知通判，州吏目，縣典史等官，俱照各掌印官例。州縣解逃人十五名後，地方窩逃一人者，功過不准相抵，仍革職。其知府以上，總督以下等官，罰俸降級，俱照先例。巡按所屬，解逃五名者，記錄一次，一百五十名者，加一級，至營伍等官，功過俱照文官例。」
《世祖實錄》卷一二一頁五順治十五年十月：「更定巡撫巡按所屬地方，查解逃人十五名者，加一級，十五名以上，三百名以下，亦止加一級，至三百名者，加二級。」

⑱《聖祖實錄》卷一四頁二康熙四年正月諭兵部督捕衙門。

⑲《世祖實錄》卷九〇頁四順治十二年三月諭兵部。

⑳同上。

㉑同上，卷八六頁一。

㉒《世祖實錄》卷二頁四順治三年五月。

㉓《兼濟堂文集》卷九頁一〇，查解宜責州縣疏。

㉔《世祖實錄》卷一二九頁一七：「陝西、湖廣、四川、江南、江西、福建、廣東、廣西、雲南、貴州、所獲逃人，著令遞解，批文限定日期，如經過地方，選差不慎，鈕鎖不嚴，以致脫逃，查參革職，違限者該衙門查參。」

㉕《皇清奏議》卷七頁一三。

㉖《世祖實錄》卷八四頁三。

㉗在附表一七八件檔案中，窩主，鄰佑，逃人在監病故的有十起，可見劉餘佑之奏章實深切時弊，並非虛言。

㉘《皇清奏議》卷五頁二。

㉙《世祖實錄》卷八六頁一。

㉚參照❹：廂黃旗陳泰固山額兒格兔牛彔下一〇八人逃往萊州府平度廷口村木城關一案。

㉛《皇清奏議》卷八頁一二。

㉜同上，卷六頁一。

㉝《魏文毅公奏疏》詳陳救荒之政疏。

㉞《寒松堂文集》卷二頁四四。

㉟《愛日堂文集》卷二頁四四。

㊱《世祖實錄》卷九〇頁三。

㊲《世祖實錄》卷一一六頁一一。

㊳同上，卷八五頁二二順治十一年七月。

㊴同上，卷一一七頁一三。

❹⓿《聖祖實錄》卷一三頁二二。

❹❶《聖祖實錄》卷二二頁一八。

❹❷同上，卷一四頁二。

❹❸檔案281.14 0-12 ✓1 0164：「刑部尚書任濬等審理廂黃旗陳泰固山額兒格兔牛彔下逃人一〇八名案。」

❹❹檔案281.14 0-05 ✓2 0048：「淮揚巡按李胤嵒為查獲東人，謹具奏聞事案照准巡按山東試監審御史金廷獻移牒內稱：照得逃出家人李化龍、改名李大，年約四十歲、身長，大漢子，原籍江南鳳陽府亳州地方盧家店孤家庄住人。父是李文香、母李氏、妻高氏、孫氏等到職。」

❹❺檔案281.14 0-12 ✓2 0083：「逃人之主布沿兒未遞逃牌。應責廿七鞭，念獲赦前，相應免責。」

❹❻檔案281.14 0-12 ✓2 0074：「給與拏獲逃人之人犒例銀二兩等因。」
檔案281.14 0-12 ✓2 0076：「本家人拏獲例應不給犒例銀。」

12 清高宗纂輯四庫全書與禁燬書籍

搜訪遺書與纂輯四庫全書

清高宗曾受中國傳統儒家思想教育，熟讀經史，深受帝王文治思想影響。乾隆朝更是繼康、雍二朝之餘緒，而為清代的極盛時期。復以漢學興起，研究經史，考訂古籍，蔚成風尚，故高宗御極之初，即曾搜訪遺書。及至中葉，更措意於整理典籍，期以文化力量之深遠影響，為長治久安的大清皇朝奠定堅實的基礎。乃於乾隆三十七年正月初四日，命中外蒐輯群書。其搜訪遺書的標準，「其歷代流傳舊書，內有闡明性學治法，關繫世道人心者，自當首先購覓。至若發揮傳注，考覈典章，旁暨九流百家之言，有裨實用者，亦應備為甄擇。又如歷代名人，洎本朝士林宿望，向有詩文專集，及近時沉潛經史，原本風雅，如顧棟高，陳祖范、任啟運、沈德潛輩亦各著成編，並非勦說扈言可比，均應概行查明」。當然「坊肆間所售舉業時文，及民間無用之族譜、尺牘、屏幛、壽言等類。又其人本無實學，不過嫁名馳騖，編刻酬倡詩文，瑣碎無當者」，均是乾隆皇帝認為沒有價值搜訪的書籍❶。

清高宗於乾隆三十七年正月初四日，詔諭蒐訪群書，至是年十月十七日，「今幾近匝歲，曾未見一人將書名錄奏，飭辦殊為延緩」，「為大吏者，果能及時率屬，加意搜羅，自當有求必應，何至閱時既久，裒集無聞？或各督撫等因前後適遇調任受代，因循未及悉心董率？又或疑陳編故冊，非如民生國計，為刻不容緩之圖，因以奉行俱文，徒致往返遲滯？此在遠僻省分，一時或難於薈萃？至如近畿之北五省，及書肆最多之江浙地方，又復從前藉口，甚非所以體朕念典勤求之至意」❷。

事實上，綜觀清高宗蒐輯群書之詔諭，實在不夠具體，其搜訪遺書只是一些原則，沒有明確的標準與體例可以遵循，使臣下無所適從，一時之間不知如何辦理。故河南巡撫何煟「以書籍無關政要」，「草率塞責」，遺漏其籍隸河南「平素究心理學」之胡煦「著述」❸。奉天府尹博卿額甚至「將魏樞等所著書目」，「勉強摭拾」進呈，「聊以塞責」，「實屬拘泥無謂」❹。直至安徽學政朱筠提出訪求遺書的四條具體意見，其訪求遺書之原則與標準，及纂輯《四庫全書》的體例，才大致有一輪廓❺。

朱筠所提採訪遺書的四點意見，經軍機大臣大學士劉統勳等議奏後，而為清高宗所採納❻。尤其是朱筠等奏請以翰林院所藏前明《永樂大典》及內府所藏與武英殿刊刻諸書為基礎，「擇其中若干部，分別抄錄繕寫」，並「請先定中書目錄，宣示外廷，然後各舉所未備以獻」，更是具體可行，不須俟各行省地方獻書後即可著手進行之工作。於是蒐輯群書遂奉旨先從校核《永樂大典》開始，乃以翰林院衙門內迤西房屋一區，「作為辦事之所」，並「於翰林等官內，擇其堪預分校之任者，酌選三十員耑司查辦」，又「派軍機司員一二員，作為提調典簿廳等官，作為收掌，常川在署經理催趲」❼。其後更「添派王際華，裘曰修為總裁官，即會同遴簡分校各員，悉心酌定條例」❽。清高宗於乾隆三十八年二月二十一日並諭令「將來辦理成編時，著名四庫全書」，「辦理四庫全書處」於是成立，開始了纂輯《四庫全書》的工作❾。

原《永樂大典》共二萬二千九百餘卷，一萬一千九十五冊。惟現藏於翰林院者止存九千餘本，約缺一千餘本，較原本少十分之一，不知何時散佚❿。「經詳加別擇校勘，其世不經見之書，多至三四百種」⓫。其後纂輯《四庫全書》，得之（永樂）大典中者五百餘部，皆世所不傳⓬。據此則《永樂大典》中不經見之書增加了百餘種，此或與時任兩江總督高晉等人奉諭後留心體訪搜求收買流播散落坊林或民間的《永樂大典》之殘編賸帙有關⓭。或云《永樂大典》在明季即有散佚，無法訪求⓮。惟《四庫全書》告成，得自《永樂大典》者，凡經部六十六種、史部四十一種、子部一百三種、集部一百七十五種，共三百八十五種四千九百二十六卷⓯。

至校核《永樂大典》之工作，據辦理四庫全書處諸臣奏報：「《永樂大典》內所有各書，現經臣等率同纂修各員逐日檢閱，令其將已經摘出之書，迅速繕寫底本，詳細校正後，即送臣等復加勘定，分別應刊應抄應刪三項。其應刊應抄各本，均於勘定後，即赶繕正本進呈。將應刊者即行次第刊刻，仍均仿劉向、曾鞏等目錄序之例，將各書大旨及著作源流詳悉考證，詮疏崖略列寫簡端，並編列總目以昭全備。即應刪者，亦存其書名，節敘刪汰之故，附各部總目後。」

至「內廷儲藏書籍及武英殿官刻諸書，先行開列清單，按照四部分排，彙成副目。此外或有向係通行並非應訪遺書，而從前未歸插架者，亦應查明開單，另為編錄。至於纂輯總目，應俟《永樂大典》採撮完竣，及外省遺書開送齊全後，再行彙辦進呈」⓰。

至「官刻各種書籍及舊有諸書先行陸續繕寫」之工作，「凡各應寫各書，俱於每卷首行，寫欽定《四庫全書》卷幾萬幾千幾百幾十，下註經部史部字樣。次行方寫本書名目卷次，但首行卷數，此時難以預定，謄寫時暫空數目字樣，統俟編輯告成後再行補填，於排纂體例，方能井然不紊」。「應寫全書，現貯武英殿者居多，所有分寫收發各事宜，應即就武英殿辦理。其未經發寫之前，有舊刻顯然訛誤，應行隨處改正。及每卷繕竣後，須精加校對」⓱。

總之，蒐訪群書以纂輯《四庫全書》之工作，在各省尚未進獻書籍之前，即已開始。隨著工作之浩繁與需要，而有正副總裁，總纂，纂修或總校，提調，校對及謄錄等諸職銜，分層分工負責纂輯《四庫全書》之工作。尤其校對及謄錄人數之增加，使四庫全書處形成一組織龐大，人員眾多的機構⑱。但截至辦理四庫全書處成立時止，「各省採訪遺書，奏到書單，寥寥無幾，且不過近人解經論學詩文私集數種，聊以塞責」⑲。「江浙人文淵藪，其流傳較別省更多」。「從前藏書最富之家，如崑山徐氏之傳是樓，常熟錢氏之述古堂，嘉興項氏之天籟閣，朱氏之曝書亭，杭州趙氏之小山堂，寧波范氏之天一閣，皆其著名者。餘亦指不勝屈，並有原藏書目，至今尚為人傳錄者，即其子孫不能保守，而輾轉流播，仍為他姓所有。第須尋原竟委，自不至湮沒人間。縱或散落地方，為之隨處蹤求，亦不難於薈萃」⑳。「又聞蘇州有一種賈客，惟事收賣舊書，如山塘開舖之金姓者，乃專門世業，於古書存佚原委，頗能諳悉。又湖州向多賈客書船，平時在各處州縣，兌賣書籍，與藏書家往來最熟。其於某氏舊有某書，曾購某本，問之無不深知，如能向此等人，善為諮詢，詳加物色，因而四處借鈔，仍將原書迅速發還，諒無不踴躍從事」㉑。何至經一年二月餘之時間，奏到書單仍如此「寥寥」㉒。

各行省遲遲進獻遺書，固為「此必督撫等視為具文，地方官亦第奉行故事」。「所謂上以實求，而下以名應，殊未體朕殷殷諮訪之意」㉓。但其最重要的原因則為避禍。蓋自雍正朝大興文字之獄後，查嗣庭、汪景祺、呂留良等因其詩文日記「謗訕譸張，大逆不道」而獲罪。乾隆二十年胡中藻之詩獄，更屬以「莫須有」之談，而竟構成大獄㉔。故藏書之家，恐書中有「忌諱字面」或「誕妄字句」，而裹足觀望不前。而督撫等更心存「疑畏」，不敢「經手彙送」遺書。清高宗乃諭令人文淵藪之兩江等地方督撫恪遵其旨意，「實力購覓遺書」㉕，並於上諭中明言即使書中有忌諱或誕妄字句，「亦不過將書燬棄」，與藏書之人無干涉，並不加罪，而督撫等經手彙送，更無關礙，且以「辦事光明正大，可以共信於天下」作保證，絕不藉「訪求遺書，而於書中尋摘瑕疵，罪及收藏之人」。何況只是借書抄錄，將來仍發還原書，與藏書之人無損。如此則各地方督撫及藏書之家即無所疑懼，當不必「畏首畏尾」而踴躍進獻藏書。「若仍前疑畏，不肯盡出所藏，將來或別露違礙之書，則是有意收存，其取戾轉大」。故兩江總督高晉等於接奉上諭不到一月之時間，就奏到續採書單，將商人馬裕家內書籍，開列目錄，揀出一百三十三種，以六十八種發蘇州書局校勘。其六十五種，在揚州就近檢查解省。又揀出六十二種，開單一併借出㉖。其後浙江藏書家「鮑士恭等呈稱，願以家藏舊書，上充祕府，計共一千九百餘種，先繕書目進呈」㉗。藏書家「天一閣後人范懋柱等，俱呈請抒誠願獻藏書」㉘。在不到三月之時間，「浙江江南督撫及兩淮鹽政等奏到購求呈送之書，已不下四五千種」，實「屬踴躍奉公」㉙。凡進到書目，均交四庫全書處校勘查辦。現今所有內府舊藏，並《永樂大典》內檢出各種，及外省進到之書，「

計不下萬餘種，自昔圖書之富，於斯為盛」㉚。這些書籍，基本上包括了乾隆以前中國古代的重要著作，尤其是元代以前的書籍收輯更為完備㉛。乃於此時「特詔詞臣」，除纂輯《四庫全書》外，更纂輯《四庫全書總目》及《四庫全書薈要》二書㉜。

至次年五月，清高宗以江浙等省藏書家既踴躍呈獻書籍，而「廷臣中亦有紛紛奏進者」。為了擴大影響力，使「所有古今載籍」，「及時蒐羅大備」，乃下詔訂立獎勵辦法，以為稽古藏書者勸。凡呈進書目至五、六、七百種者，如浙江鮑士恭、范懋柱、汪啟淑，江蘇之馬裕等四家，著賞《古今圖書集成》一部。凡進書一百種以上如江蘇周厚堉、蔣曾瑩，浙江吳玉墀、孫仰曾、汪如瑮，及朝紳中黃登賢、紀昀、勵守謙、汪如藻等，每人賞給《佩文韻府》一部。其進書百種以上，令擇其中精醇之本，清高宗親為評詠題識簡端。復命將進到各書於篇首用翰林院印，並加鈐記，載明年月姓名於面頁。其已經題詠諸本，並令四庫全書館先行錄副，將原書發還，俾收藏之人益增榮幸」㉝。「其一人而收藏百種以上者可稱為藏書之家，即應將其姓名附載於各書提要末，其在百種以下者，亦應將由某省督撫某人採訪所得，附載於後」㉞。

在清高宗誘掖、威脅與獎勵之下，各省督撫及藏書之家競獻書籍。兩江總督高晉於乾隆三十八年九月半月內，就曾兩次奏報購得遺書事。據其九月初一的奏報：「所有疊次借抄，價買，并各屬送到之書籍」，「覆加查核，刪其重複，去其淺陋，選其可以列入經、史、子、集，足備採擇者計共一百種」㉟。九月十五日又續購遺書：「數月以來，宣播明詔，廣為蒐羅，雖江淮等處藏書遠遜於蘇松，而紳士感沐聖主右文雅化，即冊籍無多，莫不踴躍爭先，各出所有，呈送採擇」，「閱其書名，頗有唐宋祕冊，或於經史有裨。至於藝術一門，古史均為列傳，附於子部，亦應恪遵上諭一併採取，共計得書一百四十種」㊱。除兩江總督奏報外，江西巡撫海成奏報續得「堪選之書一百一十部」㊲。江蘇巡撫薩載奏報續購書目：「計蘇松各屬先後購得遺書共一千五百二十餘種」外，其「堪以備選者，計又得書共二百五種」㊳。凡各地方蒐羅採購之書籍，均由督撫等「委員解送四庫全書處交收，聽候採擇」㊴。

原江浙為人文淵藪，珍藏遺書甚多，為了蒐集群書，特設立蘇州書局及江寧書局分別專事蒐羅遺書之事。至「僻處邊儌」或文化較為落後之省分，如貴州雲南等省，因書籍較少，不須另為設立書局，則由「布政使及其所屬各府廳州縣及各學教官」負責蒐羅書籍。至乾隆三十八年十一月十七日，貴州巡撫覺羅圖思德即奏覆「黔省並無遺籍可採」㊵。

按各省所繳之書，有自行購進及藏書家呈獻兩項。在自行購進者中又分「用價購得者及借本抄謄者，從前各屬多係籠統送繳，並未逐部詳細註明」，清高宗乃於乾隆四十二年六月二十九日，傳諭各督撫將所繳之書，「自應分別開單奏明，交館查核，將購進者留貯，呈獻者發還，以省既發復繳跋涉之勞」㊶。茲就故宮博物院現藏之宮中檔案史料，將各行省自乾隆三十八年起至四十二年止，呈獻遺書數，分別分類表列於後，以見各行省呈獻遺書之情形。

省分	收繳次數	購得及借鈔	呈獻	共計	史料出處	備註
江西	十一	三一六	七二一	一〇三七	三二二〇五	乾隆四二、八、二日巡撫海成奏
山西		五七	三一	八八	三二二四九	乾隆四二、八、六日巡撫巴延三奏
浙江		一九九一	二六〇九	四六〇〇	三二二四八	乾隆四二、八、四日巡撫三寶奏
湖北		三七	四七	八四	三二二八七	乾隆四二、八、一〇日巡撫陳輝祖奏
江蘇	十一	一〇九四	六三二	一七二六	三二二七八	乾隆四二、八、一〇日巡撫楊魁奏
安徽	四	一四〇	三七二	五一二	三二六二四	乾隆四二、九、二二日安徽巡撫閔鶚元奏
江淮揚徐海通		三八三	九九一	一三七四	三二三一六	乾隆四二、八、一七日兩江總督高晉奏
雲南	一	四	四	四	三二三七二	乾隆四二、八、二二日雲南巡撫裴宗錫奏
福建		一九六	一七	二一三	三二三六四	乾隆四二、八、二二日署巡撫鐘音奏
湖南		三一七	三六	四六	三二四一四	乾隆四二、八、二四日巡撫顏希深奏

附註：

一、本表係故宮所藏乾隆朝十件宮中檔編成，其他如直隸、山東、河南等省之奏摺則缺少。

二、搜繳遺書之次數見於奏摺中只有江西、安徽、江蘇及雲南等省。

三、購得及借鈔原分二項，只湖南一省分二項奏報，其他省則合併奏報。

四、由各省藏書之家自願呈獻書籍之種數，與各省自行購得及向藏書家借鈔之書籍種數，亦可窺見該省之文風與教育情形。

五、史料出處則係故宮所藏乾隆宮中檔之編號。

六、本表與郭伯恭著四庫全書纂修考據涵秋閣抄本進呈書目所編各省進書種數略表，大體吻合。

七、江浙為人文淵藪，文教高於他省，進呈書籍種數最多，他如雲南僻處邊隅，紳士見聞孤陋，絕少遺書，於本表中得以證明。

八、據本表不全之史料，各省呈獻遺書數共九六八四種。

查繳銷燬違礙書籍之標準與文字之獄

清高宗在上諭中既明言即使書中有「忌諱」或「妄誕」字面，與藏書之家無干涉，與督撫等更無關礙。故自乾隆三十八年五月至三十九年八月，各省進到書籍，又有增加，已「不下萬餘種」㊷。其中「忌諱」或「妄誕」之書籍一定不少，只是各地方督撫及藏書家不知何者為「忌諱」、「妄誕」而已。因「忌諱」或「妄誕」等辭意含混，泛指一般，到底那些書籍屬於「忌諱」之類？那些書籍是「妄誕」？此一尺度實難斷定！尤其是在帝王集權專制達於極點的乾隆時代，皇權高漲，臣下之地位與之相比則日見卑微。故臣下不敢有所作為，而地方督撫等對查繳「忌諱」、「妄誕」書籍，更是無所適從，不敢擅作主張，唯恐因「文字之獄」而見罪。清高宗乃於乾隆三十九年八月初五日諭軍機大臣等，明令規定查繳「違礙」、「妄誕」書籍之標準，凡明季詆毀清朝之稗官野史均應查繳銷燬。其上諭云：

明季末造，野史甚多。其間毀譽任意，傳聞異詞，必有詆觸本朝之語。正當及此一番查辦，盡行銷燬，杜遏邪言，以正人心而厚風俗，斷不宜置之不辦。此等筆墨妄議之事，大率江浙兩省居多。其江西閩粵湖廣亦或不免，豈可不細加查核？高晉、薩載、三寶、海成、鐘音、德保，皆係滿洲大臣。而李侍堯、陳輝祖、裴宗錫等亦俱係世臣。若見有詆毀本朝之書，或係稗官私載，或係詩文專集，應無不共知切齒！豈有尚聽其潛匿流傳貽惑後世？不知各該督撫等查繳遺書時，於此等作何辦理？著即行據實俱奏。（《清高宗純皇帝實錄》卷九六四頁十，乾隆三十九年八月丙戌）。

為了使查繳「忌諱」、「誕妄」書籍能順利進行，又重申前旨：「著傳諭該督撫等於已繳藏書之家，再令誠妥之員前往明白傳諭：如有不應留存之書，即速交出，與收藏之人並無干礙。朕凡事開誠布公，既經明白宣示，豈肯復事吹求？若此次傳諭之後，復有隱諱存留，則是有心藏匿偽妄之書，日後別經發覺，其罪轉不能逭，承辦之督撫亦難辭咎。但各督撫必須選派妥員，善為經理，毋得照常通行交地方官，辦理不善，致不肖吏役藉端滋擾。」㊸

兩江總督高晉，江蘇巡撫薩載，浙江巡撫三寶，江西巡撫海成，閩浙總督鐘音，安徽巡撫裴宗錫，兩廣總督李侍堯，廣東巡撫德保等均於接奉上諭後，遵旨據實奏覆辦理經過㊹。

兩廣總督李侍堯奉上諭後，即嚴飭各州縣查辦忌諱書籍，於南海、番禺二縣查出屈稔湞等私藏逆犯屈大均各種書籍，請旨將屈稔湞、屈昭泗等問擬斬決㊺。清高宗以「辦事光明正大」，「不肯以訪求遺籍，罪及收藏之人」，再次重申前旨，免屈稔湞等罪。其上諭云：

屈大均悖逆詩文，久經燬禁，本不應私自收藏。但朕屢經傳諭：凡有字義觸礙，乃前人偏見，與近時無涉。其中如有詆毀本朝字句，必應削板焚篇，杜遏邪說，勿使貽惑後世。然亦不過毀其書而止，並無苛求。朕辦事光明正大，斷不肯因訪求遺籍，罪及收藏之人。所有粵東查出屈大均悖逆詩文，止須銷燬，毋庸查辦。其收藏之屈稔湞、屈昭泗亦俱不必治罪。並著各督撫再行明切曉諭：現在各省，如有收藏明末國初悖謬之書，急宜及早交出，概置不究，并不追問其前此存留隱匿之罪。今屈稔湞、屈昭泗係經官查出之人，尚且不治其罪，況自行呈獻者乎？若經此番誠諭，仍不呈繳，則是有心藏匿僞妄之書，日後別經發覺，即不能復為輕宥矣！朕開誠布公，海內人民咸所深喻，各宜仰體朕意，早知猛省，毋自貽悔，將此通諭中外知之。（故宮博物院藏上諭檔，乾隆三十九年十一月初九日。）

雖然清高宗一再傳諭各督撫，明令規定查繳違礙書籍，不罪收藏之人，並「准其自行首出，仍不加之罪愆」。甚至威脅，「若再隱匿不繳，後經發覺，即治以有心藏匿之罪，必不姑寬，並於該督撫是問」。其主要目的即期藏書之家，「各宜仰體朕意，早知猛省」，盡獻所藏違礙書籍。但「所繳尚覺寥寥，其勢似未能遍及」。究其原因，除各督撫及藏書之家懼禍，「畏首畏尾」不肯獻出違礙書籍外，尚有客觀之困難存在。因「村僻愚民，本不知書，而家藏斷簡遺編，或涉不經。更有讀書舊家，子孫零替，其敗笥殘篋中，不無違礙書籍，而目不識丁，雖出示收繳，亦難必其盡獻」。故江西巡撫海成即「傳集地保，逐戶宣諭，無論全書廢卷，俱令呈繳，按書價以倍價，俾盡行繳出，以便分別辦理」。清高宗以「海成所辦較為周到，且又不致煩擾，各省自可仿而行之」㊻。

即令有客觀之困難，為何兩廣總督李侍堯能於粵省查出屈大均詩文，而兩江總督高晉，江蘇巡撫薩載，浙江巡撫三寶等反奏稱查無違礙之書。江浙為人文淵藪，筆墨詆毀之事甚多，不應江浙等省轉無明末國初存留觸礙書籍之理？故清高宗藉免屈稔湞等罪之事，再行宣示。其上諭云：

據李侍堯等奏，查出屈大均悖逆詩文，粘簽進呈銷燬，並請將私自收藏之屈稔湞等

按律治罪一摺，已明降諭旨，將屈稔湞、屈昭泗免其治罪，止將其書銷燬，並再行宣示，令各省及早呈報，各該督撫等務當實力妥辦。前此諭令各督撫，遍行曉諭：如有收藏違礙之書，即及早交出，免其治罪，並以此等筆墨詆毀之事，大率江浙兩省居多。其江西閩粵湖廣亦或不免，因指名交各督撫留心查辦。乃高晉、薩載、三寶皆覆奏稱查無違礙之書。今李侍堯等既從粵省查出屈大均詩文，不應江浙等省轉無明末國初存留觸礙書籍？豈高晉等辦事不及李侍堯之實力乎？抑江浙各藏書之家尚不能深喻朕意乎？著傳諭各督撫，再行明白曉諭，此時即速呈獻，尚不為晚，不過將不應收藏之書，盡行銷燬，杜遏邪言，以正人心而厚風俗，何可稍予觀望，自貽伊戚乎？若再隱匿不繳，後經發覺，即治以有心藏匿之罪，必不姑寬，並於該督撫是問。將此遇奏事之便，傳諭知之，仍各妥辦據實覆奏。（故宮博物院藏刻本上諭檔卷四頁二七，乾隆三十九年十二月二十二日。）

清高宗所以一再曉諭查繳違礙書籍「不罪收藏之人」，「如隱匿不繳」，即「治以藏匿之罪」，並「於該督撫是問」。實恐各地方「聞有應燬之書，必且以為新奇可喜，妄行偷看，甚或私行抄存，輾轉傳抄，皆所不免。是因查銷應禁之書，轉多流傳底本，成何事體」[47]。

各督撫見高宗如此重視查繳銷燬違礙書籍，乃將此事列為工作的重點，較蒐羅遺書更為積極。湖北巡撫陳輝祖即將查燬禁書與查禁鳥鎗，「統歸編保甲案內」，「責令印佐官員清查辦理」㊽。浙江巡撫三寶則將「試用教職現在閑居在省者，擇其辦事謹慎，各按籍隸府分，派令前往，面加諄囑，令其因親及友易於訪尋，並攜帶書價，盡力購求，即以繳書多寡，稽其勤惰，為將來報部選補名次之先後，俾事不煩擾，而收繳必期多得，且慮已繳之書，刷印自不止數部，備具書目清單，令其攜往，更可便為查檢」㊾。清高宗贊同三寶的辦法，並傳諭各督撫照此辦理，其上諭云：

> ……所辦甚好。各省藏書之家，非必盡係知書之人，僅責令地方官勸令呈繳，恐於違礙書籍未能檢查詳盡，且或有其家竟無人為之查閱者，均未可定。教官藉係本省，其往來原籍，既可不致滋擾，而於親友家所藏書籍，知之必詳，繙查亦易，其呈繳必多。今浙省既辦有成效，各省均應照此辦理。（《清高宗純皇帝實錄》卷一〇三九頁一〇，乾隆四十二年八月癸丑。）

「以候補教職收繳書籍，既可不致紛擾，亦且易於搜羅，實屬至周至備」㊿。故各省凜遵上諭，「嚴督所屬，並選派試用人員，定以限期，給發價值，分投購買，凡關經史子集堪備採擇，及字句違礙應行銷燬書籍板片，均不惜重價購覓呈繳」(51)。

在各省雷厲風行查燬違礙書籍之時，江西新昌縣民「王瀧南呈首舉人王錫侯刪改《康熙字典》，另刻字貫，與叛逆無異」，並「供王錫侯字貫序內，有然而穿貫之難也一句，顯屬悖逆」。雖然王錫侯供稱「原指學者穿貫之難，並非譏訕字典」，但江西巡撫海成卻認為「王錫侯本無學問，所輯字貫，不過仿類書之式，按照字義，各歸其類，與字典迥別，不當引以為言，乃逞其臆見，轉指字典為難以穿貫，且以字典收字太多，輒肆議論，雖無悖逆之詞，隱寓軒輊之意，實為狂妄不法。王瀧南告呈內擅稱願與聖祖抱告，亦屬慢瀆不敬，均難姑容。相應請旨將王錫侯革去舉人，以便審擬具奏」[52]。高宗原以為此「不過尋常狂誕之徒，妄行著書立說」之案，即批示「大學士九卿議奏」。其後翻閱進呈之字貫一本，見其「序文後凡例，竟有一篇將聖祖世宗廟諱及朕御名字樣，悉行開列，深堪髮指」，乃傳旨申飭海成[53]。

> 此實大逆不法，為從來未有之事，罪不容誅，即應照大逆律問擬，以中國法而大快人心，乃海成僅請革去舉人審擬，實大錯謬。是何言耶?!海成既辦此事，豈有原書竟未寓目，率憑庸陋幕友隨意粘簽，不復親自檢閱之理？況此篇乃書前第十頁，開卷即見。海成豈雙眼無珠？茫然不見耶？抑見之毫不為異，視為漠然耶？所謂人臣尊君敬上之心安在？而於亂臣賊子人人得而誅之之義又安在？國家簡任督撫，厚給廉俸，豈專令其養

尊處優？一切委之劣幕？并此等大案，亦漫不經意，朝廷又安藉此輩尸位持祿之人乎？海成實屬天良盡昧，負朕委任之恩，著傳旨嚴行申飭。（故宮博物院宮中檔三三一九七六，乾隆四十二年十月二十七日。）

「至王錫侯身為舉人，乃敢狂悖若此！必係久困潦倒，胸多牢騷，故吐露於筆墨，其平時所作詩文，尚不知作何訕謗？此等悖逆之徒為天地所不容，故使其自行敗露，不可不因此徹底嚴查，一併明正其罪。著海成即速親身馳往該犯家內，詳細搜查，將所有不法書籍字跡，即行封固進呈。若再不詳查，或有隱飾，是與大逆同黨矣！一面選派妥幹大員，將該犯王錫侯迅速鎖押解京，交刑部嚴審治罪，務於十一月內解到。其犯屬應行緣坐之人，亦著查明委員分起解京。仍飭該員等沿途小心管押防範。如途中或有疎虞，致令自戕及兔脫等事，恐海成不能當其罪也。至書中所有參閱姓氏，自係出貲幫助鐫刻之人，概可免其深究。朕於諸事不為己甚，此亦其一端也。至所有書板及已經刷印成帙者，並著查明解京銷燬，並恐此書或有流傳各省者，著各督撫留心訪查，如有此書刷印本及翻刻板片，均著即行解京銷燬。將此由六百里傳諭海成，并於各督撫奏事之便，諭令知之」54。

二日後，高宗又以海成並未查出字貫書「內大逆不法之處」，「錯謬已極」，「實為昧盡天良」，則「從前查辦應燬書籍，原不過以空言塞責，並未切實檢查」，「竟視大逆為泛常，全不知尊君親上之義，天良澌滅殆盡，著再傳旨嚴行申飭」。「至此書恐有流傳」，乃「遇便諭令各督撫於查辦應行銷燬書籍時，將此書應一併查繳銷燬」55。

至是年十一月十八日，高宗又「降旨將海成革職，交刑部議罪」。此事緣起於是日兩江總督高晉奏到「應燬各書單內」，亦並無字貫此種書籍，「可見外省查辦書籍，不過以空言塞責，並不切實檢查」，而「據海成奏續查字貫板片及新刷字貫二部，其凡例內廟諱御名一篇，另行換刻，與初次奏到之本不同，可見該犯亦自知悖逆，潛行更改，而海成已見其初刻，尚稱其書無悖逆之詞，實屬天良澌滅，全不知有尊君親上之義，是以降旨」56。

至江寧省城與江西相隔不遠，該逆犯初刊字貫之本，斷無不傳至江寧之理！高晉等此次查辦應燬書籍，何以尚未將此等大逆之書列入？豈止查舊人著作，而於現在刊行者，轉置不問耶？著傳諭高晉即飭屬通行訪查，如有與字貫相類悖逆之書，無論舊刻新編，俱查出奏明解京銷燬。如有收藏之家，此時即行繳出者，仍免治罪。若藏匿不交，後經發覺，斷難輕宥，即該督撫亦難辭重譴矣！並著傳諭各督撫一體遵照妥辦，毋稍疎漏干咎，將此通行諭令知之。57

各地方督撫等接奉上諭後，於「各府州縣地方，派委同知通判等官，分路協同各州縣教職，妥為查辦」[58]，或「密遣妥員於省城新舊書坊，逐一挨查」[59]。茲將貴州巡撫覺羅圖思德遵旨查辦情形於後，以見各省認真查辦字貫及其他違礙各書事。

臣現在督同司道，嚴飭各府州縣於市肆書坊，逐處查檢，並明切出示曉諭各紳士，如有此種逆書，即日呈繳解京銷燬，免治其罪。若匿不呈繳，一經查出，法無可貸。至該地方官詳報所屬查無此書，即令出具印結存案。倘有發覺，惟該州縣及知府是問。又此外違礙各書，並一體搜查，務期繳銷淨絕，不使存留隻字片紙。所有奉到諭旨查辦情形，理合恭摺奏覆。（故宮博物院藏宮中檔三三七四二，乾隆四十二年十二月二十二日。）

護理湖南巡撫圖桑於奉上諭後，「即督率司道委員在於省城各書舖內，逐細檢查，並提販書號簿核對，惟西酉堂書舖簿內，載有販賣字貫二部，訊據店戶吳世璜供稱，係乾隆四十年，江西吉安府人陶姓帶來，即於是在澧州考棚，有不知姓名人買去一部。所餘一部，於四十一年冬間，攜往湘潭兌與吳姓書坊，此後實未販賣等語。隨差押該店戶前赴湘潭鋪內，追回此書計四十四本。其澧州考棚賣去一部，追查尚未繳到。又據江西客民任秀聽聞查收字貫，亦呈繳一部計四十本，供係四十一年經過江西省城買得」[60]。

除字貫為悖逆之書，理應查繳銷燬外，其他無「違礙」、「忌諱」與「悖逆」語句，只要是王錫侯所纂輯的書籍，均在查繳銷燬之列。「長沙善化二縣，在於各書舖先後查出王錫侯所集《唐詩類試詳解》三十九部，翻刻板片二副，共板三百二十塊，刷印未全書一百部。又《國朝試帖詳解》十三部，訊係由江西三樂堂書舖販來等情」[61]。另有王錫侯所纂輯的「《經史鏡》、《國朝詩觀》、《國朝詩觀二集》、《江西文觀》、《書法精言》、《神鑒錄》、《王氏家譜》」等七種書籍，其書本與板片也應查繳銷燬[62]。於此可見高宗查繳違礙書籍時完全是以人廢言。

其《王氏家譜》有原任大學士史貽直序文，其《經史鏡》及《唐人試帖詳解》有加尚書銜錢陳群序文。按王錫侯為庚午科（乾隆十五年）舉人，其主考官為錢陳群，副考官為史貽謨，與王錫侯有座主與門生之關係[63]。伊二人俱經物故，「伊兩家自必存留其書，錢汝誠、史奕昂自應即將原書繳出銷燬。現已令軍機大臣傳諭錢汝誠，即行呈繳。並著傳諭楊魁，即遣員前至史奕昂家，傳朕此旨，令將所有該犯之書，即行查出，呈交該撫解京銷燬」[64]。原任兵部侍郎史奕昂因其父冒昧為逆犯《王氏家譜》作序，於奉到諭旨後，繕摺據實覆奏。將「家中所有之書悉行搬出，會同孫栝（常鎮道），宋觀光（署溧陽知縣）細加查檢」，僅有試帖詳解等書，「面交孫栝轉呈巡撫衙門解京銷燬」[65]。兩江總督高晉甚至奉命親至已故江西大臣裘曰修家中，查詢有無存貯王錫侯所纂輯之字貫等書籍[66]。於此亦可窺見高宗對查繳銷燬「字貫」等書籍之重視。

綜觀王錫侯所犯之罪，厥為其不知「尊親大義，擅行辨駁《康熙字典》」，「大逆不道」，「將廟諱御名排寫」，「將先師孔子諱先寫於廟諱御名之前，實屬悖逆」，而其《王氏家譜》又攀附帝王後裔。在帝王集權專制達於極點的時代，王錫侯所犯之罪，可重亦可輕，而高宗也本著「諸事不為已甚」之意，一再寬減王錫侯及其家屬之罪，最後發黑龍江等地給索倫達呼爾為奴[67]。此事固不足深論，最值得注意的則為高宗一再藉此事傳諭督撫，震懾官紳，其主要目的除使天下曉然於皇權神聖，不可冒犯外，更為查繳銷燬違礙書籍造一高潮，使地方督撫等於查辦違礙書籍時，不敢不實力奉行。為此，江西巡撫海成，署江西布政使周克開，按察使馮廷丞，具著革職交刑部治罪，兩江總督高晉著降一級留任[68]。而王錫侯所屬之該知府郭聯奎，知縣王賓王，也因其「不能實心查繳違礙書籍」及「失察王錫侯妄刻字貫之處」而獲罪[69]，亦即凡失察妄刻違礙書籍之該地方知府與知縣將受懲罰。故湖廣總督三寶奏請「嗣後各直省士子，有欲刊刻書籍者，先錄正副二本，送本籍教官轉呈學臣核定。其書果無紕謬，有裨世學者，方准刊行。倘不呈官核定，私行刊刻者，即無違礙字句，亦令地方官嚴行禁燬。如有誕妄不經之辭，即從重究治」[70]。

總之，王錫侯字貫一案為查繳銷燬違礙書籍之高潮，自後各地方督撫紛紛呈繳陸續查出應燬之書，比以前更加縝密，更加悉心切實察訪。就是「僻處邊徼」，「本少藏書之家」，「無遺籍可採」的雲南[71]，也曾先後查繳違礙書籍四次，共查繳違礙書籍三百零二種六百八十一部。最後一次查繳違礙書籍一百一十二種六百三十九部，其中有王錫侯選刻唐詩試帖一種十五部，國朝試帖一種五部72。高宗仍恐「僻壤窮鄉」存有違礙書籍，查繳釐剔未能淨盡，乃傳諭各省督撫務須實力查辦，不可稍有疎漏。其上諭云：

大學士阿，大學士于字寄各省巡撫，乾隆四十三年閏六月十九日奉上諭：屢經降旨各省督撫，查繳違礙書籍送京銷燬。各該省陸續查出應燬之書，雖紛紛呈繳，但恐此等違礙書籍，外間尚有存留。而僻壤窮鄉未必能家喻戶曉，此時續行繳出，仍可遵前旨不加究治，若匿不呈出，後經發覺即難以輕逭。不可不將此意，明白諭示。令其查繳剔釐淨盡，以正人心而厚風俗。著再傳諭各省督撫，務須實力查辦，不可稍有疎漏。並須通飭所屬，派委妥員，細訪詳查，毋使不肖吏胥藉端需索滋擾，將此遇各督撫奏事之便，傳諭知之，欽此。（故宮博物院藏上諭檔大方本三九五頁。）

各省督撫等於接奉上諭後，即遵旨將查辦緣由具奏。茲從本院所藏與此事有關之四件軍機處檔及六件宮中檔中，選出具有代表性的山西巡撫覺羅巴延三的奏摺於後，以見各省遵旨於僻壤窮鄉查辦違礙書籍情形73。「臣伏查各省及晉省陸續查出應燬書籍，流傳既久，散布必多，雖設法蒐羅，並用價收買，不遺餘力，究恐尚有存留，難以淨盡，誠如聖諭，僻壤窮鄉未必能家喻戶曉。臣現即率同藩臬兩司，欽遵諭旨，敬刊告示，明白曉諭，俾知違礙各書此時續行繳出，尚可邀恩不加究治，若匿不呈出，後經發覺，即難輕逭，務使窮鄉僻壤靡不周知，以期搜剔淨盡。一面通飭各州縣派委妥人，各於境內細加購訪，毋漏毋擾。並令教職等官在於任所原籍，因親及友互相告誡，如有違礙書籍，令各悉數呈出，不得稍有疎漏。臣仍不時董率詳查妥辦。如另有新獲違礙之書，即當耑摺進呈，並飛咨各省一體查繳。其餘應燬重複各書，俟繳有成數，彙總解京」74。

限期查繳銷燬違礙書籍

原各省查繳違礙書籍時，除根據軍機處頒行各省查辦違礙書目及四庫全書館咨禁書目外，尚有各省飛咨查繳之新獲違礙書籍。惟自乾隆三十九年八月五日起四年餘之時間，「業經數載，仍復有續獲之書，此非近日之認真，皆由前此之忽略」。「如此漫不經意」，何年何月才能將違礙書籍查繳淨盡？故高宗乃諭令限期二年，「至二年限滿，即毋庸再查，如限滿後，仍有隱匿存留違礙悖逆之書，一經發覺，必將收藏者從重治罪，不能復邀寬典，且惟於承辦之督撫是問」75。其上諭云：

前經降旨各督撫查繳違礙書籍，並令明白宣示：如有收藏明末國初悖謬之書，急宜及早交出，與收藏之人並無干礙。又因王錫侯逆詞一案，並令各督撫一體嚴查。雖節經各督撫陸續收繳呈進，譬之常人，設遇詬其祖宗之字，亦將泚而不視，而況國家乎？而況食毛踐土之臣民乎？但查辦業經數載，仍復有續獲之書，此非近日之認真，皆由前此之忽略。且如徐述夔所著逆詞，狂悖顯然，其刊板已久，該督撫並未能預行查出，即可為奉行不力之據。蓋因查書向未定期，各督撫視為末務，每隔數月，奏繳數種塞責。如此漫不經意，何時可以竣事？而挾仇告訐，騷擾欺嚇，將百弊叢生。其藏書之人亦不免意存觀望，呈繳逾期，皆各督撫經理不善之故。著通諭各督撫以接奉此旨之日為始，予限二年，實力查繳，並再明白宣諭，凡收藏違礙悖逆之書，俱各及早呈繳，仍免治罪。至二年限滿，即毋庸再查。如限滿後，仍有隱匿存留違礙悖逆之書，一經發覺，必將收藏者從重治罪，不能復邀寬典。且惟於承辦之督撫是問！恐亦不能當其重戾也！將此通諭中外知之。（《清高宗純皇帝實錄》卷一〇七〇頁四，乾隆四十三年十一月丁亥。）

王錫侯字貫案屬文字之獄的範圍，而徐述夔一柱樓詩更是乾隆朝文字獄的一部分。將查繳銷燬違礙書籍與文字之獄連為一起，故督撫等不敢「奉行不力」而「漫不經意」！按徐述夔一柱樓詩中被人首告有悖逆之句，其「明朝期振翮，一舉去清朝」二句，被解釋為「興」明朝「去」清朝的意思。在審訊此案時，甚至詰問不用明「當」而用明朝，不用「到」清都而用「去」清都，「這實是係借『朝』夕之朝讀作朝代之『朝』，意欲『興』明朝而『去』本朝（清朝），其悖逆顯而易見」。此詩句如此解釋，實是望文生「疑」，「曲解」原意，「莫須有」之談的文字獄。事實上，「文字獄」多屬觸犯帝王個人之忌諱，該督撫等又何能預行查出？徐述夔身係舉人，雖已身故，但其孫徐食田，及該地方布政使陶易，揚州知府謝啟昆，東台知縣涂躍龍等均因此獲罪，革職訊究76。至明末國初悖謬之書，早已於乾隆三十九年八月即諭令查繳，至此又從中演繹出「譬之常人，設遇詬其祖宗之字，亦將泚而不視，而況國家乎？而況食毛踐土之臣民乎」77。更使查繳明末國初悖謬書籍範圍擴大及於遼金元史部分，故先諭令釐定更正三史中「不雅」之人名，而昭大公78。四庫全書館諸臣除根據督撫等飭發查辦違礙書籍條款外，更擬立應行分別辦理之條款。

而四庫全書館諸臣所擬查辦違礙書籍之條款，實較軍機處頒行各直省查辦違礙書目詳慎而仔細。當軍機處查辦「字貫」一案時，王錫侯纂輯的書共十一種，其中無違礙字句的書籍，如《國朝詩觀》及《經史鏡》等書，也均在查繳銷燬之列。四庫館諸臣則儘可能避免類此事件之發生。如書中有錢謙益等序文，而其原書中並無違礙者，止抽燬其序文，保存其原書。故四庫館諸臣所擬抽燬違礙書籍條款，實保存許多書籍不被全燬，但挖改乖戾字句或纂改書中忌諱語句，確使許多書籍面目全非。今試以原書比勘，幾擬為二書[79]。

至明末清初之觸悖書籍仍為查繳銷燬之重點。蓋滿洲部族原耕牧於長白山附近，屬建州女真的系統，為女真民族的一支。其語言習俗及生活方式與以農業為主的漢人迴不相同。在建州左衞叛服明朝的過程中，曾與明朝遼東守將發生大小不同的戰爭。尤其是萬曆四十四年清太祖努爾哈赤建國稱汗，建元天命以後，其叛離明朝的跡象最為顯著。其後滿洲部族與明朝間的戰爭，隨著滿洲部族的壯大發展而擴大，終至明朝滅亡，清世祖於順治元年入主中國。滿洲部族的部治者遂一躍而貴為備受尊榮的中國傳統式的帝王，故諱言其先祖在關外之歷史，尤其是清高宗更忌諱此一時期之歷史。故舉凡明末清初以漢人立場記載滿洲部族風土人情與戰爭等事的著作，均應查繳銷燬，與「字句狂謬，詞語刺譏」的著作，同被列為查繳銷燬之重點。在乾隆四十三年七月十七日兩江總督高晉續解違礙書籍清單二十種，其中有十三種係記載建州或涉及遼事，與敘論遼東邊防兵事而語多觸犯[80]。在清代的禁燬書目中，明末清初諸人之著作，實佔相當大的比例[81]。

由於地方督撫等奏報，高宗此時遂注意到沿邊地方祠宇關隘碑額內恐有觸礙字面，乃諭令直隸山西等地方督撫將存有違礙字樣的門匾碑碣等磨毀或改刻。其上諭云：

據保寧奏，馬蘭鎮所屬石門地方，有神祠一所，俗稱將軍廟，查係漢中郎將孟溢之祠，明嘉靖萬歷年間重修。其碑文多有干礙之字，即將碑碣掩埋等語。已諭將碑文磨去，另行擬文改刻矣❽❷！直隸山西一帶沿邊地方，或建有列朝邊將祠碑，或刻有邊防碑記。其中觸礙字面自所不免。著周元理、巴延三派委曉事之員，悉心查勘。如神祠門堡隘口所存門匾碑碣等項，有違礙字樣應磨毀者，即行磨毀，應改刻者，即行改刻。務須實心妥辦，勿以空言塞責。仍將查辦情形，據實具奏。將此傳諭周元理、巴延三知之。（故宮博物院藏《軍機處上諭檔》大方本，乾隆四十三年七月初九日。）

山西巡撫覺羅巴延三接奉上諭後，於是年八月二十五日，將查辦情形，據實具奏：「查晉省雁平歸綏二道，所屬朔平寧武大同三府暨歸化等五廳，俱係沿邊地方。該處祠宇關隘碑額內，恐有觸礙字面，必須遴委曉事之員，詳查妥辦。臣謹遵諭旨，選委朔平知府張世祿，寧武府知府沈之燮。此二員辦事認真，頗屬曉事，即飭就近親赴，逐細履勘。遇有神祠門堡隘口所存門匾碑碣等項，務須詳加考核。如有觸礙字樣，先行據實抄錄呈驗。臣覆加校閱，或應磨毀，或應改刻，均各細心區別，即行妥協辦理。至腹裡地方神祠碑額，恐亦有違礙之處，並飭各該管知府一體確查妥辦。倘或虛應故事，不行實力勘查，稍有疎漏，即嚴行參處。」❽❸

直隸總督周元理亦奏覆「查辦保定、易州、永平、遵化所屬各境內神祠門堡隘口，凡有碑碣門匾詩文等項中有違礙字句，應行磨毀者，分註應毀應改，開單進呈」。高宗諭令周元理「將原單抄寄李綬，令照此詳悉確查，如有此等字句，即行磨毀改刻，務須實心妥辦，勿以空言塞責，仍將查辦情形，據實具奏」[84]。

奉天府府丞李綬曾將查辦寧海旅順等處神祠墳墓違礙碑碣，及石壁題刻違礙字跡，分別應毀應改，開單進呈[85]。其後李綬又奏報續查出邊外違礙碑文，「所有查出錦州府四屬違礙碑文詩句等件，於乾隆四十三年十二月初四日，在寧遠州屬之中前所，恭摺具奏，並聲明靉陽等門邊牆外寬奠等城碑文，俟抄送到時，倘有違礙，另摺奏聞在案。臣即於是日起程，十一日回至盛京。准將軍衙門送到鳳凰城城守尉普政抄寫邊外碑文清冊。據稱寬奠長奠二城內，各有一碑。其餘各城內外，徧查俱無碑碣等語。臣將送到碑文，詳加查閱，二碑均有違礙字句，俱應磨毀。謹開具清單，恭呈御覽。臣仍知照將軍衙門，即飭該尉普政，將違礙二碑，親往磨毀淨盡。伏念臣仰承恩命，畀以專辦重任。夙夜兢兢，細心查辦。惟恐疎略遺漏，上負天恩。徧歷奉天錦州各屬，通計查出違礙碑文門匾字跡詩句一百六十六件。除銷毀卷宗，搜查遺漏事宜，已於前摺內陳明外。竊思磨毀改刻二事，所關最重，必須實力奉行，乃不虛此番查辦。現在知會新任將軍臣福康安，應磨毀者，遴委妥員前往查驗，應改刻者，令各該地方官刻畢揭出呈驗。倘旗民地方官奉行不力，即指名嚴參，重治其罪。總期無有存留，無有草率，仰付我皇上委任至意」[86]。

按中國傳統習俗，神祠門堡隘口及墳墓前多立碑碣匾額以紀先人功德。而中國沿邊地方所立之碑碣，則多紀邊臣守將之功德與戰功或及其殉難事蹟等文字。此類碑碣，以宋明之時為最多。蓋宋之於遼、金、元，明朝之於蒙古與女真，其所發生之戰爭最多，且互為終始。故沿邊地方碑誌上所刻文字，即以漢人立場頌其功德，對蒙古或女真民族則有所貶抑。此為清高宗所最忌諱之事，視為違礙文字，必欲去之為快，故屢諭令直隸山西奉天等地疆臣，查出違礙碑文門匾字跡詩句，一律磨毀或改刻。

在沿邊地方磨毀改刻違礙碑文之時，兩江總督高晉又奏繳明人顏季亨所撰《九十九籌》一書，「其中詆斥之處甚多，較尋常違禁各書更為狂悖不法」❽❼。顏季亨所撰尚有《國朝歷征紀勝通考》，《時務體要》及《補漏居寓言彙成》等三書，「非特《九十九籌》顯肆詆斥，即《紀勝通考》等三種，亦多有狂悖之處」❽❽。「此書既已流傳，必不止此一部。著傳諭薩載、楊魁於江省再行切實搜查，如有續行查出者，即封固送京，不必俟彙齊他書奏繳。並應查此書有無刊刻板片，一併起出解京。並恐各省亦有傳布收藏者，著傳諭各督撫，一體嚴查，盡數解京銷燬，毋使片紙隻字存留。各督撫不得視為具文，漫不經意，致干重戾」❽❾。

兩江總督薩載於接奉上諭後，與江蘇巡撫，「當即飛飭各屬實力查繳，復查顏季亨係江陰縣人。又經嚴飭常州府督率該縣，確查顏季亨有無子孫，並書籍板片存留，務須盡數追出呈繳。先據委員查有《九十九籌》及《時務體要》書四本，呈送蘇州書局，由撫臣楊魁會摺奏繳在案。茲據江寧局員候補同知馮廷丞等，稟送顏季亭所著《時務體要》一本。又明末江陰人陶元祕所著《續時務體要》一本，係顏季亭加批，其狂悖與顏季亭書相等。又《東隅恨事》一部計十本。查此書起萬曆三十二年，終崇禎二年。但有吳門嘯客述字樣，不刊著書人姓名，專敘袁崇煥殺毛文龍始末，通部狂悖不法，未便與別項違礙書同繳，理合將此三書封固，專差賚解軍機處查收，請旨銷燬。臣現已移行各處，一體飭查書籍板片，解京銷燬。並飭蘇州按察使密查吳門嘯客究係明末何人？此外有無不法著述？隨時繳送查辦，務使犬吠狼嘷，根株淨絕，藉以正人心而息邪說」[90]。

除上諭外，各省督撫等亦接江蘇巡撫楊魁咨文查繳銷燬《九十九籌》一書[91]。為了銷燬此書，清高宗不惜如此擾動天下。究竟其書中那些地方觸犯忌諱？在清代軍機處所編印的《禁書總目》[92]及清人榮柱刊《違礙書目》中[93]，均只列舉其書名及其著者姓名與朝代，未說明其禁燬之原因。清人姚覲元編《清代禁燬書目補遺》，雖說明其禁燬之原因，但太過簡略，僅謂其書「詞氣佻纖，不出明季惡習，中多悖礙字句，應請銷燬」[94]。其書已不存，其內容更無法得知。本院所藏軍機處上諭檔中有軍機大臣等檢閱《九十九籌》一書後，逐條指駁其「荒唐乖謬」之處，史料非常難得，為禁燬書的局部縮影，於此亦可窺見清高宗禁燬書籍的部分原因。所謂《九十九籌》即明人顏季亨所籌謀抗拒關外滿洲部族的九十九種策略，其重點則在為明朝籌謀如何抗拒清太宗皇太極時在遼瀋一帶所發展而成的一股強大的滿洲部族勢力。蓋「明季山人墨客，多往來塞上，以覬覦進用」，雖然「季亨是書亦主於大言聳聽，僥倖功名」，但亦為其熱愛明朝的情操所驅使。其所籌諸策雖「多迂腐」不切實際，但亦有其可採之處，也不至於「荒唐乖謬」，在明朝「亦不足存」之地步❾❺。由高宗亟謀銷燬其書，「毋使片紙隻字存留」，即知顏季亨所籌抗拒滿洲部族的諸策略，對明朝而言，亦有其價值與部分的可行性，並非盡屬「荒唐乖謬」之言。最為清高宗所忌諱者，則為《九十九籌》一書，有「詬其祖先」之嫌疑，故不惜擾動天下而查繳銷燬其書。

展限與無限期查繳銷燬違礙書籍

兩江總督高晉奏繳《九十九籌》一書時，正是高宗諭令限期二年查繳銷燬違礙書籍之後❾❻。故乾隆四十四年是各地方督撫等查繳《九十九籌》一書的高潮，四十五年即為督撫等於「限滿」後，奏報查繳銷燬違礙書籍之時。各督撫等「陸續解到者甚多」，如江西省「自上年八月至今（四十五年十月），據各屬陸續呈繳到局書二千六十三部，計一萬一千五百八十七本。又板片二十一種，計四千六百七塊」❾❼。湖北巡撫鄭大進此時曾作第十次查繳應燬各書，共查獲違礙書一百五十二種，計一千三百八十八部❾❽。其中亦不乏新獲違礙書籍。在湖北省「奏繳第十次應燬各書清單」中，即有「新查獲請燬書王步青評《小題分編》一部，李贊廷輯《如面譚新集》一部，呂晚村評《唐荊川稿》二部，呂留良評《艾千子稿》二部，揭蒿菴著《五經詩集》等書共十五種十七部」[99]。又如安徽巡撫閔鶚元於四十五年六月二十八日奏報：「所有從前未經奏明應禁，今經查出應銷者計十六種，內記載違謬，語多觸犯者五種，悖逆誕妄語多狂吠者九種」，「至前項違悖書本板片，係安徽人所著者，現在嚴飭該地方官查繳，取具並無隱匿存留甘結申送。其餘各書，即移知著書人原籍，並咨行各省一體查繳，以期淨盡」[100]。兩江總督陳輝祖即因「江南地方，書籍繁多，各屬尚在源源購繳，並未奏報搜羅已盡，若遽為停止，轉恐尚有遺漏，應請再為展限一年」[101]。湖廣總督舒常亦以「奉准定限以來，此時雖已滿二年，但楚省幅員遼闊，臣舒常莅任未幾，誠恐查察或有未周，不無遺漏。臣等管見，應請仍飭各屬，遇有查出，准令隨時報解，以便陸續呈繳，不使藉口滿限，轉致漏匿」[102]。

在查繳違礙書籍快要「二年限滿」之時，各督撫等陸續解到違礙書籍甚多，高宗此時遂留意演戲曲本。因凡以漢人立場所寫的明末與滿洲部族，及南宋與金人關涉之詞曲劇本，均有「詆其祖先」之嫌疑，最為高宗所忌諱，故諭令飭查。其上諭云：

乾隆四十五年十一月十一日奉上諭，前令各省將違礙字句之書籍實力查繳，解京銷燬。現據各督撫等陸續解到者甚多，因思演戲曲本內，亦未必無違礙之處，如明季國初之事，有關涉本朝字句，自當一體飭查。至南宋與金朝關涉詞曲，外間劇本往往有扮演過當，以致失實者。流傳久遠，無識之徒或致轉以劇本為真，殊有關係，亦當一體飭查。此等劇本，大約聚於蘇揚等處。著傳諭伊齡阿，全德留心查察。有應刪改及抽掣者，務為斟酌妥辦，並將查出原本暨刪改抽掣之篇，一併粘簽解京呈覽。但須不動聲色，不可稍涉張皇。至全德向不通曉漢文，恐交伊專辦，未能妥協。所有蘇州一帶應查禁者，並著伊齡阿幫同辦理。將此傳諭知之，欽此。軍機大臣遵旨傳諭兩淮鹽政伊齡阿，蘇州織造全德。（故宮博物院藏軍機處上諭檔大方本）

伊齡阿及全德於接奉上諭後，即分別將查辦緣由覆奏。其中以伊齡阿的奏摺較為詳盡[103]。「奴才伏查外間演扮戲文，洵為太平景象，而詞曲中違礙字句，及扮演過當，流傳失實者不一而足。誠於聖諭，不可不釐剔刪除，以彰教孝教忠之至意。自南宋元明至今六百餘年，流傳劇本甚多，書坊售賣，率皆刻本。其蘇揚教習人等，或另有戲本未經刊刻通行者，均不可不逐細檢查，以期文義明晰，而扮演毫無違礙」。乃令「各書坊將宋、元、明新舊戲文，無論刻本抄本，概令呈繳，奴才（伊齡阿）督率該員等細加檢閱，其中如有明季國初之事，關涉本朝字句，及南宋與金朝關涉詞曲，扮演過當，以致失實，自當查明應刪改者刪改，應抽掣者抽掣。俾智者見而知觀效，愚者聞而知所懲戒，始足以正人心而端風化」。而「江南蘇揚地方，崑班為仕宦之家重，至於鄉村鎮市以及上江安慶等處，每多亂彈，係自上江之石牌地方，名曰石牌腔，又有山陝之秦腔，江西之弋陽腔，湖廣之楚腔，江廣四川雲貴兩廣閩浙等省皆所盛。所演戲齣，率由小說古詞，亦間有扮演南宋元明事涉本朝，或竟用本朝服色者，其詞甚覺不徑雅，屬演義虛文，若不嚴行禁除，愚頑無知之輩，信以為真，亦殊覺非是」，請密勅各該省督撫，專派妥員詳加查察，如有違礙，立即嚴行一體查禁，庶小民知所警惕，而禮義廉恥風更可期其淳樸矣」[104]。

高宗認為「自應如此辦理，著將伊齡阿原摺抄寄各督撫閱看，留心查察，但須不動聲色，不可稍涉張皇，將此遇督撫奏事之便，傳諭知之」[105]。各督撫等於接奉上諭後，亦將辦理緣由覆奏，如安徽巡撫農起奏報：「查安徽省各屬，地居上游，與下江江蘇毗聯，所演之戲，大半俱屬崑腔，惟懷寧縣所屬，距省城四十里之石牌鎮他方，教習戲本，即名曰石牌腔，曲調卑靡，節奏無序。該鎮地處西偏，因與江西湖廣二者接壤，彼處崑腔較少，遂盛行於江廣之間，在安省本境演唱者不及十之二、三。臣以觀玩劇本為名，陸續查取，閱看其底本，均係抄錄，並無坊刻。所演故事，如小說中西遊、隋唐演義之類居多。其中詞句鄙俚不堪，上下文氣扞格，語言錯雜，不顧情理。其餘皆鼓兒詞等類，並無關涉本朝字句。惟扮演唐末五代無稽之番邦婦女，間有妄用本朝服色，及慢侮古昔聖賢之事。臣俱逐一刪芟飭禁，毋許再為演習，現在已閱過二十餘本，其餘攙帶外出之劇本，俟其回籍，容臣陸續查取校核。如有違礙字句，即分別刪改抽掣，俾無知愚民不致惑於習見，以端風俗而正人心，共臻一道同風之盛」[106]。江蘇巡撫閔鶚元則奏報：「石牌腔、秦腔、弋陽腔、楚腔所演劇本，大都本之彈詞，鼓兒詞居多，較之崑腔演本尤多荒誕不經，其中有將明季國初關涉本朝之事，妄為填砌者，均應芟除，以杜誕謬而昭敬謹。臣恪遵諭旨，率同司道及各該府，一體留心查察，縝密搜訪，將劇本並彈詞鼓兒詞內謬妄違礙之處，分別芟除飭禁，以仰副聖主正人心而厚風俗之至意」[107]。湖廣總督舒常等則以為石牌腔等項，「雖聲調各別，皆極為鄙俚，使人易於曉解，傳抄學習各有一定底本。其內如有淫詞邪說，本不應聽其任情捏造，蠱惑人心。若事屬不經，稍有違礙，尤宜留心禁止」[108]。

高宗原止令飭禁明季國（清）初有關涉清朝字句違礙，及南宋與金朝扮演過當失實的詞曲劇本，舒常等將「淫詞邪說」之劇本列入查禁的範圍[109]。伊齡阿則奏請將「怪誕褻鄙」之劇本，亦當禁除[110]。高宗對其奏請分別批示：「祇宜認真，不宜滋擾」。「此事不必行之過當」。在高宗此次諭令飭查詞曲劇本的事件中，各省一共搜羅了多少劇本？禁燬了多少劇本？禁燬劇本之內容如何？均因史料不足，無法作更進一步的分析與說明。但據伊齡阿及全德的奏報，兩淮鹽政飭委官商等搜羅收買，據陸續繳到新舊刻本抄本戲曲共四五四種[111]。蘇州織造則曾先後兩次收買曲本共三百七十六種，經全德「悉心查勘」，其中「勘出應禁止銷燬者十九種，刪改抽掣者二十二種，無礙可存者九種」[112]。其禁燬詞曲劇本在詞曲劇本總數中所佔的比例不大，而高宗能留意文人視為「雕蟲小技」的詞曲劇本中違礙字句，可見其對查繳銷燬明末清初稗官野史等違礙書籍之重視。而其查繳銷燬違礙書籍之深刻與廣泛，更足以說明高宗深深忌諱明末清初之稗官野史。而禁燬詞曲劇本即因其中之違礙字句，有「詬其祖先」的嫌疑。而兩淮鹽政等辦理刪改抽掣詞曲劇本時，亦有過當、糜費與煩擾之事。高宗於四十六年五月二十九日諭之云：

前因世俗流傳曲本內，有南宋與金朝關涉或本朝新事。新編詞曲，扮演過當，以致失實。無識之徒或轉以劇本為真，殊有關係。曾傳諭該鹽政等，令其留心查察。其有應行刪改抽掣者，斟酌妥辦。乃本日據圖明阿奏查辦劇本一摺，辦理又未免過當。劇本內容如草地敗金等齣，不過描寫南宋之恢復，及金朝退敗情形，竟至扮演過當，稱謂不倫。想當日必無此情理，是以諭令該鹽政等留心查察，將似此者一體刪改抽掣。至其餘曲本內無關緊要字句，原不必一例查辦。今圖明阿竟於兩淮設局，將各種流傳曲本盡行刪改進呈，未免稍涉張皇。且此等劇本，但須抄寫呈覽，何必又如此裝潢，致滋糜費？原本著發還，並著傳諭全德，圖明阿，令其遵照前旨，務須去其已甚。不動聲色，妥協辦理，不得過當，致滋煩擾。將此遇便傳諭知之，欽此。軍機大臣遵旨傳諭兩淮鹽政圖明阿，蘇州織造全德（故宮博物院藏軍機處上諭檔大方本）

乾隆四十六年為奏繳銷燬違礙書籍「展限一年」期滿之時，各省督撫等除查辦違礙詞曲劇本外，亦查獲新的違礙書籍，如兩江總督薩載即奏報江寧藩司申繳新獲違礙《方輿勝略》等書三十三種[113]。尤其是查出尹嘉銓所著各書，其中狂妄悖謬之處，不可枚舉，為查繳銷燬書籍的另一高潮。

按尹嘉銓為河南巡撫尹會一之子，由舉人授刑部主事，洊遷郎中，曾任山東及甘肅布政使，與大理寺卿。乾隆四十六年，尹嘉銓遣子至行在保定，奏為伊父尹會一請謚，並請從祀孔廟。高宗以其喪心病狂，毫無忌憚，著革去頂帶，拿交刑部治罪，並飭查尹家有無狂悖不法字跡。隨據英廉，袁守侗於尹京寓及本籍，查尹所著各書，則其中狂妄悖謬之處，不可枚舉[114]。本院所藏軍機處上諭檔中，有刑部審訊尹嘉銓之口供。由其口供即知其著作「狂妄」何在？「悖謬」是什麼？因其口供太長，茲簡略於下：

在其所著《近思錄》中，以湯斌、陸隴其，張伯行及其父尹會一所言，比之於顏、曾、思、孟四子，稱四子遺書，實屬「狂妄」。將奏稿刊刻於「家譜」內，實「有心違悖諭旨」。又《

尹氏家譜》書內有宗廟，宗器及入廟，建廟等字樣，而其母行狀內稱母死為薨，實屬「僭妄」。《近思錄》內有「先王見直道難容，欲告歸，以南巡不果」，實為「誹謗時政，而「天下大慮，惟下情不通為可慮」，更是「妄生議論」。在其名臣言行錄內將高士奇，高其位，蔣廷錫、張廷玉、鄂爾泰、史貽直與其父尹會一等一併列入，實是「狂妄」、「錯謬」。而其正錄內「處士純盜虛聲」，實屬「誹謗」。又其書內云「不願做台諫官」，「不言不能自甘，多言又恐不測」，「此究竟指何人受禍」？在其李孝女暮年不字事一篇云：「孝女年逾五十，依然待字，其妻遣媒說合要她做妾」，實屬「廉恥喪盡」。在其《亨山遺言札》內稱「夢為孟子後，身當繼孔子宗」，更是「誕妄」，「肆無忌憚」。在尹嘉銓自著之書中，經「翰林王仲愚、汪如藻等專司閱看，細心檢閱，逐一簽出「狂妄」、「違礙」共一百三十一處。

由以上大學士三寶審訊尹嘉銓之供詞中，即知「狂妄」、「悖謬」之含義何在？而尹嘉銓著書七十二種，內均隱含怨望，或借引古人以譏諷時事，或妄自尊大，摹仿聖賢，欺世盜名[115]。於《清高宗純皇帝實錄》中所載上諭，更能看出高宗「忌諱」之處。如尹嘉銓所著書內朋黨之說，與稱大學士，協辦大學士等為相國，為名臣等議論，均為高宗所深惡痛絕。因在清代中央集權君主專制達於極點的乾隆時代，所謂「紀綱整肅，乾綱在上」，「無名臣，亦無奸臣」，而尹嘉銓竟妄論之，故其獲罪，實難倖免[116]。在本院所藏刻本上諭中載查禁尹嘉銓悖謬書籍目錄共九十三種及石刻七種，均查明繳銷磨毀[117]。並傳諭各督撫遵照，嚴切辦理。其上諭云：

> 現據英廉，袁守侗查抄尹嘉銓京寓及本籍，所著各書，其中狂妄悖謬之處，不可枚舉，業經飭令銷燬。尹嘉銓悖謬書籍既多，其原籍親族戚友，必有存留之本。著傳諭袁守侗，明切曉諭，令其將書籍板片，悉行呈出，毋任隱匿，一并解京銷燬。至尹嘉銓曾任山東、山西、甘肅司道，其平日任所，必有刊刻流傳之處，並著傳諭該督撫等，詳悉訪查，如有書籍板片，即行解京銷燬。倘查辦不實，致有隱漏，別經發覺，必將原辦之該督撫治罪。所有查出各書原單，著抄寄各督撫遵照，嚴切辦理。如有單內未經查開，而直隸及各省，別有刊刻尹嘉銓所著詩文，亦即詳查書本及板片解京。（《清高宗純皇帝實錄》卷一一二九頁一五，乾隆四十六年四月二十日癸亥。）

乾隆四十六年為查繳銷燬違礙書籍展限一年之時，但因仍發現新的違礙書籍，尤其尹嘉銓所著各書，也非一時所能查繳銷燬淨盡。而明仁宗所製《天元玉歷祥異賦》及不知撰者名氏之《乾坤寶典》二書，也是搜繳的重點。因「此等天文占驗，妄言禍福之書，最易淆惑人心，自未便存留在外」[118]。為了使違礙書籍搜查淨盡，於是年「十二月內，經江蘇撫臣閔鶚元，會同督臣薩載奏請展限一年，安省各屬亦援照江蘇之例，一體查繳」[119]。

乾隆四十七年二月二十八日，湖南巡撫李世傑奏報常德府龍陽縣監生高治清刊出《滄浪鄉志》，語多悖妄⑫⓪。至三月十四日即奉上諭，責其辦理過當。其上諭云：

李世傑奏查獲《滄浪鄉志》一摺內，摘出各種字句，指為狂悖，並稱飭屬查明住址，密往各家搜訊，並將刊刻志書之高治清父子生監斥革，作序之教授翁炯解任質訊等語，此事辦理太過。外間刊刻書籍，如果有實在違悖不法語句，自應搜查嚴辦。今閱李世傑所奏書中簽出之處，如幕天席地，乃係劉伶《酒德頌》中成語。玉盞長明，係指佛燈而言，相沿引用已非一日，何得目為悖妄？又志中所稱曾王父字樣，亦不過泥古之過。其名字有稱宏遠、宏開者，尤為鄉愚無知，不足深責。若俱以違悖繩之，則如從前之趙宏恩、陳宏謀等，又將何說？至書中如德洋恩溥，運際昇平等語，乃係頌揚之詞，該撫亦一例簽出，是頌揚盛美亦干例禁，有是理乎？書內如此等類不一而足。各省查辦禁書，若俱如此吹毛求疵，謬加指摘，將使人何所措手足耶？此事總因李世傑文理不通，以致辦理拘泥失當如此！朕於此等字句微疵，從不肯有意推求，所謂不為已甚之素志，實天下人所共聞共見者，李世傑何未見及此？所有此案《滄浪鄉志》，竟無庸查辦。其刻書作序，並案內干連人等，俱著加恩寬免，概予省釋。並將此通行傳諭各督撫知之。（

《清高宗純皇帝實錄》卷一一五二頁，乾隆四十七年三月辛亥。）

事實上，文字獄原係隨帝王之意旨，「過於推求」，望文生「疑」，「莫須有」，「吹毛求疵，謬加指摘」之事。在此上諭中，竟不言及《滄浪鄉志》中「於廟諱御名，全未敬避。及應抬寫字樣，不行抬寫」等顯而易見「不法」之處(121)。其主要原因則是高宗認為「此等書籍，不過無識鄉愚雜湊成編，並非有心違悖者可比，何必過事吹求」(122)。而輕「聽訐告，致長刁風，使胥吏藉端滋擾，故高宗「不肯有意推求，不為已甚」(123)。而查繳銷燬違礙書籍與文字獄，均沒有造成重大的擾累加禍士林，即由於此。其後安徽巡撫譚尚忠奏報歙縣查出已故歲貢生方芬所著《濤浣亭詩》，語多狂悖。請將方芬刨墳戮屍，其隱藏詩集之方國泰，照大逆知情容隱律問擬斬決(124)。高宗亦責其「辦理殊屬失當」(125)。其上諭云：

……據稱查出方芬詩集內，「征衣淚積燕雲恨，林泉不共鳥啼新。又亂剩有身隨俗隱，問誰壯志足澄清。又蒹葭欲白露華清，夢裡哀鴻聽轉明」等句，雖隱約其詞，有厭清思明之意，固屬狂悖，但不過書生遭遇兵火，遷徙逃避，為不平之鳴，並非公然毀謗本朝者可比。方芬老於貢生，貧無聊賴，抑鬱不得志，詩意牢騷則有之，況其人已死，朕不為已甚。若如此即坐以大逆之罪，則如杜甫集中，窮愁之語最多。即孟浩然亦有不才明主棄之句，豈亦得謂之悖逆乎？此等失意之人，在草澤中私自嘯咏甚多，若必一一吹求，繩以律法，則詩以言志，反使人人自危，其將何所措手足耶？從前辦理河南祝萬青家祠匾對，及湖南高治清所刻《滄浪鄉志》，吹求字句，辦理太過。屢經降旨，通諭各督撫毋得拘文牽義，有意苛求，豈譚尚忠未之知耶？此案著交刑部，即照此旨另行核擬具奏。如方芬詩集內或另有不法字句，不止如摺內所稱，該府未能摘出，或有不敢陳奏之語，並著該部詳悉查明，再行核辦請旨。若別無不法字句，即可毋庸辦理。朕凡事不為己甚，豈於文字反過於推求？各省督撫尤當仰體朕意，將此通諭中外知之。（《清高宗純皇帝實錄》卷一一五六頁十，乾隆四十七年五月己亥。）

在廣西巡撫朱椿奏報盤獲回匪海富潤，搜出漢字書五種，語多狂悖荒唐，現在嚴辦一摺，高宗亦責其所辦殊屬過當[126]。

朱椿簽出書內字句，大約俚鄙者多，不得竟指為狂悖。此等回民愚蠢無知，各奉其教。若必鰓鰓繩以國法，將不勝其擾！況上年甘省逆番滋事，係新教與舊教相爭起衅，並不借經典為煽惑，朱椿獨未聞知乎？朕辦理庶政，不肯稍存成見，如果確有悖逆狂吠字跡，自當按律嚴懲，不少寬貸。若如此等回教書籍，附會其詞，苛求字句，甚非朕不為己甚之意。此事著即傳諭朱椿並畢沅等竟可毋庸辦理。嗣後各省督撫，遇有似此鄙俚書籍，俱不必查辦，將此一併傳諭知之。127。

朱椿除奏報外，更咨會各省督撫一體嚴查辦理，各省督撫亦將准咨查辦緣由覆奏128。高宗於江蘇巡撫閔鶚元奏摺後批示：「汝先所辦，甚屬過當，不達事體，汝不應如此，不同朱椿也」129。於兩江總督薩載奏摺則批示：「汝接朱椿寄信，即不審事體輕重，如此矜張辦理，可謂糊塗，為朕所鄙矣！汝不同朱椿，當知愧！該部知道」130。為此事，高宗通諭各督撫於「接據廣西咨會，均著一例停止，毋庸查辦」131。其上諭云：

……此事前據朱椿奏到，業降旨不必查辦，並通飭各督撫，嗣後如有似此回教經典，俱毋庸苛求，致滋擾累。蓋緣舊教回民在西北省分為多，而各省在在俱有。其所奏經典，在回民中亦屬家喻戶曉，即與僧道喇嘛無異，焉能盡人其人而火其書乎？且伊等平日持誦經典，自唐宋以來，早流傳中國，迥非若白蓮等邪說，起立名色，專為斂錢聚眾，甚且作亂者可比！若過為搜求滋擾，則安分守法之回民，轉致不能自安，無所措其手足。封疆大吏如遇有地方邪教悖逆等事，自應認真辦理。若此等久有之回教經典，遽照違悖之案，通行嚴辦，殊屬荒唐錯謬。朱椿初任巡撫，不諳事理之輕重，即飛咨各省一律查辦，甚屬非是，朱椿著傳旨嚴行申飭。所有閔鶚元奏到起出回經，及拏獲作序刊書之人，俱當妥為安撫，概予省釋。至各省督撫接據廣西咨會，均著一例停止，毋庸查辦。將此由六百里加緊再行通諭知之。（《清高宗純皇帝實錄》卷一一五九頁五，乾隆四十七年六月癸未。）

各督撫等於接奉上諭，即據實覆奏，「除敬謹謄黃，廣為宣布，俾各家喻戶曉，免致胥役人等藉端滋擾」[132]。「若果有實在違悖不法語句，立即搜查嚴辦，斷不敢稍有疎縱。若回民傳習經典，並無邪教狂悖，不過字句鄙俚者，均不必遽加指摘，格外推求，以期仰體聖主大中至正，不為已甚之至意」[133]。高宗以朱椿辦事糊塗，「自以為急公，不待接奉諭旨，即分咨各直省一體查辦」，「著再傳旨嚴行申飭」[134]。

總之，以上所發生的與禁燬書籍及文字獄有關的三大案，雖因高宗「不為已甚」，「不附會」，不「過事吹求」，沒有造成重大的「滋擾」。但江寧布政使卻陸續申繳新獲違礙《木侍樓》等書七種[135]。江蘇省在乾隆四十七年一年中，共查出新「違礙應銷書十七種」，並通咨各省一體查繳[136]。「江南地方，書籍繁多，各屬尚在源源查繳等情，自應實力蒐查淨盡，俾免留藏貽惑」。於是安徽巡撫富躬乃奏請「准再展限一年，廣為蒐訪」[137]。事實上，據四庫館的奏報，「現在閱進之書，大約重本居多，續獲者漸少，似於查辦違礙各書，已可得十之八九。今將屆限滿之期，恐各該處尚未編（徧）知，不能劃一辦理。自應將此項書目通行宣佈，傳示周知，俾各一體凜遵，庶於查辦益加嚴密」[138]。

乾隆四十八年，當浙江巡撫福崧奏報查辦義烏監生樓繩等呈首伊故父樓德運自輯諭家言，暨《巢穴圖略》各書內有違礙語句，及不知敬避廟諱御名，並已飭將樓繩等收禁，革去職銜衣頂，將該犯家產查封，拘犯嚴究，照例定擬時[139]。高宗亦責其所辦未免過當，諭令「除將繳出書本板片銷燬外，樓繩等均著加恩寬免，其無干人犯，概予省釋」[140]。而查繳銷燬違礙書籍，因一再展限，此時已近尾聲，已得十之八九。為了使鄉曲愚民咸知法禁，不致冒昧收藏違礙書籍，軍機處已將閱過未經雨水沾濕全燬抽燬各書共七百八十九種，摘要書目，各註明撰人姓名，彙刊成冊，通行各該省按目查考搜繳[141]。江寧布政使劉墉即據軍機處編《禁書總目》[142]，在短短四個月的時間，「各屬陸續呈繳新獲違礙《明相業軍功考》等書十八種，重複違礙《字貫》等書三百八十七部，《溉堂集》等書板四百四十七塊，造冊詳送，現在委員解送軍機處查收，分別銷燬，並分咨各省一體查繳」[143]。

四庫全書館早已「咨開各省進到遺書內，有應行全燬並酌量抽燬各書，恐外間未奉明禁，尚有留存，開單行文查繳解京銷燬」。浙江巡撫福崧遵即嚴督各屬，實力遍行蒐羅，陸續解局校勘，內應行全燬書二十二種，計一百五十四部。又應行抽燬書七種，計二十七部。又從前已繳各書，今又查出七十五種，計三百零四部，統計一百零四種共四百八十五部。又《青來閣》等書集板片共八百一十塊，均應解京銷燬[144]。

除四庫全書館及軍機處所頒發之全燬抽燬書目，「須實力遍行蒐羅，解京銷燬」外，乾隆四十八年另一重要工作，則為抽改《通鑑綱目續編》之事。緣高宗於四十七年，命皇子及軍機大臣訂正《通鑑綱目續編》之事。因其於「遼、金、元事，多有議論偏謬，及肆行詆毀者」，乃諭令交武英殿照改本更正後，發交直省督撫各一部，令各照本抽改[145]。「現在將次辦竣，陸續頒發，各該督撫等務須實力妥辦。總在不動聲色，使外間流傳之本一體更正，不致遺漏，亦不得滋擾。至各該省，自接奉頒發原書後，遵照抽改共若干部，仍著各督撫於年終彙奏一次，以憑查核」[146]。至《通鑑綱目續編》「及其翻刻之本，書內違悖字樣，毋論一兩頁及二、三行或數字，均著收存彙齊送京銷燬，不致外間稍有留傳，使無知誕妄之徒，又行抄播」[147]。而且在展限的乾隆四十八年一年間，又發現新的違礙書籍，安徽省即查出應銷（燬）違礙新獲各書十九種，計共九十三本，「或語多違礙，或誕妄不經」。展限一年又已屆滿，故安徽巡撫富躬以「江南書籍繁多，恐民間尚有存留，奏請准再予展限一年，廣為購繳」違礙書籍[148]。

《通鑑綱目續編》及其翻刻之本乃「家弦戶誦」之書，民間珍藏必多[149]。一部《通鑑綱目續編》計需挖出二萬三千五百三十四字⑮，已使這部書面目全非，而且抽改剷削更正後，再將原書發還，實在是一費時費事的工作。故自乾隆四十八年起，各督撫等即遵旨於年終彙奏挖補通鑑綱目數，至乾隆五十六年，此一工作仍在進行。據估計浙江江西等十八省共挖改御批《通鑑綱目續編》共二三二七部，而民間所藏應不止此數⑮。

綜觀《四庫全書》中經竄改過的書籍，以宋、明諸人文集奏議，及史部雜史，子部雜家各類為最甚，亦即高宗所認為忌諱者，為「賊」、「虜」、「犬羊」、「女真」、「夷狄」諸字，甚至「中國」二字也觸犯忌諱，因「中國」與「夷狄」為對立之語，易引起種族反叛之念。大抵「胡」改為「金」，「虜」、「狄」改為「敵」，「賊」改為「人」，「虜廷」改為「北廷」，「入寇」改為「入塞」，「南寇」改為「南侵」，但並無一定的竄改標準，如「戎狄」改成「外國」、「外侮」、「強敵」、「荊楚」、「遠人」、「荒服」、「宣靖」等，往往一頁改一字或數字或數十字不等⑮。《四庫全書》不能成為「善本」，即因竄改原書而貶損其價值。而「內中國而「外」夷狄，是儒家傳統思想中最重要的一部分，清高宗既以儒家思想為正宗，而又「斥絕」或摧毀儒家傳統思想中的民族意識，實顯得非常矛盾與不合理。

至查繳銷燬違礙書籍與搜訪遺書完全不同，搜訪遺書著重於藏書家較多，人文淵藪的江浙等省，務必求得其孤本或善本。而查繳違礙書籍，則著重於為人所疏忽的窮鄉僻壤之地，務必使「

違礙」或「忌諱」書籍查繳銷燬淨盡。故當僻壤地區，如雲貴、陝甘及兩廣等省紛紛奏報已無違礙書籍，與並無抽改《通鑑綱目續編》之事時，而人文淵藪的江蘇、浙江、安徽、江西等省卻發現新的違礙書籍[153]，而一再懇請准予展限查繳違礙書籍[154]。至乾隆五十三年四月安徽巡撫陳用敷以其抵任後一月餘之時間，「各屬先後繳到《通紀編年》等書三十種，計一百零七本」，「可見江南書籍繁多，呈繳尚未淨盡。自上年四月十八日，前任撫臣書麟奏請展限，今又屆滿一年。雖臣到任兩月以來，節次嚴催，但地方遼闊，恐窮鄉僻壤尚有未盡周知，更慮祖父藏書，現在子孫無讀書應試之士，東閣於敗籍破簍之中，甚至幼孩婦女，罔知呈繳，均未可定，合無仰懇皇上天恩，俯准再予展限一年，俾臣督率所屬，廣為諮訪，並痛切曉諭，如不趁此時細心檢閱，將來別經發覺，即身罹重譴，悔之何及。凡有應禁之書，無論一篇半頁，一律呈繳，務期淨盡」[155]。至五月四日，奉上諭云：

此等應禁各書，節經降旨，令各督撫廣為查繳，並寬予限期，俾得逐細訪查，不使稍有遺留。今據陳用敷奏，伊到任後，各屬呈繳各書，已有三十餘種。安徽尚非大省，應禁之書，歷年猶未能收繳淨盡。江蘇、江西、浙江省分較大，素稱人文之藪，民間書籍繁多，何以近年總未據該撫等續行查繳？豈該三省於應繳之書，業已搜查淨盡？抑該督撫於此等事件，視為無關緊要，竟不飭屬認真查辦耶？著傳諭書麟、閔鶚元、何裕城、琅玕等，各嚴飭所屬，悉心查察，如應禁各書，該省尚有存留之本，即行解京銷燬，務宜實力查辦，俾搜查淨盡，毋得久而生懈，視為具文。（《清高宗純皇帝實錄》卷一三〇四頁七，乾隆五十三年五月乙丑。）

浙江巡撫覺羅琅玕、兩江總督兼署江蘇巡撫書麟、江西巡撫何裕城等於接奉上諭後，即先後奏報查繳應禁各書事。浙江自乾隆三十九年奉旨查辦違礙書籍，至四十九年，先後共奏繳過二十四次，計書五百三十八種」，「近年以來，並無呈繳，或係各屬因限期已滿，奉行不力，而藏書之家亦因查禁稍懈，匿不呈出，均未可定」⑯。其後浙江省「又繳出應禁書二十種，可見民間收藏尚有遺存，並恐另有應禁未曾繳過之書」⑰。江蘇江寧書局則在乾隆五十三年展限的一年間，「續收《休園省錄》等書十八種，重複舊書七十七種，書板三千三百八十八塊⑱。江西省則呈繳《通鑑綱目續編》一百八十七部，「其餘應禁之書四十四種，計一千一百二十四本又五十八帙」⑲。

乾隆五十四年一再「展限一年」之期「已滿」，安徽巡撫陳用敷又奏請展限查繳禁書，「據稱現在各屬繳到書籍，為數無多，似已蒐羅殆盡，惟續查出之《休園省錄》等書，飭行未久，誠恐窮鄉僻壤，或未周知，不敢以年限已滿，遽停查辦，請展限一年，再加逐細訪查」⑯。高宗此時則認為查繳禁書，「原可毋庸定以限期」，「隨處留心查訪，如有應行查禁各書，即迅速飭繳銷燬」。於是查繳違礙書籍的工作，由「履行展限」，至此已無限期，隨時隨處留心查繳銷燬。其上諭云：

江浙違礙各書，節經該督撫等查出解京銷燬，並屢行展限，飭令地方官查辦。現雖據奏，繳到書籍為數無多，然亦未必竟至蒐羅淨盡，或地方官日久生懈，並不實力訪查，亦未可定。況江蘇省續行查出《休園省錄》等書，現在查禁未久，僻遠處所，或未及周知呈繳，自應寬為查辦。江浙為人文之藪，書籍繁多，地方官祇須將應燬之書，查銷淨盡，原可毋庸定以限期。著傳諭書麟、閔鶚元、陳用敷、何裕城、琅玕等務宜嚴飭所屬，隨處留心查訪。如有應行查禁各書，即迅速飭繳銷燬，不使稍有留遺，斷不可稍存懈怠，拘泥期限，徒為虛應故事。並著將現在曾否有續行查出之書，即行分析具奏。（《清高宗純皇帝實錄》卷一三三九頁四，乾隆五十四年五月癸酉。）

江西巡撫何裕城，浙江巡撫覺羅琅玕，安徽巡撫陳用敷等於接奉查繳禁書，「毋庸定以限期」之上諭後，即先後奏報查繳違礙書籍之事。江西省「自去年（五十三）六月起，截至本年（五十四）

五月底止，續據各屬查收交局，經該局員覈明應燬者一百二十八種，計一千八十二本又九十八帙。是江西應燬之書，正在源源收繳，各屬尚不敢稍存懈怠」161。浙江「本年以來，又據秀水等縣學政陸續申繳應禁之《今是堂集》等書二十六種」，「並恐各屬或因無限期，心存懈怠，已酌定章程，令各屬有無查繳之處，每月具稟查核，分別記功記過，以覘勤惰，一俟繳有數種，即隨時彙奏」162。至是年十月，浙江「又繳出應禁書一百四十六種，可見民間收藏尚有遺存，並恐另有應禁未曾繳過之書，自應實力查辦，不使稍有遺留」163。安徽則「各屬繳到應禁舊書十四種，共七十九本」164。

總之，自乾隆三十九年起，各省督撫奉諭查繳銷燬違礙書籍，連續十四年之久，未曾停止。其間又有「限期」及「展限」的數次高潮，民間即令藏有違礙書籍，恐也是少之又少。尤其是五十四年不定限期，使查繳銷燬違礙書籍，變為「經常」而「永久」性的工作。浙江省能於「不定期限」後的短短五個月的時間，查出應禁書一四六種165，於此可見其成效之彰著。因高宗對查繳銷燬違礙書籍之重視，各省督撫於搜繳違礙時，就不敢以「無限期」而稍有懈忽。事實上，此時除窮鄉僻壤外，「違礙」、「誕妄」書籍幾已查繳銷燬淨盡。

結語

清高宗於乾隆三十七年詔諭蒐訪遺書，而藏書家不明其意，且恐書中有「忌諱」及「誕妄」字句，裹足觀望不前。各省督撫更心存疑畏，不敢經手彙送遺書。高宗乃諭令即使書中有忌諱或誕妄字句，與藏書之人無干涉，並不加罪，而督撫等經手彙送，更無關礙。且以辦事光明正大作保證，絕不藉訪求遺書，而於書中尋摘瑕疵，罪及收藏之人。於是各藏書之家競獻遺書，僅外省進到之書，即有萬餘種。其中合乎纂輯《四庫全書》標準的著作近三千種，按經、史、子、集、四部分類抄謄[166]。其存目不必繕寫的書籍，亦即《四庫全書總目》內僅錄其書名及其提要的書籍，有六千八百十九種[167]。其中的「違礙」、「誕妄」書籍，至乾隆四十五年，大學士四庫館正總裁英廉「與總纂紀昀等共同商酌，以各書內有詞義違礙者，業經陸續查出，分次奏繳銷燬，但卷帙浩繁，恐其中或尚有應燬字句，應再行通加覆檢，然後發回，庶無疎漏」，「隨派纂修翰林戴衢亨、蔡廷衡、潘廷筠、王春煦、吳裕德、吳省蘭、汪如洋、程昌期、吳舒帷、吳錫麒、孫希旦、陸伯焜、陳萬青等十三員，將各省解送之明代以後各書，逐一覆加檢閱，詳細磨勘，務將誕妄字句刪燬淨盡，不致稍有遺漏。茲據各纂修等已全行閱竣，共看出應行銷燬書一百四十二部，應酌量抽燬書一百八十一部，一併繳進請旨，分別銷燬」[168]。至四十七年三月，正總裁與總纂官紀昀、陸錫熊、孫士毅等以「應行全燬各書，亦係從各省所進遺書中檢出，恐外間未奉明禁，尚有留存，現在開繕清單，行知各該督撫，令其遵照嚴查解京銷燬，毋使少有遺留。其應行抽燬之本，亦將應抽各條，詳悉開明知照，令其將應燬篇頁，嚴行查抽封固，一體解燬」[169]。四庫全書館乃刊印銷燬抽燬書目，從其三二五種全燬及抽燬書目中，幾全為明朝人的著作。亦即凡明朝人以漢人立場，記敘或論及蒙古或女真部族的著作，就其出「生」於滿洲部族的乾隆皇帝而言，均有「詆毀清朝」或「詬其祖先」的嫌疑，屬於「乖謬」、「偏駁」、「偏謬」、「謬妄」、「誣妄」、「違謬」、「悖謬」、「狂謬」、「干礙」、「違悖」、「謬戾」、「駁雜」、「荒誕」、「違礙」之著作，應行全燬或抽燬[170]。與乾隆三十九年八月初八日明令規定查繳銷燬「違礙」、「誕妄」書籍的標準完全脗合[171]，所以查繳銷燬明末清初詆毀清朝的稗官野史，是乾隆朝查繳銷燬「違礙」書籍的重點。其後清高宗諭令更正遼、金、元三史中「不雅」之人名，與磨毀改刻沿邊地方祠宇關隘門匾碑碣內的干礙文字，以及釐剔刪除演戲劇本內的「違礙」字句，與乎更正抽改《通鑑綱目續編》內議論遼、金、元事「偏謬」及「詆毀」之處，均由此「重點」演繹而出。

除四庫全書館將各省繳到遺書內的「違礙」書籍，檢出開繕清單，行知各該督撫外，軍機處亦於乾隆四十七年十二月，將各省奉諭查辦「違礙」書籍後，繳到軍機處的「違礙」各書，內分全燬及抽燬各本，以《禁書總目》通行各該省[172]。按軍機處所刊刻的《禁書總目》，是根據各省先後繳到軍機處的違礙書籍，經四庫全書館「總纂紀昀、陸錫熊等，協同各纂修逐細檢閱後，奏定全燬抽燬各本」。但各省解燬書籍內，有沿途經雨水沾濕成塊，難於繙閱者，則「無憑開列書名」。故知軍機處所刊印的七百八十九種《禁書總目》，並不是各省解到軍機處之違礙書籍的實數，也不是根據各省奏繳銷燬違礙書籍的清單[173]。茲從本院所藏乾隆朝五萬九千四百三十六件宮中檔及四萬七千一百零四件軍機檔中，選出有關乾隆纂輯《四庫全書》的二百八十五件宮中檔及二百九十件軍機檔，再其中選出各省奏繳違礙書目清單四十四件，附錄於後。雖然本院所藏宮中及軍機檔案不夠齊全，時間上也不能相互銜接而短缺不少，但從此難得的史料中，亦可窺見違礙書籍及其「違礙思想」傳播各省之情形。而那些違礙書籍，在那一年那一省被查獲而奏繳銷燬，也清晰可見。雖其中重複的書目很多，但若分析其重複之意義，諸如各省之貧富，文風之盛衰，購買書籍之潛力，以及文化水準之高低等，於此亦可一一窺其縮影。此乃從前所未曾做過的工作[174]。如能按時間之先後，將各省奏繳銷燬違礙書籍的清單補全，則乾隆朝禁燬書之實數於此可得，而更能清晰看出違礙書籍及其「違礙思想」傳播之遠近。

至查繳銷燬錢謙益，金堡等諸人之著作，則有其政治作用。清高宗以為錢謙益等「既不忠於明，又不忠於清」，為了杜邪說而正人心，並用以「褒獎忠貞，風勵臣節」，故諭令查繳銷燬其著作[175]。乾隆四十三年，四庫全書館諸臣為了易於查辦違礙書籍，擬定分別辦理查繳銷燬違礙書籍八條款，其中第四款即有關查繳銷燬錢謙益等人著作之事，各省督撫亦將此條列為查繳銷燬違礙書籍重點之一[176]。至乾隆五十二年三月，四庫全書館呈送續繕三分《四庫全書》時，其中「李清所撰《諸史同異錄》，書內稱我朝世祖章皇帝與明崇禎四事相同，妄誕不經，閱之殊堪駭異」，乃諭令將李清所「著書籍悖妄之處，自應搜查銷燬，以杜邪說而正人心」，「所有辦理《四庫全書》之皇子大臣及總纂紀昀、孫士毅、陸錫熊，總校陸費墀、恭泰、吳裕德，從前覆校許烺俱著交部分別嚴加議處。至議敘舉人之監生朱文鼎，係專司校對之人，豈竟無目者?乃並未校出。其咎更重，朱文鼎本因校書特賜舉人，著即斥革以示懲儆。所有四閣陳設之本及續辦三分書內，俱著掣出銷燬。其總目提要亦著一體查刪」[177]。李清所著書四種，其《南北史合註》在史部，《諸史同異錄》及《列代不知姓名錄》在子部，《南唐書合訂》則在史部載記類，均從《四庫全書》中抽換銷燬[178]。

其後因重加校閱文淵文源二閣《四庫全書》時，其中「閻若璩《尚書古文疏證》一書，有引李清、錢謙益諸說，未經刪削，並《黃庭堅集詩註》，有連篇累頁空白未填者，實屬草率已極，著將承辦之總校、分校等交部議處」、總纂紀昀乃「請將文源閣所貯，將明季國初史部集部及子部之小說雜記諸書，自認通行校勘，凡有違礙，即行修改，仍知會文淵、文津二閣詳校官劃一辦理，再行賠寫抽換，務期完善」。因校勘《四庫全書》的「荒謬舛錯」，總纂紀昀、陸錫熊，總校陸費墀等都受懲罰，尤以陸費墀受罰獨重[179]。而校出「周亮工《讀畫錄》，吳其貞《書畫記》內有違礙猥褻之處」的詳校官祝堃，及「簽出《尚書古文疏證》、《松陽講義》二書，並有違礙字句」的詳校官胡高望、吉夢熊、阮葵生等，俱著交部議敘[180]。為此周亮工所撰之《閩小記》及《印人傳》亦自《四庫全書》中撤出銷燬，而不知撰人姓名之《國史考異》撤出銷燬，即因其「內多引用錢謙益之辨證」[181]。

至於乾隆朝的文字之獄，除為查繳銷燬違礙書籍造一高潮，使各省督撫等於查繳銷燬違礙書籍時，不敢「奉行不力，而漫不經意」，最主要的目的則為藉文字之獄以剷除漢人反清復明或叛逆的種族思想，更進而使漢人士庶悉知「尊君親上」之義[182]。在思想上，為長治久安的大清皇朝奠定堅實的基礎。

總之，清高宗崇尚宋明理學，期以程、朱之學統一士大夫的思想，一切經典註解及義理之學，俱以程、朱之學為正宗，而貶抑陸、王及其他非程、朱之學的思想[183]。在此尺度下，舉凡不合或違反程、朱正統思想之言行及著述，均在其貶斥或銷燬之列。事實上，清高宗蒐訪遺書以纂輯《四庫全書》，即有其政治目的。故收入《四庫全書》的書籍，均合乎傳統儒家正統思想的範疇。而四庫全書總目中存目的書籍則或為不重要，或為不合乎傳統儒家正統思想而在其提要中分別予以貶抑[184]。至乾隆朝查繳銷燬違礙書籍，則更有其政治目的，主要的作用在剷除「異端」、「邪說」便於清朝長治久安的統治。乾隆三十九年冬，清高宗於〈文淵閣記〉中引張子所云：「為天地立心，為生民立命，為往聖繼絕學，為萬世開太平」，胥於是乎繫[185]。可見清高宗對《四庫全書》寄望之殷，而統一學術思想之意盡在其中。而查繳銷燬違礙書籍與文字之獄卻為乾隆統一學術思想的另一面。清代學術思想無法恢弘博大，實與此有關。

註釋

❶國立故宮博物院藏上諭檔木刻本，乾隆三十七年正月初四日。

❷《辦理四庫全書檔》上冊頁二：「大學士劉寄各督撫學政，乾隆三十七年十月十七日奉上諭：前以歷代流傳舊書及國朝儒林撰述，向來未登大內收藏書目者，已降旨直省督撫會同各學政，通行購訪，彙列書名奏聞，再令廷臣檢覈行知取。迄今幾近匝歲……飭辦殊為延緩。我國家重熙累洽一百二十餘年，於今文治光昭，遠暨山陬，海澨所在，經籯書庫，藏弆甚多，採掇本非難事。其間即屬家傳善本，珍祕有加。然一聞稽古右文之詔，且令有司傳抄副本，善為經理，當無不踴躍爭先。為大吏者，果能及時率屬……甚非所以體朕念典勤求之至意也。各督撫其即恪遵前旨，飭催所屬速行設法訪求。無論刊本抄本，一一彙收備採，俟卷帙所積稍充，即開具目錄，附摺奏明，聽候甄擇移取。仍將現在作何辦理章程及有無購得若干部之處，先行據實奏覆。將此於奏事之便，通諭督撫學政知之。」

❸《清高宗純皇帝實錄》卷九二一頁二一，乾隆三十七年十一月甲寅：「諭軍機大臣等，何煟奏覆購訪遺書一摺，並將購得書籍目錄開單進呈。朕披閱之下，因憶籍隸該省之原任侍郎胡煦，平素究心理學，曾有著述，朕所深知。今單內並不見其姓名，則此外之似此遺漏者，當復不少。著傳諭何煟，令其再悉心蒐採，並飭屬實力奉行，不得以書籍無關政要，一任草率塞責。俟續有購得，即行彙單具奏。」

❹《清高宗純皇帝實錄》卷九二三頁一五，乾隆三十七年十二月己卯：「諭軍機大臣等，博卿額等覆奏採訪遺書一摺，將魏樞等所著書目進呈，並稱現催所屬，再行設法訪求等語，所奏殊不曉事。奉天風俗淳樸，本少著述流傳。坊肆既無可採購，該府尹等祇應據實聲明奏覆，且前降旨，原非責令各省，不論有無書籍，概令設法搜羅，轉乖覈實之意，何必勉強摭拾，聊以塞責，實屬拘泥無謂。著傳諭博卿額等，止就單內所開書目進呈，其餘不必再行訪購，以致徒滋紛擾。」

❺朱筠著《笥河文集》卷一頁三。

❻郭伯恭著《四庫全書纂修考》第一章。並參《辦理四庫全書檔案》上冊頁五，大學士臣劉統勳等謹奏，為遵旨議奏事，安徽學政朱筠條奏採訪遺書事宜一摺，乾隆三十七年十二月十一日奉硃批原議大臣議奏……乾隆三十八年二月初六日奉旨依議。

❼《辦理四庫全書檔案》上冊頁七，關於四庫館址在翰林院之考證，請參郭伯恭著《四庫全書纂修考》。

❽《辦理四庫全書檔案》上冊頁八。

❾《辦理四庫全書檔案》上冊頁九，按纂輯《四庫全書》諸臣始於乾隆三十八年三月以辦理四庫全書處銜奏明酌議各事宜，故纂輯《四庫全書》之工作，應於乾隆三十八年三月開始。

❿《清高宗純皇帝實錄》卷九二七頁一一，乾隆三十八年二月辛巳。

⓫《清高宗純皇帝實錄》卷九二九頁一八，乾隆三十八年三月丁巳。

⓬朱筠著《笥河文集》卷首頁六，竹君朱公神道碑。

⓭《辦理四庫全書檔案》上冊頁七，按高晉、三寶奉旨向王鴻緒，徐乾學及高士奇等本籍家中及民間或坊林，訪求散佚之《永樂大典》。

⓮郭伯恭著《永樂大典考》第七章〈清乾隆年間之永樂大典〉。

⓯鄭鶴聲等著《中國文獻學概要》(上)，第六章。

⓰《辦理四庫全書檔案》上冊頁一〇。

⓱同上。

⓲吳哲夫著《四庫全書薈要纂修考》。

⓳《清高宗純皇帝實錄》卷九二九頁一八，乾隆三十八年三月丁巳諭：「前經降旨，令各該督撫等訪求遺書，彙登府冊。近允廷臣所議，以翰林院舊藏《永樂大典》，詳加別擇校勘，其世不經見之書，多至三四百種。將擇其醇備者，付梓流傳，餘亦錄存彙輯，與各省所採，及武英殿官刻諸書，統按經史子集，編定目錄，命為《四庫全書

》。俾古今圖籍薈萃無遺，永昭藝林盛軌。乃各省奏到書單，寥寥無幾，且不過近人解經論學，詩文私集數種，聊以塞白。其實係唐宋以來名家著作，或舊版僅存，或副稿略具，卓然可傳者，竟不概見。當此文治光昭之日，名山藏弆，何可使之隱而弗彰？此必督撫等視為具文，地方官亦第奉行故事，所謂上以實求，而下以名應，殊未體朕殷殷諮訪意。且此事並非難辦，尚爾率略若此，其他尚可問乎？……」

⑳《清高宗純皇帝實錄》卷九二九頁二二，乾隆三十八年三月戊午。

㉑同上。

㉒清高宗於乾隆三十七年正月初四日，命中外蒐輯群書，至三十八年三月丁巳二十八日，剛好一年二月餘。參註⑲。

㉓參註⑲。

㉔蕭一山著《清代通史》。

㉕國立故宮博物院藏長本《上諭檔》，乾隆三十八年三月二十八日。《清高宗純皇帝實錄》亦載此上諭，惟經潤飾與纂改，相互核校，即知故宮所藏《上諭檔》之史料價值。參註⑲。

㉖《清高宗純皇帝實錄》卷九三一頁一九，乾隆三十八年閏三月丁亥。

㉗《清高宗純皇帝實錄》卷九三三頁二九，乾隆三十八年四月丙辰。

㉘《清高宗純皇帝實錄》卷九三五頁四，乾隆三十八年五月乙亥。

㉙《欽定四庫全書總目》卷首頁二，乾隆三十八年五月十七日奉上諭：「前經降旨博採遺編，彙為《四庫全書》，

用昭石渠美備，並以嘉惠藝林。旋據浙江江南督撫及兩淮鹽政等奏到購求呈送之書，已不下四五千種，並有稱藏書家願將所有舊書呈獻者，固屬踴躍奉公，尚未能深喻朕意。方今文治光昭，典籍大備，恐名山石室，儲蓄尚多，用是廣為蒐羅，俾無遺佚，冀以闡微補闕。所有進到各遺書，並交總裁等，同《永樂大典》內現有各種，詳加核勘，分別刊抄。擇其中罕見之書，有益於世道人心者，壽之棃棗，以廣流傳。餘則選派謄錄，彙繕成編，陳之冊府。其中有俚淺譌謬者，止存書名，彙為總目，以彰右文之盛，此採擇《四庫全書》本指也。……」

㉚《清高宗純皇帝實錄》卷九三四頁一，乾隆三十八年五月己未：「朕幾餘懋學，典冊時披，念當文治修明之會，而古今載籍，未能蒐羅大備，其何以裨藝林而光策府？爰命四方大吏，加意採訪，彙上於朝。又以翰林署，舊藏明代《永樂大典》。其中墜簡逸篇，往往而在。並敕開局編校，芟蕪取腴，亦頗裒括無遺。合之大內所儲，朝紳所獻，自不下萬餘種。自昔圖書之富，於斯為盛。特詔詞臣，詳為勘覈，釐其應刊應抄應存者，係以提要，輯成總目，依經史子集，部分類聚，命為《四庫全書》……其應抄各種，則於雲集京師士子中，擇其能書者，給扎分抄，共成善本，以廣蘭台石渠之藏。第全書卷帙，浩於煙海，將來庋弆宮庭，不啻連楹充棟，檢玩為難。惟摛藻堂，向為宮中陳設書籍之所，牙籤插架，原按四庫編排，朕每憩此觀書，取攜最便，著於全書中，擷其菁華，繕為薈要。其篇式，一如全書之例。蓋彼極其博，此取其精，不相妨而適相助。庶縹緗羅列，得以隨時流覽，更足資好古敏求之益……。」

㉛《四庫全書總目》出版說明頁二。

㉜參註㉙、㉚。
㉝《清高宗純皇帝實錄》卷九五八頁二二，乾隆三十九年五月丙寅。
㉞《清高宗純皇帝實錄》卷九六三頁二六，乾隆三十九年七月丙子。
㉟故宮博物院藏《宮中檔》〇二六九四一，乾隆三十八年九月初一日。
㊱故宮博物院藏《宮中檔》〇二七一〇二，乾隆三十八年九月十五日。
㊲故宮博物院藏《宮中檔》〇二七三八五，乾隆三十八年十二月初七日。
㊳故宮博物院藏《宮中檔》〇二八〇〇九，乾隆三十九年正月二十八日。
㊴參註㊱、㊲、㊳、㊴。
㊵故宮博物院藏《宮中檔》〇二七一二一，乾隆三十八年十一月十七日。
㊶故宮博物院藏《宮中檔》三二二〇五，乾隆四十二年八月二日。
㊷《清高宗純皇帝實錄》卷九六四頁一〇，乾隆三十八年八月丙戌。
㊸故宮博物院藏木刻本《上諭檔》頁三五，乾隆三十九年八月初五日。
㊹參故宮博物院《宮中檔》〇二九八八〇、〇二九八一二、〇二九八〇二、〇二九八六一、〇三〇〇〇〇、〇二九九〇七、〇三〇一七八。
㊺故宮博物院藏《上諭檔》（刻本），乾隆三十九年十二月二十二日。

46《清高宗純皇帝實錄》卷九七四頁一六：乾隆四十年正月丁巳：「諭軍機大臣等，今日海成奏到蒐羅遺書一摺，據稱紳士明理之人，現在宣揚恩旨，伊等天良難泯，自當呈獻無遺。但恐村僻愚民本不知書……亦難必其盡獻。現在復飭各屬，傳集地保，逐戶宣諭……以便分別辦理等語，所辦頗好。各省查辦遺書，其中狂悖字句，節經降旨各督撫，實力查繳，並准其自行首出，仍不加之罪愆。雖現在各省已有繳到者，而所繳尚覺寥寥……今海成所辦較為周到，且又不致煩擾，各省自可仿而行之。著傳諭各督撫，照式一體妥辦，海成原摺，並著抄寄閱看。」

47《清高宗純皇帝實錄》卷九九二頁二五，乾隆四十年十月戊子：「諭軍機大臣曰：韋謙恆奏查繳違禁書籍摺內稱：該省現將繳到禁書，封固發還書坊，俟奉旨後，在外銷燬等語，所辦實屬乖謬，已於摺內批抹。各省查辦違禁之書，屢經傳諭，令各督撫檢出解京，並經朕親行檢閱，分別查銷，從無在外銷燬者，兩年以來，俱如此辦理，韋謙恆豈不聞知？即如韋謙恆之意，將書封固候旨，亦應封存署內，靜候批示遵行。乃竟將原書發還書局，實無此情理！幸而黔省人心稚魯，或未必有潛留傳播之事。若在江浙等省，聞有應燬之書，必且以為新奇可喜……韋謙恆即係江南人，寧於此等事，亦未計及？……今蒐查遺書一事，乃讀書人本分所應為，何亦茫然不知輕重若此？看來韋謙恆竟是一糊塗不曉事之人，豈尚堪封疆重任耶？韋謙恆著傳旨嚴行申飭，並令其自行明白回奏。」

48《清高宗純皇帝實錄》卷九七九頁一九，乾隆四十年三月甲戌。

49故宮博物院藏《宮中檔》〇三一九二五，乾隆四十二年三月初十日。

50故宮博物院藏《宮中檔》三二六四五，乾隆四十二年九月二十四日。

❺❶故宮博物院藏《宮中檔》〇三一七二四，乾隆四十二年九月五月二十日。

❺❷《掌故叢編》頁八七，江西巡撫海成第一摺。

❺❸故宮博物院藏《宮中檔》三二九七六，乾隆四十二年十月二十七日。

❺❹《掌故叢編》頁八七、八八，十月二十一日廷寄。

❺❺《掌故叢編》頁八九，十月二十三日廷寄。

❺❻《辦理四庫全書檔案》上冊頁五二，乾隆四十二年十一月十八日奉上諭。

❺❼《辦理四庫全書檔案》上冊頁五三。

❺❽故宮博物院藏《宮中檔》三三七六〇，乾隆四十二年十二月二十四日。

❺❾故宮博物院藏《宮中檔》三三七〇五，乾隆四十二年十二月二十一日。

❻⓿故宮博物院藏《宮中檔》三三六八一，乾隆四十二年十二月十九日。

❻❶同上註。

❻❷《辦理四庫全書檔案》上冊頁五三，引抄本《禁書總目》卷上所載。

❻❸《掌故叢編》頁九五，王錫侯供詞一：「我是庚午科中式舉人，此科江西正主考是錢陳群，副主考是史貽謨。我丙戌年會試下第後，於九月內，攜了所著的《經史鏡》及選的《唐人試帖》詳解稿，到嘉興座師錢陳群家，就正求他作序，那時適值錢陳群的夫人俞氏病故治喪，沒有給我做，後來就自己做了，刻上他的名字是實。那王氏家

譜刻的史貽直序文，是我從前會試到京，求了座師史貽謨，轉求大學士史貽直做序，以為族譜光彩，史貽直沒有給我做，也是我自己做了，寫他名字的。」

64 故宮博物院藏《宮中檔》三三六四四，乾隆四十二年十二月十三日，江蘇巡撫楊魁奏。

65 故宮博物院藏《宮中檔》三三六三一，乾隆四十二年十二月十二日，原任兵部尚書史奕昂奏。

66 故宮博物院藏《宮中檔》三三四七一各附件，乾隆四十二年十一月二十九日，高晉奏。

67 《文獻叢編》上冊頁四六六，書詞狂悖比照大逆緣坐人犯清單。

68 《掌故叢編》頁九七，王錫侯字貫案。

69 故宮博物院藏《上諭檔》（大方本）頁五一，乾隆四十三年正月初十日。

70 故宮博物院藏《上諭檔》（大方本）頁八三，乾隆四十三年四月十一日，「內閣奉上諭，據三寶奏請嗣後各直省士子……如有誕妄不經之辭，即從重究治等語。所見非是，不法書籍有關世道人心，固應禁燬。然亦全在各督撫留心體察，嚴飭地方官實力訪查，無難淨盡。其有悖逆不法如蔡顯、王錫侯諸人，有犯必懲，狂誕之徒，自亦稍知儆畏，即或愍不畏死，妄刻流傳，而此等狂悖之人為天地所不容，斷無不自行敗露，原不必多為厲禁也！至海內操觚之士，著書立說以抒夙學者，本不乏人。若如三寶所奏必呈送教官，轉呈學政核定，始准刊行，竟似欲杜天下人刊書傳世之路，無此政體。且以其事責成教官，若輩未必果能勝任？兼恐不肖者藉端需索，轉滋紛擾，弊更無所底止！三寶所奏斷不可行。將此通諭知之，欽此」。按此上諭，則高宗深曉然於為政之道，乾隆朝六十餘年之盛世實非倖至！然若準此以論，則高宗所謂「忌諱」或「誕妄」書籍，「原不必多為厲禁也」！

71 參各省呈獻遺書分類表。按此表中，雲南呈獻遺書一次共四種書籍。但於奏繳違礙書籍時，雲南先後查繳四次，共查繳違礙書籍三〇二種。可知高宗於蒐羅天下遺書時，將重點放於人文淵藪的江浙。於查繳違礙書籍時，為了使違礙書籍銷燬淨盡，故邊徼之地，甚至僻壤窮鄉，才是高宗清查的重點所在。

72 故宮博物院藏《軍機處檔》二〇〇五二，署雲貴總督雲南巡撫裴宗錫奏，乾隆四十三年六月二十六日。

73 故宮博物院藏《軍機處檔》二〇七六六、二一一一五、二一一八三、三六三四四，及《宮中檔》三五九五六、三五九七〇、三六〇〇七、三六〇三一、三六〇五二、三六〇七四。

74 故宮博物院藏《宮中檔》三五九五六，山西巡撫覺羅巴延三奏，乾隆四十三年八月初三日。

75 《清高宗純皇帝實錄》卷一〇七〇頁四，乾隆四十年十一月丁亥。

76 故宮博物院藏《軍機處上諭檔》（大方本），自乾隆四十三年九月十三日諭令查辦徐述夔案起，至是年十一月審訊此案時止，本院所藏《上諭檔》中記載甚詳，本文所引，即摘其重點。

77 《清違礙書目》頁一，河南巡撫鄭奉上諭。

78 故宮博物院藏《軍機處上諭檔》（小方本），乾隆四十三年四月五日：「奉上諭，前以遼金元三史內人名字義多未妥協，因命編纂諸臣遵照同文韻統所載，詳加更正。蓋緣遼金元入主中國時，其人未盡通曉漢文，以致音同誤用，而後之為史者既非本國人，更借不雅之字以寓其詆毀之私，是三史人名不可不亟為釐定，而昭大公之本意也。

至本朝發祥定鼎以來，文武兼資，所有王公大臣載在史冊，昭著耳目，人所共知，其命名之初，原係斟酌文義，清漢合宜……。」

79 郭伯恭著《四庫全書纂修考》，第十二章，〈四庫全書評議〉。

80 故宮博物院藏《軍機處檔》〇三二三〇五及附件，乾隆四十三年七月十七日，書目清單，今將新購違礙各書及應禁書籍開列清單恭呈御覽，計開：

《函史下編》一部十六本，明江西鄧元錫著。此書〈戎狄志〉內，記載建州事數條，語有觸礙。

《明論表》一部五本，不全，無選輯姓氏。此書選輯明代各省歷科論表，已經缺失不全，擬表內涉及遼事，語有觸礙。

《策略》一部一本，抄本，無著書人姓氏。此書九邊內敘論遼東邊防，語多觸礙。

《公移副墨》一部一本，明吳甡著。此書敘論遼事，語有觸礙。

《兩朝遺詩》一部六本，長洲陳濟生選。此書彙選明末諸人各詩，其小傳及邊事詩內，語有觸礙。

《宣雲奏議》一部二本，明盧象昇著。此書敘論邊防兵事，語多觸礙，應請銷燬。

謹抄錄以上六種違礙書目以見一斑。

81 參孫殿起編《清代禁書知見錄》及吳哲夫著《清代禁燬書目研究》。

82 故宮博物院藏《軍機處上諭檔》頁八〇（大方本），「大學士於字內務府總管兼馬蘭鎮總兵公保，乾隆四十三年七月初九日奉上諭，據保寧奏，石門地方有神祠……將此碑掩埋等語，明季碑碣既有觸礙字樣，自不應復留。但掩埋仍在土中，久或經掘出，其字面尚在。不如將碑字盡行磨去，另擬碑文刊刻，敘述其神之事蹟，及士人立祠之意。既不使煙沒無傳，且不令字有違礙，方為兩得。將此傳諭知之，欽此，遵旨寄信前來」。

83 故宮博物院藏《宮中檔》三六一一〇，乾隆四十三年八月二十五日。

84 故宮博物院藏《軍機處上諭檔》（大方本）頁四五一，乾隆四十三年九月十二日。

85 故宮博物院藏《軍機處上諭檔》（大方本）頁四二五，乾隆四十三年十一月初八。

86 故宮博物院藏《軍機檔》二二一九六，乾隆四十三年十二月二十二日奉硃批。

87《辦理四庫全書檔案》上冊頁六一，乾隆四十三年十二月初九日。

88 故宮博物院藏《軍機檔》二二四七七，乾隆四十四年正月十六日奉硃批，河南巡撫鄭大進奏。

89《清高宗純皇帝實錄》卷一〇七二頁二九，乾隆四十三年十二月乙丑。

90 故宮博物院藏《宮中檔》〇三八三一八，乾隆四十四年四月二十日，兩江總督薩載奏。

91 謹將故宮博物院所藏《軍機檔》內有關各省接獲江蘇巡撫咨文查繳銷燬《九十九籌》一書之奏摺號碼，抄錄於後，以見各省查繳此書之情形。貴州巡撫覺羅圖思德奏二二五一七，浙江巡撫王亶望奏二二五七〇，閩浙總督楊景素奏二二六七三，福建巡撫黃檢奏二二六七九，廣西巡撫吳虎炳奏二二六八七，兩廣總督桂林、廣東巡撫李質穎合奏二二三〇八三，河南巡撫鄭大進奏二二四七七：「貴州巡撫覺羅圖思德跪奏，為遵旨查辦，先行奏覆事，本年十二月二十日，承准大學士公阿，大學士于字寄乾隆四十三年十二月初九日奏上諭：前據高晉奏繳違礙書籍內，有《九十九籌》一書，計四本，係明人顏季亨所撰云云，欽此，欽遵寄信到臣。伏查前准江蘇撫臣楊魁，咨查明人顏季亨所著《九十九籌》書籍，臣當督率司道，嚴飭所屬實力訪覓。茲欽奉諭旨蒐查前項書籍，臣復飭司道嚴檄各府廳州縣，並移會學臣一體督率各教職，詳慎察訪，明切曉諭。一面委員分頭密查，如有此項書籍，務使繳銷淨盡，不使存留片紙隻字，斷不敢以黔省僻處邊疆，素少藏書之家，稍有疏略，亦不敢視為具文，漫不經意，自取咎戾。所有欽奉諭旨辦理緣由，臣謹先行恭摺奏覆……。乾隆四十四年正月二十一日奉硃批覽，欽此。四十三年十二月二十二日奏。」

92 清軍機處編《禁書總目》頁一四。

93 清榮柱刊《違礙書目》頁二二。

94 清姚覲元編《清代禁燬書目補遺一》頁二四一：「查《九十九籌》係明顏季亨撰，及所作論兵之書九十篇，故以為名。此本僅六十篇，查勘目錄，似無缺佚，蓋當時刊刻未完，其詞氣佻纖……」

95 故宮博物院藏《上諭檔》（大方本）頁三三五，乾隆四十四年二月二十六日奉旨依議：「臣等遵旨將明顏季亨所撰《九十九籌》十卷，附《時務休要》一卷，詳加檢閱，查季亨出處始末未詳。據其書中自敘，蓋溫體仁門下士也。明季山人墨客多往來塞上，以覬覦進用。故季亨是書亦主於大言聳聽，僥倖功名。中如任用參軍，蒐求隱陜，擢用豪傑三篇，語語皆游士地。其志趣庸妄可以考見。其第二篇，力詆熊廷弼。第六篇力雪王化貞。第九篇於熊王功罪，恣意顛倒。第十二篇至謂熊廷弼之不進兵，蓋欲存本朝以自重，任情污衊，變亂是非，知為迎合時局之小人矣。至其所列諸籌，大抵鄙陋迂愚，不過腐儒策略，而妄謬之處尤多。即所列拒我諸籌，如第十六篇稱，本朝制勝由於善占太乙數，欲求通太乙，法者相敵，不知神武睿謨所向克捷，從未嘗藉小術以決勝。季亨乃欲求效於占卜，與兒童之見何異？第二十篇欲以銳兵繞出長白山後，不知長白山靈區奧境，人跡罕通，本朝一統幅員，當時惟循望祭之禮，雖遣人窮歷高深，曾至其地，亦未至山之後也。明兵脆弱，安能繞出其後乎？且長白山後去興京盛京絕遠，即繞出其後，又何為乎？第二十三篇欲於潮河川多設石墩，以礙馬足。不知本朝威武奮揚，策騎騰驤，陟險峻如履平地，豈區區數石所能阻耶？第三十四篇欲以舟師泛海，攻我根本。不知登萊之舟，豈能跨越大瀛，溯圖們、松花、鴨綠諸江，逆流而抵我國？縱使間關幸達，孱卒孤懸，有坐而受縛耳！尚何能以一矢相向哉？第三十七篇欲用車戰，第三十八篇欲用火攻，不知本朝長於騎射，出入若神，既非拘守陣圖，為車所能禦？亦非結聚營寨，為火所能焚？實皆夢囈語也。第二十九篇欲修長城，以防我衝突。不知本朝統兵入邊，皆其所守之各關隘，如歷無人之境，並未由長城殘缺處踰越而進，雖修城何益？第四十一篇欲行保甲，以杜我間諜，第三十三篇欲獲我間諜，餌以富貴縱歸，以為彼用。不知本朝用兵不恃間諜，而八旗子弟大義素明，即或偶為所得，亦斷非彼富貴所能餌，更見其計之左矣！至於五十六篇欲刊一報讐之帖，徧貼於官民之堂中，使之觸目警心，共圖恢復，尤不足當一噱也！至其自謀之術，第五十八篇，欲令富民助餉，不知明之亂亡，正由於加派。當時有痛切諫止者，黎民皮骨僅存，而更重征以斂怨。其籌若行，不過速天下之叛耳！又第六十七篇欲議海運，不知若由內洋，則膠萊舊河，當明初太平之時，屢修復之，尚不能就，豈亂離之世所能？若由外洋，則其時朝鮮久臣服於我，遼瀋皆歸我版圖，而萬艘來往，近我藩籬，直謂之為我轉輸可也！庸有利乎？而其尤謬者，如第五十三篇，欲練土兵以自固。不知本朝威捷震疊，旗鋒所指，雖連營百萬，頃刻皆摧，豈數百凋瘵殘黎所能旅拒？甚至欲赦罪人使從軍，不知姦猾桀黠之徒，麗於法網者，本非一律。若殺人盜劫重犯，豈可屈法以貸其死？若情輕之犯，率多懦怯，又安能隸籍從戎？且彼素練之營兵尚不足用，此輩既未訓習，又復姦頑，較之驅市人而戰之，其失更甚，遇我軍鋒，惟各鳥獸散耳！如是靦顏自以為善策，不待有識者知其謬妄也！總之，季亨此書不但在本朝為狂吠，即在明代，亦當受妄言亂政之誅，不得謂之忠於所事。此宜急投水火，更無纖毫疑義者也！所有原書四本，仍行封固進呈銷燬，並將指駁各條，錄呈御覽，恭候欽定，即交部傳抄，俾天下共知顏季亨《九十九籌》一書，不特詆斥本朝，理宜銷燬。即其為明季所籌之策，荒唐乖謬，亦不足存，亟應通行禁燬，以正人心而息邪說，是否伏候訓示，謹奏。」

96 參註75及87。

97 故宮博物院藏《軍機檔》二八五八六，江西巡撫郝碩奏，乾隆四十五年十月二十四日奉硃批覽。

98 故宮博物院藏《軍機檔》二八八四三及清單二六一八三，湖廣總督舒常，湖北巡撫奏，乾隆四十五年十一月初一日。

99 按故宮博物院所藏《宮中檔》及《軍機檔》尚未為學界充分利用，如《軍機檔》二六一八九，《未禁書籍清單》中，亦有《禁書總目》及《違礙書目》等所未刊入的書目，參註92、93、94、98。

100 故宮博物院藏《軍機檔》二四三二一，安徽巡撫閔鶚元奏，乾隆四十五年六月二十八日。
101 故宮博物院藏《軍機檔》二九二〇九，暫署兩江總督江南河道總督陳輝祖奏，乾隆四十五年十二月初一日。
102 同註98。
103 故宮博物院藏《軍機檔》二九〇四七，蘇州織造全德奏，乾隆四十五年十一月二十二日。此奏較兩淮鹽政伊齡阿所奏簡略。
104 故宮博物院藏《軍機檔》二八九五四，兩淮鹽政伊齡阿奏，乾隆四十五年十一月二十日。
105 《清高宗純皇帝實錄》卷一一一九頁一八，乾隆四十五年十一月辛丑。
106 故宮博物院藏《宮中檔》〇三九三一五——一，安徽巡撫農起奏，乾隆四十六年九月二十八日。
107 故宮博物院藏《軍機檔》二九三六四，江蘇巡撫閔鶚元奏，乾隆四十五年十二月十六日。
108 故宮博物院藏《軍機檔》二九五五八，湖廣總督舒常等奏，乾隆四十六年正月二十三日。
109 同上註。
110 故宮博物院藏《軍機檔》二九七三六，伊齡阿奏，乾隆四十六年二月十一日。
111 同上註。
112 故宮博物院藏《軍機檔》二九三一四、二九五七五，全德奏，乾隆四十五年十二月十九日及四十六年正月二十五日。
113 故宮博物院藏《宮中檔》〇三九四五六，署理兩江總督薩載，乾隆四十六年十月初六日。

114 《清史列傳》卷一八頁四。

115 故宮博物院藏《軍機處上諭檔》(大方本),乾隆四十六年四月十四日及十五日。

116 《清高宗純皇帝實錄》卷一一二八頁二二,及卷一一二九頁二、六、九、一五。

117 故宮博物院藏《刻本上諭》,乾隆四十六年四月十九日。

118 故宮博物院《藏軍機處上諭檔》(大方本),乾隆四十六年二月初四日。除上諭外,《軍機檔》中尚有直隸總督袁守侗二九五〇五,山西巡撫喀寧阿二九八三八,福建巡撫富綱三〇三五六,廣東巡撫李湖三〇四五三,等奏覆查繳《天元玉曆》等書緣由。

119 故宮博物院藏《宮中檔》四三五九五,安徽巡撫富躬奏,乾隆四十七年十二月十七日。

120 故宮博物院藏《宮中檔》〇四〇九五一,署理湖南巡撫李世傑奏,乾隆四十七年二月二十八日。

121 同上註。

122 《清高宗純皇帝實錄》卷一一五三頁二,乾隆四十七年三月癸丑。

123 故宮博物院藏《宮中檔》〇四一二二七,護理江西巡撫印務布政使馮應榴奏,乾隆四十七年四月初六日,並參註一二一。

124 故宮博物院藏《宮中檔》〇四一五九〇,安徽巡撫譚尚忠奏,乾隆四十七年五月二十日。

125 故宮博物院藏《上諭檔》(大方本),乾隆四十七年五月初三日內閣奉上諭。

126 故宮博物院藏《宮中檔》〇四六五〇、四三七六四，兩廣總督覺羅巴延三及安徽巡撫譚尚忠奏，乾隆四十七年五月二十六日及六月初九日。

127 《清高宗純皇帝實錄》卷一一五八頁一，乾隆四十七年六月戊辰。

128 故宮博物院藏《宮中檔》四一七六四、四一七八一、四一八〇五、四一八三八、四一八五五、四一八六八。

129 故宮博物院藏《宮中檔》四一七八一，江蘇巡撫閔鶚元奏，乾隆四十七年六月十一日。

130 故宮博物院藏《宮中檔》四一八〇五，署理兩江總督薩載奏，乾隆四十七年六月十四日。

131 故宮博物院藏《宮中檔》四一八六一，直隸總督鄭大進奏，乾隆四十七年六月二十二日。

132 故宮博物院藏《宮中檔》四一九四七，山西巡撫農起奏，乾隆四十七年六月二十九日。

133 故宮博物院藏《宮中檔》四一八七七，奴才全魁奇臣奏，乾隆四十七年六月二十三日。本院所藏宮中檔中尚有四一八九二、四一九二九、四一九二二、四一九二〇、四一九一七、四一九一四、四一九三八、四一九六八、四一九六九、四一九八七。

134 《清高宗純皇帝實錄》卷一一六〇頁一六，乾隆四十七年七月辛丑。

135 故宮博物院藏《宮中檔》四一七三一署理兩江總督薩載奏，乾隆四十七年六月初四日。

136 故宮博物院藏《宮中檔》四二九七五，江蘇巡撫閔鶚元奏，乾隆四十七年十一月初三日。

137 故宮博物院藏《宮中檔》四三五九五，安徽巡撫富躬奏，乾隆四十七年十二月十七日。

138 故宮博物院《軍機處上諭檔》：「臣福隆安等謹奏，為奏明事。查違礙各書，由外省陸續解進，及由四庫館於各處送到遺書內簽出者，節經臣等遵旨詳細閱看，將必應銷燬之本，分次開單，連原書進呈銷燬。其應行抽燬及毋庸銷燬之本，亦經分別查辦進呈。所有各省解送四庫館遺書內，其應行全燬及抽燬之本，業經大學士英廉於本年三月內奏明，派令各纂修等覆加檢核，逐一開繕清單，行知各該督撫，令其遵照嚴查，分別辦理在案。至各省查辦違礙書籍，俱係解交軍機處，轉交總纂紀昀、陸錫熊等，協同各纂修逐細檢閱，分別呈進。現在閱進之書，大約重本居多……俾各一體凜遵，庶於查辦益加嚴密。臣等查各省解燬書籍內，有沿途經雨水沾濕成塊，難於繙閱者，業經奏明，將原捆繳進銷燬，無憑開列書名外。其閱過奏定之全燬抽燬各本，實在共七百八十九種，應請摘開書目，各註明撰人姓名，彙刊成冊，通行各該省，令其編（徧）加曉喻，庶鄉曲愚民不致冒昧收藏，自干法禁，而按目查考搜繳，更當淨盡，無復稍有遺留矣！謹另繕清單一併進呈。俟發下，即交與武英殿刊刻頒發。嗣後如有應燬新本，隨時增刊續入，合併聲明，謹奏」，乾隆四十七年十二月十日奉旨知道了。

139 故宮博物院藏《宮中檔》四四七六〇，浙江巡撫福崧奏，乾隆四十八年五月初二日。因此奏摺文長，且為查閱書內狂妄悖謬不法之處，茲簡略於下：「查樓德運以村野小民，妄擬著述。恭遇廟諱御名，不知敬避。又因住居河山庄，膽敢自號河山主人，並以樓姓係夏禹之後，於匾額詩句內，擅寫明德遺徽，流夏演天潢，體先王先聖字句。復於一切，任意混書，均非臣下士庶所可引用之語，狂妄悖謬不法已極，未便因其子自行呈首，稍存寬縱……」

140《清高宗純皇帝實錄》卷一一八一頁三，乾隆四十八年五月丙午。

141 參註139。

142 清軍機處編《禁書總目》所載全燬抽燬各書共七八九種，與註139所引上諭同，故知《禁書總目》刊刻於乾隆四十八年。

143 故宮博物院藏《宮中檔》四六七六〇，兩江總督薩載奏，乾隆四十八年十二月初八日。按江寧布政使於是年八月內，接奉軍機處頒發奏定之全燬抽燬各書目，故其間只四個月。

144 故宮博物院藏《宮中檔》四五五二七，浙江巡撫福崧奏，乾隆四十八年八月初五日。

145 《清高宗純皇帝實錄》卷一一六八頁一四，乾隆四十七年十一月庚子：「命皇子及軍機大臣，訂正《通鑑綱目續編》諭：朕披閱御批《通鑑綱目續編》，內周禮發明，張時泰廣義，於遼、金、元事，多有議論偏謬，及肆行詆毀者。《通鑑》一書，關係前代治亂興衰之跡。至綱目祖述麟經，筆削惟嚴，為萬世公道所在，不可稍涉偏私。試問孔子《春秋》內，有一語如發明廣義之肆口嫚罵所云乎？向命儒臣編纂《通鑑輯覽》，其中書法體例，有關大一統之義者，均經朕親加訂正，頒示天下。如內中國而外夷狄，此作史之常例。顧以中國之人，載中國之事，若司馬光、朱子義例森嚴，亦不過欲辨明正統，未有肆行嫚罵者。朕於《通鑑輯覽》內，存弘光年號，且將唐王、桂王事蹟，附錄於後。又諭存楊維楨正統辨，使天下後世，曉然於春秋之義，實為大公至正，無一毫偏倚之見。至於東夷西戎，南蠻北狄，因地而名，與江南河北，山左關右何異？孟子云：舜為東夷之人，文王為西夷之人。此無可諱，亦不必諱。但以中國過為軒輊，逞其一偏之見，妄肆譏訕，毋論桀犬之吠，固屬無當。即區別統系，昭示來許，亦並不在乎此也。況前史載南北朝相稱，互行詆毀，此皆當日各為其主，或故為此訕笑之詞。至史筆係千秋論定，豈可騁私臆而廢正道乎？夫歷代興亡，前鑒不遠。人主之道，惟在敬天勤民，兢兢業業，以綿億萬載之丕基。所謂天難諶，命靡常，常厥德，保厥位，誠不在乎區區口舌之爭。若主中國而不能守，如宋徽、欽之稱臣稱姪於金，以致陵夷南渡，不久宗社為墟。即使史官記載，曲為掩飾，亦何補耶？所有《通鑑綱目續編》一書，其遼、金、元三朝人名地名，本應按照新定正史，一體更正。至發明廣義內，三朝時事，不可更易外。其議論詆毀之處，著交與皇子及軍機大臣，量為刪潤，以符孔子春秋體例，仍令粘簽進呈，候朕閱定，並將此諭，冠諸編首，交武英殿照改本更正後，發交直省督撫各一部，令各照本抽改，將此通諭中外知之。」

146 故宮博物院藏《軍機處上諭檔》(大方本)，乾隆四十八年三月二十四日奉上諭。

147 《清高宗純皇帝實錄》卷一一九五頁九，乾隆四十八年十二月丁丑：「諭軍機大臣曰：劉峨奏《通鑑綱目續編》內發明廣義一條悖謬之處，照所發改本，一併更正一摺，內稱有《續通鑑綱目》一部，無御批字樣，係民間售賣之本，應一體送局抽改等語。《通鑑綱目續編》，外間有翻刻之本，前亦據農起奏到，曾降諭旨，令江浙各省督撫，實力搜查抽改。今據劉峨奏，直隸亦有翻刻售賣之本。是此種翻刻書籍板片，各省均有流傳，自當一體抽改劖削。著傳諭各督撫，飭屬留心訪查，將翻刻之板片書本，務必全行查出，一律改正。其挖出正本翻本書內違悖字樣，毋論一、二頁……使無知妄誕之徒，又行抄播，方為妥善。」

148 故宮博物院藏《宮中檔》四七〇五三，安徽巡撫富躬奏，乾隆四十九年正月十一日。

149 故宮博物院藏《軍機檔》三五四三一，福建巡撫雅德奏，乾隆四十九年正月二十八日奉硃批。

150 故宮博物院藏《宮中檔》五二二九六，湖南巡撫譚尚忠奏，乾隆五十二年十一月初九日：「……據布政王昶查明本年續繳空補《通鑑綱目續編》二部，挖出字跡四萬七千六十八字……。」則一部《通鑑綱目續編》計需挖出二萬三千五百三十四字。

151 郭伯恭著《四庫全書纂修考》，第二章三節「禁書範圍之擴大與文字獄」。

152 同上註引書，第二章四節「銷燬與竄改」。及黃寬重著〈四庫全書本得失的檢討〉，《漢學研究》第二卷一期。

153 故宮博物院藏《宮中檔》五一九三〇、五二一九一、五二五〇二，貴州巡撫，山西巡撫及直隸總督奏。

154 故宮博物院藏《宮中檔》五〇五〇三，安徽巡撫書麟奏為應禁各書：「仰懇聖恩俯准再予展限奏繳，……各屬查出千百年眼等書五十七種……誠恐江南書籍繁多，查繳未能淨盡……」，乾隆五十二年三月二十四日。

155 故宮博物院藏《宮中檔》五三八四四，安徽巡撫陳用敷奏，乾隆五十三年四月二十二日。

156 故宮博物院藏《宮中檔》五四〇四三，浙江巡撫覺羅琅玕奏，乾隆五十三年五月十三日。

157 故宮博物院藏《宮中檔》五五四三八，浙江巡撫覺羅琅玕奏，乾隆五十三年十一月初二日。

158 故宮博物院藏《宮中檔》五四一五六，兩江總督兼署江蘇巡撫書麟奏，乾隆五十三年五月三十日。

159 故宮博物院藏《宮中檔》五四二〇八，江西巡撫何裕城奏，乾隆五十三年六月初六日。

160 故宮博物院藏《軍機檔》四〇三九〇及清單一件，安徽巡撫陳用敷奏，乾隆五十四年五月十七日奉硃批。

161 故宮博物院藏《宮中檔》五七二六〇，江西巡撫何裕城奏，乾隆五十四年五月二十九日。

162 故宮博物院藏《宮中檔》五七三二七，浙江巡撫覺羅琅玕奏，乾隆五十四年閏五月十一日。

163 故宮博物院藏《宮中檔》五八六三八，浙江巡撫覺羅琅玕奏，乾隆五十四年十月二十八日。

164 故宮博物院藏《宮中檔》五七四三五，安徽巡撫陳用敷奏，乾隆五十四年閏五月二十一日。

165 參註 160、162、163。

166 按《四庫全書》內所收入的書籍共三四六〇種，其中除各省蒐訪的遺書外，尚有《永樂大典》及內府所藏與武英殿刊刻之書籍，故自各省蒐訪遺書中收入《四庫全書》的書籍不到三千種。

167 郭伯恭著《四庫全書纂修考》，第十一章，〈四庫全書總目提要〉。

168 清英廉等編《銷燬抽燬書目》；銷燬書目原奏頁一。

169 同上註引書，英廉於乾隆四十七年三月二十五日奏。

170 同上註引書，抽燬書目中說明抽燬各書之原因，此「乖謬」等詞乃自一八一種抽燬書目中統計而出。

171 《清高宗純皇帝實錄》卷九六四頁一〇，乾隆三十九年八月初八日。

172 清軍機處編《禁書總目》頁一。

173 參註 138。

174 按清姚覲元編《清代禁燬書目補遺》，但其中仍有所遺漏。孫殿起於一九五六年編《清代禁書知見錄》，及吳哲夫著《清代禁燬書目研究》，所收禁燬書目雖較全，但以禁燬書目之筆畫數順序，分類編排，而不知查繳銷燬該書之年月及其地方。

175 故宮博物院藏《軍機處上諭檔》（大方本）頁三二五，乾隆四十三年二月二十四日。

176 按故宮博物院藏《軍機檔》及《宮中檔》奏摺及其清單，於乾隆四十三年後各省奏報查繳銷燬錢謙益，金堡等著作之事。

177《清高宗純皇帝實錄》卷一二七七頁六，乾隆五十二年三月丁亥。

178 故宮博物院藏《上諭檔》（大方本）頁七，乾隆五十二年四月初二日。

179《清高宗純皇帝實錄》卷一二八二頁一七，乾隆五十二年六月戊申。

180 故宮博物院藏《上諭檔》（大方本）頁二四二，乾隆五十二年八月十一日內閣奉上諭。

181 故宮博物院藏《上諭檔》（大方本）頁二四，乾隆五十三年十月二十五日。

182 參註53、54、55、56，王偀字貫案即因其「將聖祖世宗廟諱及朕（高宗）御名字樣，悉行開列」，全無尊君親上之意。

183 郭伯恭著《四庫全書纂修考》，第十二章，〈四庫全書評議〉。

184《四庫全書總目出版說明》。

185《文淵閣四庫全書總目》一冊，商務印書館。

13 英國首次派遣使臣馬戛爾尼來華覲見乾隆皇帝所引起的問題

前言

乾隆五十八年英國國王喬治三世派遣使臣馬戛爾尼率領一個龐大的使節團來中國，希望與清廷建立友好關係，發展其商業「利益」。但由於中、英傳統文化之不同，生活方式之互異，因而導致彼此觀念之衝突，而最顯著的衝突則為禮儀與貿易問題。而此衝突之擴大與結果，則為四十餘年後的中、英鴉片戰爭，故探討鴉片戰爭之原因及其引發之問題，應先探討中、英第一次正式的接觸，此為中、英外交關係之起點。其後中、英間之一切交涉與衝突，在英使馬戛爾尼使華之過程中，均能略窺其端倪。只是清廷與乾隆皇帝在與西方工商文化接觸後，未能掌握「自強」與「

現代化」的契機，加速並擴大大清帝國由盛而衰的陰影，實在非常可惜。

中、英衝突之基本心態與原因

滿洲部族受中國傳統政治與文化的影響，清太宗皇太極於天聰十年，接受滿、漢、蒙古群臣所上寬溫仁聖皇帝尊號，建國號曰大清，改元為崇德。[1]率群臣以三跪九叩之禮祀天，[2]然後代表「天」接受群臣三跪九叩之禮朝賀。[3]其後清兵入關，滿洲部族的統治者一躍而貴為中國的皇帝，代表「天」統治中國境內及四夷臣民，故群臣及「夷狄」君長於朝見皇帝時，均要行三跪九叩的大禮。[4]這種繁重的禮節，根據英國使臣馬戛爾尼的體會，除加深了君臣尊卑間之「巨大距離」，也是「預防不測」陰謀的一種方法。在其日記中云：

> 仔細體會一下這種繁重禮節，從表面上看它僅僅為了表示這個絕對專制的國家裡君臣之間的巨大尊卑距離，但我們感覺到它最初的制定，以及以後的繼續維持，並不止於是為了滿足君主個人的喜悅。當然在禮儀過程中，它充分表達出來君臣雙方的，無論是有形的或倫理的巨大距離。為君主的無論掌著多麼大的優越權力，但他也不能不預防不測的陰謀。所有磕頭、下跪、雙手高舉等等動作姿勢，均使行禮者無法走到御座跟前突

然作流血五步的冒險嘗試。除了禮節上的繁重而外，還使人感到一種相當於宗教上的敬畏肅靜氣氛。典禮進行當中，自始至終沒有人竊竊私語，聽不到一點雜聲。這種肅靜莊嚴的偉大氣氛是東方的特色，歐洲的文明還沒有達到這點。（《英使謁見乾隆紀實》，頁一五六。）

英國使臣並一再提到中國宮廷禮節之嚴肅與皇權之神聖化。他認為「此等皇帝之尊嚴，世界上恐怕只中國有之」，許多「宗教上的信徒，他們拜其教主或教王，其儀式之隆重，萬萬不能與中國臣民之拜乾隆皇帝相比」。❺在其日記中，甚至還記載中國臣民對皇帝御座行禮，供獻茶果等事。他認為在中國廣大臣民的心目中，除了皇帝而外，世界上所有其餘都無足輕重。他們認為皇帝的統治普及全世界。在這樣觀念之下，他們對皇帝的臣服關係是無限制的，而他們認為外國或外國人同他們的皇帝的關係和他們沒有什麼分別。所謂「磕頭」禮，就是雙膝下跪三次，前額碰地九次。「實際上很難想像世界上還有什麼禮節比它更表示行禮者的恭順卑賤和受之者的神聖崇高的了」。❻其後英國使臣與清朝官吏，即因此等禮節問題而引起爭執與衝突。

英國使臣馬戛爾尼所以不肯行如此「恭順卑賤」的三跪九叩的大禮，實因其代表「西方第一大國」的英王，「不能有辱君命」，損及英國國王「在世界列強中的崇高地位」。❼而清朝官吏則認為中國居天下之中，是「天朝上國」。其「一切思想概念都不出『中華』的範圍」，對「外國人的國家」不求了解，也不感興趣。他們認為中國的皇帝不只是中國臣民的皇帝，也是「四夷」君長的皇帝，是「天下的共主」，可以「命令所有鄰國」。❽在此觀念影響下，很自然的將英國使臣當「貢使」看待，甚至「在載運使節團的船及車上插著『英國特使進貢』的小旗子」。❾至英國所要求的「增進兩國之邦交，擴充兩國人民商業」，❿在傳統的中國卻持另一種觀念。因中國向以農立國，「重農輕商」或「抑商」幾為歷代君主所遵循之政策，而士為四民之首的觀念更深植社會人心。尤其是清朝乾隆時代，中國之疆域遠邁漢唐，擴張至史無前例之境界，而民間之富足亦為國史上所少有。「四夷」君長之朝貢不絕，更烘托出中國「天朝上國」之盛世，中國可以自供自足，不需仰賴外夷，貿易只是中國皇帝懷柔遠人的一種手段。⓫邊境上之開市與互市即為對外貿易之主要部分，而且懷柔的意義重於商業利益，故貿易常在「貢」與「賞」之下進行。「懷遠薄來而厚往」，⓬賞賜常較進貢物品豐厚，且以免稅厚待夷商，故夷狄君長常要求增加進貢次數與人數，安南及琉球等國在明清兩代與中國宗藩貿易關係，即為封貢貿易之典型。⓭

至於與西洋諸國之貿易關係則限於澳門與廣州等地，在兩廣總督及粵海關監督管轄下，而以「廣東十三洋行」直接負責對外的貿易關係，夷商不能與中國官吏發生直接接觸。夷商住在夷館中常感不便，更不滿「行商」與中國官吏之壓迫與需索。⓮清朝官吏之輕視夷商，除與中國重農輕商的傳統有關外，與清朝官吏所受之教育亦或有相當關係。清代士紳所受的教育是儒家傳統中的四書五經，而清代的官吏則多出身於科舉考試。科舉考試的考試範圍，則限於儒家經典四書五經。儒家思想自孟子大力倡導重「仁義」而輕「利」後，也有輕「利」的傾向。而國家民族之大「利」則為工商，故清代官紳之罕言「利」與「輕商」，除受傳統重農「輕商」思想影響外，實與中國儒家傳統思想教育有關。發展工商可以「富」國「利」民的觀念，對深受儒家「輕利」、「重仁義」思想教育之清代官僚士紳而言，實屬相當陌生。中國官紳的偏好主要在於投資「土地」，然後以「地主」的身分「耕讀傳家」，保持其「書香門第」的傳統。次而為「商」，也是情勢所逼。而中國「學而優則仕」的傳統，亦部分由此等傳統思想之交互影響下所產生。清代官紳之「罕言利」與「輕商」，與英國使臣到中國後處處以商業眼光，從「利」之上著眼，企圖發展英國之商業利益，實成一顯明而強烈的對比。[15]故「不遠千里」為「蠅頭小利」而來之「夷商」為清朝官紳所鄙夷或輕視，是非常自然而意中之事。此或為中、英雙方第一次正式接觸後即因禮儀及貿易問題所引起之衝突中最基本的心態。

英國自工業革命及海權發展後，為了傾銷過剩的工業產品，輸入日漸減少的原料而向東方發展。復以重商主義之推波助瀾，國家利益與工商利益合而為一。工商業者之財富增加就是國家財富的增加，於是由資本集中而形成的資本主義一變而為侵略的帝國主義。[16]據清代道光時的學者梁廷枏於鴉片戰爭後對英國之記載，雖其對英國之了解仍有所偏，但對英國重視商業，發展商業之記載亦頗有見地。在其所著《英吉利國記》序中云：

英吉利貢國，俗以貨市為務，雖其王亦且與民合貲為之。故凡市事之稍便於獲利者，謀無弗至也。其內擾也，以市易之中絕，而就欵也，亦以市易之仍通，無他技也。⑰

英國於十七世紀即有與中國建立商業的企圖而沒有成功，但直到十八世紀初期英國東印度公司才成功的在廣東建立永久的商業關係，向中國發展其商業。⑱英國國王喬治三世於西元一七九二年派遣使臣馬戛爾尼來中國之目的，即為英國欲與中國建立外交關係，發展其商業。⑲至於為「前年大皇帝八旬萬壽未及叩祝」而遣使進貢，則為其藉口與手段而已。在其譯出嘆咭唎國西洋字樣原稟中表示最為明白：「惟願大皇帝施恩遠夷，准其永遠通好，俾中國百姓與外國遠夷，同沾樂利，物產豐盈。」⑳而清朝官吏及乾隆皇帝本人則認為英國派遣使臣的主要目的是為了向乾隆皇帝祝壽，為「慕順之心」而來。故乾隆皇帝一再以「嘆咭唎國遣使航海遠來，情殷祝嘏」，諭令地方督撫及欽差徵瑞等「妥協」、「照料」。㉑而梁肯堂及徵瑞於「宴賚」、「犒賞」、「貢使」之餘，亦「以大皇帝念爾等航海遠來，情殷祝嘏，是以曲加體恤爾等」之語，諭知「貢使」。㉒在署兩廣總督郭世勳等摺中更謂英國國王「因前年大皇帝八旬萬壽，未及叩祝，今遣使臣嗎嘎爾呢進貢，由天津赴京」，而且「前年恭遇皇上八旬萬壽，中外臚懽，凡邊塞夷王酋長，駢集都下，真曠古未逢之盛事。今暎咭唎國王遣使臣，涉歷重洋，遠道祝嘏，具見凡有血氣，莫不尊親。芹曝微忱，自可仰邀垂鑒」。㉓郭世勳等雖附譯出暎咭唎國西洋字樣原稟二件，但在其奏摺中對英國國王「茲欲與中國皇帝發生友誼，並增進兩國之邦交，擴充兩國人民之商業」，而派遣使臣來中國之事，幾隻字不提。㉔而洋商蔡世文等「有意」將英國國王「贈送」中國皇帝之「禮物」，譯成「貢物」，而將「全權代表」譯成「貢使」，並將「聘於中國」譯成「遣使進京叩祝」。㉕一字之差所關甚大，全篇原稟譯文在語意上使英國變成乾隆皇帝的藩屬臣民，而與安南琉球等國居於同等的中國藩屬地位。故乾隆皇帝閱畢郭世勳等奏摺及其譯出原稟，「閱其情詞，極為恭順懇摯，因俯准所請，以遂其航海向化之忱」。㉖在頒給暎咭唎國王之敕諭中，也表示出「天朝」上國君主之語氣。其敕諭云：

奉天承運，皇帝敕諭暎咭唎國王知悉，咨爾國王遠在重洋，傾心向化，特遣使恭齎表章，航海來廷，叩祝萬壽，並備方物，用將忱悃。朕披閱表文，詞意肫懇，具見爾國王恭順之誠，深為嘉許。所有齎到表貢之正副使臣，念其奉使遠涉，推恩加禮，已令大臣帶領瞻覲，錫與筵宴，疊加賞賚，用示懷柔。其已回珠山之管船官役人等六百餘名，

雖未來京，朕亦優加賞賜，俾得普沾恩惠，一視同仁。㉗

其後清高宗在熱河避暑山莊接見英國使臣，命其「與蒙古王公、及緬甸使臣等一體宴賚觀劇」，㉘即以「天朝上國」之君主自居，視英夷為藩屬臣民。㉙而且乾隆皇帝本人，以英夷遠涉重洋，專程前來祝嘏，「增加他個人的光榮不少」，所以「很高興」的命沿海山東、江蘇、浙江、福建及直隸等地方督撫，而以長蘆鹽政徵瑞為「欽差」，以隆重的禮節接待英國「貢使」。㉚此實打破清朝百餘年來接待夷人或「貢使」的往例。㉛故乾隆皇帝認為賞給英夷及其「貢使」之「殊恩」甚多，而英國使臣則認為英國所得「商業利益」仍有限。中、英雙方之觀念及其所著重之點完全不同，此或為中、英第一次正式接觸後即發生衝突的最重要原因之一。

曲加體恤隆重接待英國使臣

「夷船進口，向例定有停泊省分」，初則僅限於廣東省海口附近。㉜惟「海洋風信靡常，該貢使船隻，或於閩、浙、江南、山東等處近海口岸收泊，亦未可定。」㉝乾隆皇帝乃命軍機大臣大學士公阿桂及大學士伯和珅傳諭直隸、山東、江蘇、浙江、福建各督撫及長蘆鹽政穆騰額等，「如遇該國貢船到口，即將該貢使及貢物等項，派委妥員，迅速護送進京，毋得稍有遲誤」。㉞

事實上，在嘆咭唎使臣原稟中，即「懇祈由天津海口或附近地方，進此貢物」，因「貢物極大極好，恐由廣東進京，水陸路途遙遠，致有損壞，令其徑赴天津，免得路遠難帶」，㉟此亦打破夷船限於廣東停泊的慣例，而為乾隆皇帝「曲加體恤」「貢使」的特殊「柔惠」。㊱

至夷船到達之時間，「據該夷人稟稱，約於明年（西元一七九三年）二、三月可達天津。但洋船行走，風信靡常，或遲到數月，或早到數月，難以豫定，該督撫等應飭屬隨時稟報，遵照妥辦」。㊲直到乾隆五十八年四月一日，「計算時日」，嘆咭唎貢船「將次可到」，高宗乃傳諭直隸總督梁肯堂等即行派委妥員，趕赴前途迎探。所有應行豫備之處，即先為備辦」。㊳至五月七日，高宗仍覺「此事雖經梁肯堂派令地方文武豫為備辦，究不足以資統率。徵瑞駐劄天津，距海口較近，且鹽政職係欽差，將來貢使到後，該鹽政率同地方官帶赴熱河，更為妥協」。「伊係內務府人員，於供應外藩差使較為熟悉，沿途照料，自更周妥」。於是「所有料理嘆咭唎貢船一事，著專交與徵瑞承辦」。「至徵瑞現既有照應外國貢使之事，觀瞻所係，著加恩仍賞戴花翎」。但「嘆咭唎國貢船，此時尚無確信」。㊴其後據郭世勳、長麟、吉慶、徵瑞等奏「貢船於五月十二日經過澳門，而二十七日即抵浙江定海」，㊵「六月初一日，自浙省青龍港開行」。㊶「六月十三日，行至登州廟島洋面，十四日即欲開行，經登州府及遊擊上船犒賞宣諭，貢使情願敬赴山莊叩祝，俟風順即便放洋，逕赴天津等語」。㊷據英使馬戛爾尼日記之記載，此時英使已派探水船一隻，探測航路及天津海口深淺。㊸因「貢船船身過大，喫水三丈餘尺，恐天津海口不能收泊。結果探得天津內洋水淺，大船不能進口，外洋又無山島可以灣泊。貢物甚大又極細巧，不敢冒昧撥運，祇好就在登州廟島起旱」，乾隆乃令山東巡撫吉慶「乘便迎往，親為照料」，「以副朕柔遠至意」。「並飛咨梁肯堂、徵瑞速為豫備。所有正副貢使品級較大，酌與肩輿，其隨從員役，止須與車乘。並著吉慶沿途董率照應，送至直隸交界處」，由直隸總督及欽差徵瑞「接替照應」，「徵瑞仍遵前旨，伴送前來」熱河。㊹

但「若由登州廟島起旱，道程較遠，到熱河未免稍遲，今在天津收泊，諸事省便」。㊺故最後決定在通州起旱。「天津前至通州，一水可達。不特行程安適，且運送貢物，一切亦俱省便」。㊻夷船遂於六月二十二日，「已抵天津海口」。㊼然後由小船撥運至通州。為了「整列隊伍，以肅觀瞻」，乾隆皇帝特派直隸總督梁肯堂到天津「彈壓照料，會同徵瑞妥為料理」。㊽

英國「貢使等前過浙江、山東，業經該省地方犒賞食物等件。現在收泊天津海口，徵瑞又備牛羊米麵等物」，命通州協副將王文雄及通州道喬人傑二人登船頒賞。並諭知「前赴熱河，其沿途以及館舍俱有餼廩，叩見大皇帝後，並有筵宴供給，足資饜飫。其留看船隻者，大皇帝已命寬為備給食物，無虞缺乏，但爾等自本國遠來，到此幾及一年，將來回國時，行走時日，亦必相仿。大皇帝令賞給爾等一年米石，食用寬餘。其肉食如牛隻豬羊等物，船內難以攜帶，爾等回程，經過山東、江南、浙江、福建、廣東等省島嶼收泊處所，該處地方官俱仰體大皇帝柔惠之意，必資送爾等食物，可以接濟。㊾據英國使臣日記的記載：「有兩個高級中國官員（王大人及喬大人），率同七艘大船，滿載食物，向我們停泊之處開來。中國官廳所送的食品太多了，我們用不著這許多，只好收了一小部分以見意……東方人對待遠客是這樣的熱情，真使人可感。」其後王、喬兩大人並在通州城排好筵席，招待英國使臣。㊿直隸總督梁肯堂也奉命至天津迎接英國使臣入境，並於大沽海神廟總督行轅接見英國使臣及其隨員三人。事後並派人饋送肴饌四桌至船上，「每桌有菜果四十八種，我們西方人的宴會，絕沒有這樣豐盛的」。51

英國使臣「始終不明白」總督「這種特殊方式待客」。52事實上，直隸總督梁肯堂只是奉命行事，「就近先行筵宴」。53「蓋款接遠人之道，固不可稍事苟簡，致阻向化之誠，然加之體恤則可，若過為優待，隆其體節，轉使外夷不知天朝體統尊嚴，為其輕忽」，54而「貴於豐儉適中，不卑不亢」。55最重要的則為因接待「嘆咭唎貢使」而發生禮儀之爭問題。欽差大臣徵瑞即因「嘆咭唎國正副貢使，自以品級尊崇，須平行相見。徵瑞若先行往見，有失體制，是以即令道將等過彼船內，取看表文貢單」。56乾隆皇帝則認為徵瑞「自居尊大，與遠人斤斤計量」，「以該使臣欲行敵體之禮，遂不輕往，僅派道將過船查看，殊屬矯枉過正。試思該使臣向徵瑞行叩見禮，亦無足為榮，即不行叩見禮，亦何所損？梁肯堂若亦計較至此，更成笑話！外省習氣，非過則不及。況該使臣航海遠來，至一年之久，始抵天津，亦當格外加以體恤，豈可以此等相見禮節，與之較論，殊非懷柔遠人之道！若該鹽政如此拘泥，不能體會朕意，轉難向汝等降諭矣」。57甚至傳諭直隸總督梁肯堂：「若該貢使等於進謁時，行叩見之禮，該督等固不必辭卻，倘伊等不行此禮，亦只可順其國俗，不必加以勉強！該督等務宜留心款待，不必過於優待，轉為所輕，以示懷柔而符體制」。58若依如此上諭，則根本不會發生相見時之禮儀問題。故當英國使臣「拜會」直隸總督，及直隸總督至英國使臣船上「拜會」時，雙方均沒有發生禮儀之爭問題。據英國使臣在其日記中的記載，謂直隸總督接待英使「禮貌極為隆重」，在其「談話整個過程中，總督那種和善謙恭的態度」，「實在難以形容其萬一」。甚至當「特使在大沽停留的期間，大沽附近的一些主要官員，都前後到船上來拜會」，也沒有發生禮儀之爭的問題。59

禮儀問題之爭執

但禮儀問題之發生，亦為乾隆之上諭所引起。當清高宗於熱河行宮，60閱「譯出單內所載物件，俱不免張大其詞。此蓋由夷性見小，自為獨特之祕，以誇炫其製造之精奇」，「並著徵瑞於無意之中向彼閒談，以大皇帝因爾等航海來朝，涉萬里之遙，閱一年之久，情殷祝嘏，是以加恩體恤。至爾國所貢之物，天朝原亦有之，如此明白諭知，庶該使臣等不敢居奇自炫，是亦駕馭遠人之道」。[61]尤其是看到「單內有遣欽差來朝等語」，乾隆以為「大不可」。「該國遣使入貢，安得謂之欽差？此不過該通事仿效天朝稱呼，自尊其使臣之詞，原不必與之計較。但恐照料委員人等識見卑鄙，不知輕重，亦稱該使臣為欽差，此大不可。著徵瑞豫為飭知，無論該國正副使臣，總稱為貢使，以符體制。」[62]所以當英使的譯員說：「這是英國送來的禮物」時，徵大人（徵瑞）立即上前喧辯道：「這不是禮物，而是貢物，是向皇帝進貢的。」[63]

既是「貢使」、「進貢」，則「各處藩封，到天朝進貢覲見者，不特陪臣俱行三跪九叩首之禮，即國王親自來朝，亦同此禮。今爾國王遣爾等前來祝嘏，自應遵天朝法度。雖爾國俗俱用布紮縛，不能拜跪，但爾叩見時，暫行鬆解，行禮後再行紮縛，亦屬甚便。若爾等拘泥國俗，不行此禮，轉失爾國王遣爾航海遠來，祝釐納賮之誠，且貽各藩部使臣譏笑，恐在朝引禮大臣，亦不容也！如此委曲開導，該使臣到行在後，自必敬謹遵奉天朝禮節，方為妥善，特此由六百里傳諭徵瑞，並諭梁肯堂知之，仍即迅速覆奏」。[64]

當徵瑞接奉此上諭時，正伴同英國使臣的貢船由天津經運河往通州的途中。英國使臣等由欽差徵瑞沿途照料，前來熱河，亦出自乾隆苦心的安排。當直隸總督梁肯堂及徵瑞於天津接見及筵宴英使後，即奉上諭令徵瑞等陪同英使前往熱河，「不令梁肯堂前來者，緣總督職分較大，若令該督伴送前來，恐長該使臣驕矜之氣」。[65]至於英國使臣在天津拜會梁肯堂及徵瑞時，所行之禮節是「免冠竦立」、「免冠鞠躬」、「免冠點首」，或是「免冠叩首」？由於梁肯堂等奏報「未能明晰」，乾隆皇帝也不清楚。66倒是欽差徵瑞為了「婉詞告知」及「委曲開導」英國使臣，實在頗費心思，在英國使臣的日記中有一段有趣的記載：

在旅途中，那位欽差大人和王、喬兩大人，每天都來我們船上坐談，但今早他們來看我，神氣不像以前那樣輕鬆，顯得十分嚴肅，好像行正式拜會一般。我見此情形，當然詢問。他們說，乾隆皇帝降下諭旨，略謂英國特使所開的禮物單譯成中文後，已經看過了，很是歡喜。至於禮物不能全部運往熱河行宮，把那些笨重的安置在北京一事，也准如所請。同時皇帝已下令為我們在北京準備好兩所大廈，一在北京城裡，一在北京城外六英里之處，與圓明園相近。這兩處任我們選擇……。

於是他們就大放厥辭，談論宮廷禮節，看來雖與正文絕沒有關係，但意中仍有所指，我就不得不深嘆中國官員談話的藝術之高明了。之後，他們就談到各國服裝的異同，又故意走上前細細觀看我們的服色，然後說：「貴特使的衣服窄小輕便，和我們中國的廣博舒服，兩者相較，似乎是我們中國的好一些。」接著又說：「我們的皇帝接見臣工時，臣工所穿的衣服都是一式一樣，絕沒有別的樣式的。但特使的衣服，和我們中國的大不相同，似乎在觀瞻上不大好。」說後，他忽然指著我們縛的蔽膝說：「這種東西縛在膝上，行禮起來很不方便的，貴特使覲見時，先要將它們除去。」我聽了不解其意，便對他說：「這件事無勞貴欽差置念，我們在敝國覲見君主時，也是穿著這種禮服，並不覺得有什麼不便之處。我們現在到了中國，就打算用覲見我們君主之禮來見貴國皇帝陛下。想來貴國皇帝陛下一定不強我們用中國禮節吧！」他們說，他們以為覲見皇帝之禮，無論哪個國家必然是相同的，他們見皇帝時，照規矩是雙膝跪下，九叩首，這是不可免的。我對他們說，我們的禮節，恰恰與此相反。我們奉敝國君主之命，出使貴國，雖然以萬分至誠之心，使每件事都合於貴國皇帝之意，但仍然要盡職於敝國君主為第一要務；如果一定要我們放棄本國的禮節來改從中國，那我就只好在到達北京之後，立即草一意見書送交貴國參考。

他們聽我這番話之後，就不談這個問題，改談別的事情了。（《英使謁見乾隆紀實》，頁三九。）

徵瑞這次率通州協副將及通州道喬人傑等至英國使臣船上「正式拜會」，「委曲開導」英國使臣，雖沒有成功，但當英國「貢船」到達通州的第三天準備起旱之時，徵瑞又派王文雄與喬人傑二人至英國使臣等暫時住的廟寺拜會，作試探性的開導工作，又重提覲見時的禮節問題，並且二人「就跪在地，作叩頭之狀」，要英國使臣「照樣學習」。當英國使臣拒絕學習後，他們又令英國使臣的「中國人」「繙譯員跪拜」，「做個榜樣給」英使看，而中國人繙譯人員「服從」英使的命令，「照樣站著不動」，使王文雄與喬人傑「很不高興」，但仍然和顏悅色，絕無半點怒容浮在面上，可見其「善於處事和涵養之深」。[67]

英國使臣等一行從通州起旱至北京，再由北京往圓明園居住，沿途都由徵瑞等護送，朝夕相處，徵瑞再也沒有提到禮儀問題。但待英國使臣等居住圓明園後，徵瑞卻帶了幾個歐洲傳教士同來拜會。「乾隆皇帝因為使節團來臨，實為罕見之事，所以對這幾位傳教士賜以頂戴，以壯觀瞻」。[68]其中葡萄牙籍的耶穌會教士達阿美特（Joseph Bernared, d. Almeida），戴藍頂，品級較高，其「對英國人的嫉視尤甚」。[69]無疑的，這些有官職的歐洲傳教士，見了「欽差大人」，一定要行跪拜禮，剛好作個榜樣給英國使臣看，使徵瑞前兩次拜會英國使臣而遭拒絕的「禮節問題」可以順利解決，難怪「徵大人」前天「的神色」似乎「和悅可近」了。[70]直到英國使等準備從圓明園遷到北京城裡居住時，徵瑞等前來拜會，「在離去前，又提到覲見的禮節問題，他說希望我及早預備，並事先演習純熟」。[71]與前兩次「委曲開導」英國使臣的口吻，完全不同。也許徵瑞認為在歐洲傳教士「作榜樣」的教導下，英國使臣學習「跪叩」當無問題，所以才「輕率」的奏報乾隆皇帝：「嘆咭唎使臣等，深以不嫻天朝禮節為愧，連日學習，漸能跪叩。」[72]故乾隆皇帝乃一再傳諭徵瑞：「隨時教導，俾臻妥善等語。該使臣等奉伊國王差遣，遠來祝釐納賮，其敬奉天朝，自係出於至誠，斷不敢稍愆禮節，致蹈不恭之咎。今該使臣等經徵瑞告知途次，敬謹學習跪拜，其瞻覲時，自必能恪遵禮節。」[73]並由軍機處給徵瑞劄：「但該貢使到後，亦須先為學習禮體，倘有不合禮節之處，尚應逐一指示，拜跪嫻熟，方可帶領瞻覲。」[74]

事實上，英國使臣僅答應以覲見英皇的禮節來覲見乾隆皇帝，而拒絕學習中國之「三跪九叩」的「跪拜」禮。如果中國官員要強其以中國之跪拜禮覲見乾隆皇帝，則彼將草一意見書轉達中國朝廷。[75]今見徵瑞一再強其學習「跪拜」禮，故英國使臣於自圓明園遷居北京城裡後，立即提出致和中堂之備忘錄，請欽差徵瑞轉遞。特使的備忘錄是寫給當朝首相和中堂的和珅，內容這樣說：

> 英王陛下抱著最崇高的敬意派遣使節覲見中國皇帝陛下。本特使應以無限熱忱來表達英王陛下的這種崇高的敬意，為了避免失儀，和向尊嚴偉大的皇帝陛下表達地球上最遠和最大國家之一的崇高敬意，本特使準備執行貴國臣民和貴國屬地君主謁見貴國皇帝陛下時所行的一切禮節。本特使準備在下述條件下這樣做：貴國皇帝欽派一位同本使地位身分相同的大員穿著朝服在英王陛下御像前行本使在貴國皇帝面前所行的同樣禮節。

本使認為皇帝陛下定能鑒諒其中的必要性而加以俯允。這樣做法就可以使本特使既能向貴國皇帝致敬，而又不損及他所代表的本國國王在世界列強中的崇高地位，雙方都能得到滿意。（《英使謁見乾隆紀實》，頁九二。）

欽差徵瑞雖然答應轉遞英國使臣的「備忘錄」、「意見書」，但不同意「備忘錄」的內容，「頻搖其首，但王、喬兩大人則說，這件事可以辦到，我們兩人可立即向貴國國王、王后像前行跪拜禮」。或許英國使臣以為通州協副將王文雄及通州道喬人傑的身分和地位無法與「特使」、「相國」之身分地位相比擬，而且「未經正式受命行事，婉言謝之」。❼❻但清廷無「相國」之職，大學士而兼軍機大臣者即可與「相國」之職位相等，時任大學士者為阿桂、嵇璜、和珅、王杰、福長安、孫士毅，而阿桂、和珅、王杰、福長安四人又是軍機大臣。如此則有「相國」職位者只四人，而以和珅最得乾隆皇帝的寵任而稱首輔，英國使臣日記中所稱的和中堂指的就是和珅。英國使臣的備忘錄就是由欽差徵瑞呈遞給在熱河行宮隨侍乾隆皇帝的大學士兼軍機大臣的和珅。

但當英國使臣等由北京「到熱河館舍後，行裝甫卸，欽差徵大人就來相見，並將我在北京所開的那分覲見禮節備忘錄交還給我，並說，如果我將這備忘錄親自交給和中堂，一定會得到適當的答覆」。❼❼其後和珅又派王文雄與喬人傑至行館邀請英國使臣至其辦公之處商量事情，就是「

急欲一看英王的書信，無非是鑑於兩國的禮節既有不同之處，恐怕書信裡問候乾隆皇帝的辭句中也有不適合的地方，為了慎重起見，得先斟酌一下」。[78]

英國使臣可能因為欽差徵瑞「突然」「退回」備忘錄，「既不說明理由又不表示道歉」，「實在令人難解」而感到不高興。復以和珅不「親來請安」，而以英使行館「太過狹小」，與「腿又受了創傷，行動不便」為理由，派王、喬兩大人來邀請並伴同英國使臣至其辦公之處商談，英國使臣就更不高興了。故英國使臣乃以衞隊等人「疲累不堪」，「各物未備，不能分身」等牽強理由，改派「使節團祕書」、「兼任全權公使」斯當東爵士「代表特使前往謁見和中堂」。[79]「公使把英王陛下致中國皇帝信件的譯件交他過目。他看過之後似乎相當滿意。隨後，公使又把特使寫給他的關於覲見禮節的說帖交出，和中堂做出毫不知情的樣子。在說帖裡面，特使把理由說得非常清楚簡單，但看樣子和中堂還要提出反對，最後他說容他考慮之後回答特使，於是討論就結束」。[80]

次日「晨，欽差徵大人同王、喬兩大人同來館舍，勸我勉強依照中國禮節，不必固執前議。我對他們說，我是西方一個獨立國家國王所派的欽差，和中國的附屬國家所派遣的貢使完全不同。如果中國一定要我行中國禮節，我是不敢奉命的」。[81]

英國使臣不遵行中國禮節，使乾隆「深為不愜」，尤其是「該使臣到熱河後，遷延裝病觀望，許多不知禮節，昨令軍機大臣傳見來使，該正使揑病不到，上令副使前來，並呈出一紙，語涉無知」，「現令演習儀節，尚在托病遷延」。甚至認為該貢使「似此妄自驕矜」，是「伊等前此進京時，經過沿途，各地方官款接供給，未免過於優待，以致該貢使等妄自驕矜」。❽「已令減其供給，所有格外賞賜，此間不復頒給，京中伎劇，亦不必預備，俟照例筵宴過萬壽節後，即令該使臣等回京」，「回其本國」。❽經過沿途，各地方官山東、江南、江西、廣東各督撫，「祇須照例應付，不得踵事增華，徒滋煩費，此等無知外夷，亦不值加以優禮」。❽並傳諭留京王大臣，其上諭云：

……伊等到京後，著留京王大臣在中左門之東值房，收拾三間傳見。王大臣等應照行在軍機大臣傳見之禮，按次正坐，使臣進見時，亦不必起立，止須預備杌櫈，令其旁坐。所有該國貢物，業經裝好按設，自可毋庸移動。其發去應賞該國王物件，即於是日陳設午門外，王大臣等當面傳旨賞給，令其下人並差人送至伊等寓所，仍著徵瑞照看。其正使臣求進貢件，已諭知徵瑞不必收接代奏。俟其在寓收拾一二日，妥為照料，賚發起身。該使臣等仍令徵瑞伴送至山東，交代接替，亦不必令其在京伺候迴鑾接駕。朕於外夷入覲，如果誠心恭順，必加以恩待，用示懷柔。若稍涉驕矜，則是伊無福承受恩典，亦即減其接代之禮，以示體制。此駕馭外藩之道宜然。阿桂素有識見，其意以為何如也，將此諭令知之，欽此（《英使馬戛尼爾來聘案》，頁五四）。

但次日之上諭，卻與此恰恰相反，其寄諭留京王大臣云：「昨因𠸄咭唎國使臣不諳禮節，是以擬於萬壽節後，即令回京，所有應賞物件，諭令留京王大臣於傳見後，在午門外頒賞。今該使臣等經軍機大臣傳諭訓戒，頗知悔懼。本日正副使前來先行謁見軍機大臣，禮節極為恭順。伊等航海遠來，因初到天朝，未諳體制，不得不稍加裁抑。今既誠心效順，一遵天朝法度，自應仍加恩視，以遂其遠道瞻覲之誠。該使臣祝慶先行回京時，王大臣等毋庸傳見，仍令在館舍住宿，所有京中各處前擬令其瞻仰處所及筵宴賞賚事宜，俱俟回鑾後，再行降旨遵行。」85

但據英國使臣日記之記載，英國使臣始終堅持他「是西方一個獨立國家國王所派的欽差，和中國的附庸國家所派的貢使完全不同」，86 而拒絕行中國的禮節。當清朝官員以「飢餓為威脅」時，英使亦不為所動。87 英國使臣「固執」堅持一個情理：「如果要勉強一個獨立自主的國家派出的使節，對別一個國家皇帝所行的禮，重於對於本國君主所行之禮，無論何人都是不肯這樣做的。除非貴國也派一位和我的職位相同的大臣，向我國國王、王后陛下的御像行三跪九叩禮，那麼，我就樂意照辦了。」而「英國廷臣見君主之禮，係一足跪地，一手輕輕握著國王的手而以嘴吻之」。❽❽甚至當清廷官員「最後作出決定，覲見時，英使可以行英國禮，單足下跪，但照中國風俗來說，拉著皇帝陛下的手來親個嘴，總不是個道理，請免去此禮，不如改為雙足跪下，英國使臣馬戛爾尼亦照樣拒絕行這種「中國式」的禮節。「這個奇異有趣的辯論」表面上雖告終結，❽❾但其中卻隱藏著清廷第一次與英國辦理交涉的祕辛。而英國使臣一「舉手投足」之勞，而又不損及英國國家的尊嚴，就獲得許多實際利益，此為清廷君臣昧於國際事務所造成。鴉片戰爭後西洋各國輕易的在中國獲得許多「特權」與實際利益，亦部分由此心理與情勢所造成。

英國使臣「雙膝跪」呈國書

在「奇異有趣」的禮節問題之辯論終結後的第四天，英國的使節團在王、喬二大人的引導下於熱河避暑山莊外大幃幄裡覲見乾隆皇帝，並呈遞英國國王的親筆書函。在英國使臣的日記中有詳細的記載：

我（英使馬戛爾尼）和公使斯當東爵士乘轎，其他人員皆騎馬。我穿起繡花天鵝絨大官服，外罩一領巴士爵士外衣，加硬領、胸懸鑽石寶星一座，鑽石徽帶一條。斯當東爵士也是繡花天鵝絨大官服，他是牛津大學的名譽法學博士，所以外罩一領大紅色的博士大褂。我們到了避暑山莊園門，下馬降輿，步行入內，到達皇帝駐蹕的大幃幄之前。大幄之旁，另有一幄，王、喬兩大人引導我們進去，這是專為我們而設的。我們在幄裡等候約一小時，聖駕到了，鐘鼓之音，由遠而近。我們聽說聖駕已到，立刻出幄外，沿著地面所鋪的綠色地毯前行，迎接聖駕。

乾隆皇帝坐在一頂沒有蓋子的十六人抬的肩輿上，無數手執旗傘旌節的官員前後擁護著。當御駕經過我們跟前之時，我們屈一膝行禮，而中國官員則行跪拜之禮。皇帝降輿入御幄後，升上寶座，我們也進入御幄，我雙手捧著一個外面以鑽石為飾的木盒，盒中藏著英王親筆書函，入幄後，從容行至寶座之旁，拾級而登，呈書函於皇帝手中。皇帝親手接過書函，但並不拆閱，隨手交給旁立的一位御前大臣，但大臣也沒有拆閱，放在寶座旁邊的一個錦墊之上。於是乾隆皇帝就拿出贈給英國國王的第一件禮物，叫我轉呈，這種禮物名叫如意，取義萬事如意及和平興旺之意，這是皇帝希望英國國王常與中國交好往來之意。

……這些事情做過後，我引導全權公使斯當東爵士入見……於是斯當東至寶座之前，同我一樣屈一膝為禮。接著獻給皇帝兩支很美麗的氣槍，以為壽禮。皇帝贈他綠如意，和我的一樣。接著，我又引導使節團各員，一一向皇帝行禮，皇帝均賜以相當的禮物。（《英使謁見乾隆紀實》，頁一四四。）

雖然英使馬戛爾尼的日記對正副使的服飾與乾隆出現時之儀仗，均有詳細記載，但對覲見乾隆皇帝時之禮節，則「有意」省略。只云乾隆御駕經過時，他們屈一膝行禮。而於英使呈遞英王書函時，只云其「從容行至寶座旁，拾級而登，呈書函於乾隆皇帝手中」，未記行禮之事，而補記於其副使斯當東覲見時「如彼一樣屈一膝為禮」之事中。據當時現場目擊者軍機章京管世銘的記載，英國使臣覲見乾隆時是行「中國式」的「雙膝跪」禮。❾⓿故清代的官方文書《大清會典事例》記英國使臣「恭奉表文跪遞」，未記英國使臣以「英國式」之禮節覲見乾隆皇帝之事。❾❶清朝《續文獻通考》更記乾隆五十八年，先朝高宗純皇帝御極時，英「使臣恪恭成禮，不愆於儀」，「爾（英）使臣行禮，悉跪叩如儀」。❾❷「其時先朝大皇帝（乾隆）不准爾使臣行本國之禮，嗣經三跪九叩頭，始蒙恩賚」。❾❸如此則英國使臣之記載與清朝官方的記載恰恰相反，而那一方之記載較為正確，則為爭論之重點。大體而言，西文方面的著作如巴勞的《中國旅行記》等均引用英使臣日記的記載，相信英國記載之正確。西方學者普理查德（E. H. Pritchard）更引證中、西文方面的原始史料對馬戛爾尼覲見乾隆的叩頭（Kotow）問題，作深入詳細的探討。他認為所有中、西文方面證明英使馬戛爾尼覲見乾隆的「叩頭」史料，都沒有價值，自相矛盾，含渾而不明確。他最後的結論是馬戛爾尼覲見乾隆時沒有「叩頭」，[94]相信英國使臣日記之記載正確。而《英使謁見乾隆紀實》的譯著者秦仲龢先生則持審慎的態度，認為英使馬戛爾尼及副使斯當東的記載有所掩飾，而管世銘的詩文又屬孤證，沒有作進一步的考證。[95]著者則認為中、西文方面之記載均有其正確性，只是隱漏一段「祕密外交」中的「往返磋商」的事實而已。尤其是管世銘的詩最具史料價值，他是現場的目擊者，確認「西洋暎咭唎貢使不習跪拜，強之止屈一膝」。但管世銘卻不知馬戛爾尼「及至引對，不覺雙跽俯伏」之中隱藏了「外交祕密」。[96]而英國使臣馬戛爾尼隨員之一的安得遜（Anderson），亦謂馬戛爾尼覲見乾隆的禮節「隱瞞難解的祕密」（Ceremonial follow was kept a Profound Secret）。[97]

乾隆皇帝為了英國使臣「托病遷延」，拒絕演習中國禮節，曾諭地方督撫及留京王大臣等「減其供給」，停止頒給「格外賞賜」，並勒令其過萬壽節後回國，而沿途地方官「祇須照例應付」，「不值加以優禮」，也不必「令其在京伺候迴鑾接駕」。[98]如此則英國使臣來華之目的，即完全無法達成。當英國使臣初到通州時，看到中國官員在載運英國使節團的船和車上，插著「進貢字樣」的小旗子時，英國使臣馬戛爾尼為了怕中國勒令其回國而盡棄前功，竟視若無睹，不敢提出異議。[99]如今為了「單足跪」或「雙足跪」的瑣屑禮節問題，竟敢不顧乾隆皇帝勒令其回國旨諭，而堅持以「英國式」的「一膝跪」的「半禮」覲見乾隆而「盡棄前功」？於情於理實在說不過去！何況英國政府曾訓令馬戛爾尼「覲見時所行的禮節，應遵守一切無損於英國君主榮譽和大使自身尊儀，但也提醒馬戛爾尼勿因此類瑣屑以失掉中國君臣的好印象，轉致影響重大的利益」。[100]故英使的日記中亦言這個奇異有趣的禮節問題的辯論雖告終結，但關於謁見禮節正在往返磋商的當中。[101]所謂「往返磋商」就跡近「祕密外交了」。

清朝此時對外交涉完全基於懷柔及道義原則，可謂毫無「外交祕密」可言，而西洋各國間的「祕密外交」則甚為流行。[102]故在乾隆皇帝勒令英國使臣回國，與次日英國正副貢使「誠心效順，一遵天朝法度，自應仍加恩視，以遂其遠道瞻覲之誠」。在如此恰恰相反之二上諭間，一定有所謂「外交祕密」存於其中，只是英使馬戛爾尼的日記中有意隱漏其事實的真相而已！與馬戛爾尼故意隱漏有中國官銜的西洋傳教士謁見「欽差」徵瑞時所行「跪拜」禮節而不記，同一心態。[103]事實上，在巴勞的《中國旅行記》中對覲見時之禮節問題，已預留餘地。謂英國特使仍然堅持或者雙方行對等禮，或者必須使獨立國使節和屬國代表的謁見禮節有所區別。[104]英國使臣觀見乾隆皇帝「雙膝跪」的禮節，與屬國君臣覲見清朝君臣所行三跪九叩的禮節，已有所區別。英國使臣以「雙膝跪」的禮節覲見乾隆皇帝可謂已「不辱君命」，沒有損及英國獨立自主國的地位。[105]而且英國使臣馬戛爾尼只須在覲見乾隆皇帝呈遞英王書函時行「雙膝跪」的中國禮節，其他的時間，其他的場合，甚至其他使節團的人員都可以「英國式」的「單足跪」的「半禮」來覲見乾隆皇帝而不受其限制。如此則英國使臣只要在覲見乾隆皇帝呈遞英王書函的當時，多「跪一足」，就可獲得免除立即勒令回國的命運，而且可獲得許多格外的賞賜與優惠待遇，[106]此優厚的條件，對一個擅於「祕密外交」，擅於討價還價，一切以商業利益為著眼的民族及其使臣而言，權衡其得失，實在非常划算，又何樂而不為?而清廷方面負責「往返磋商」，主持這次「祕密外交」的大臣，可能就是「素有識見」的大學士兼軍機大臣的阿桂，而管世銘就是阿桂所倚任如左右手的軍機章京。[107]只是乾隆皇帝為了一點「天威」咫尺的「虛榮」，與英國使臣馬戛爾尼相比，所得甚「少」，所「失」甚「大」而已!

英使之目的與任務

至英使來華之目的據其自述，則在「開闢英、中兩國交際的途徑，使此後兩國時常往來，感情益形親密，而中國皇帝陛下也許因此而對來華的英國人格外優待保護」[108]。當英使馬戛爾尼東來之前，曾接其政府的訓令，要他以及其隨員的良好行為與英國的科技知識和成就，儘量給中國人留下好印象。他不僅要獲得一些中國經濟與政治的訊息，而且要獲知一些中國軍事、文化與社會方面以及中國與俄國等國家之關係的消息[109]。英國派遣使臣來中國的主要目的，則為「增進兩國之邦交，擴充兩國人民之商業」[110]。因商業「利益」最為「敏感」，舉凡政治、經濟、社會文化、軍事國防，以及交通等，甚至民情風俗與宗教信仰，無一不影響商業「利益」，也無一不與商業「利益」息息相關。故英使馬戛爾尼來華後所留意觀察的範圍實在相當廣泛，其隨行的團員除六百名士兵不計外，就有九十五人之多[111]。從軍事人員及各種科技、繪圖人員與園藝專家都有，他們都有指定的任務[112]。除馬戛爾尼的日記外，副使斯當東有《出使中國記》，其隨員安德生有《隨使中國記》，巴勞有《中國旅行記》，而且這些書中均附有許多描繪精確的實地實物圖片。巴勞《中國旅行記》的首頁就是通州協副將王文雄穿著朝服的半身像。中國的鄉村、官署、武器、大砲、樂器及利用水力的碾米機等珍貴圖片，也附於全書各章節中[113]。英使的日記中並有畫家亞力山大繪的中國兵站圖[114]。無疑的這些圖文並茂的遊記與說明，實有助於英國人瞭解中國清朝乾隆時期的實際情形，從軍事及商業利益來著眼，這些都是非常有價值的軍事「情報」與商業「情報」。英國這時向中國購買的商品以茶葉及生絲為大宗[115]。英國使臣「就命人向中國人要些稚茶樹和桑樹，寄往印度的孟加拉，給吉特上校設法培植，希望將來在我們（英國）的領土中成為一種商業上的資源」[116]。所以英使馬戛爾尼出使中國的重大任務，「就是他要向中國作一個全面的調查，以便作為將來應付中國問題的根據，所謂知彼也」[117]。事實上，英使馬戛爾尼來中國所作的事有時已超出「知彼」的範圍，對英國的貢獻很大。

當英使至熱河後「於禮節多未諳悉」，乾隆皇帝「深為不愜」之餘，乃責怪沿途各地方官「

欽接供給」英國使臣，「未免過於優待。以致該貢使等妄自驕矜」[118]。事實上，英使的「驕矜」，完全是由於他們瞭解清廷的「實力」所產生的「輕忽」心理。當直隸總督梁肯堂於大沽海神廟行轅接見英國使臣時，為了「肅觀瞻」，在帳外「整列隊伍」歡迎英使，而列隊士兵手執鋼刀，騎兵則佩弓一張，箭一束，沒有火槍」[119]。這些佩戴傳統武器的中國士兵，很像「英國古代的甲士」[120]。而「列隊士兵手裡拿著扇子，是一奇怪的現象」[121]。他們「在行動上很不靈活，而且也沒有丈夫氣」[122]。副使斯當東的《出使中國記》中甚至認為歡迎的軍隊「不似戰場上的戰士，而像舞台上的表演者」，「既笨重又有女氣，沒有一點軍人氣概」，以貼在廟宇「門上的神像來保護」，「比他們還更可靠些」[123]。而英國的士兵則使用「歐洲新式火器」，小野砲「每分鐘可放二十響至三十響的速率」、「在整個的中國恐怕也找不出這樣優良的火器」[124]。這種英國野砲的威力，就是萬里長城的「胸牆不能抵抗普通砲彈的射擊」。萬里長城是中國歷代防禦遊牧民族在西北邊疆上建築重要國防工事，「其建築之堅固，似已超出人類體力範圍之外」[125]。如此堅固的國防工事還不能抵禦英國普通大砲的轟擊，則中國東南沿海防禦海盜的國防工事，就更不能抵禦英國的大砲了。何況在英國使臣乘坐的「獅子」號軍艦上，就裝備了「六十四門大砲」[126]。中國的大砲「沉重笨拙」，發射的子彈重量約兩磅至四磅之間，砲口很厚，很不適於使用」[127]。萬里長城抵禦這種「小型火器是不成問題的」[128]。在中、英軍隊武器裝備及其威力相差如此懸殊之情形下，所以英使馬戛爾尼認為：「只要我們（英國）派兩、三艘小戰艦，不消兩個月工夫，就可以把中國沿海的海軍全部摧毀」129。這種「狂妄的態度」所表現出來的正是乾隆所謂的「驕矜」之氣！「中國對使團雖不吝接待，依照當時英人的估計，中國招待所費不下十七萬英磅，後人研究，亦謂清廷供膳每日五千兩，全部費用在八十五萬兩左右」130。乾隆如此不惜「國帑」，盛情招待英國使臣，但卻使英使「馬戛爾尼等看到清朝官吏的貪污」131。看到乾隆朝極盛而衰的陰影。這些「輕忽」心理均助長了英使的「驕矜」之氣！

英國在華之商業成長中下列概略統計數字可為說明。在西元一七三六年左右，英國只有四艘船至廣東貿易，至一七八九年，來廣東的船隻屬於英東印度公司的就有二十一艘，而英國的商船則增至四十艘。在一七九三至九四的一年間從中國回到英國的商船十八艘，從中國運往英國的貨物至一七三四六噸，其中以茶葉、生絲與糖為大宗132。英國商人與其他西洋等國的商人一樣，當然也不滿意中國官吏及「廣東十三行」、「行商」之勒索與欺詐133。英國於一七九二年派遣使臣來中國的目的，即欲派遣使臣常駐北京，解決中、英雙方之商業及其相關之糾紛問題。在英使馬戛爾尼呈遞給乾隆皇帝的國書中說得最為明白，其國書云：

如今本國與各處全都平安了，所以趁此時候，得與中國大皇帝進獻表貢，盼望得些好處。從前本國的許多人到中國海口來做買賣，兩下的人都能得好處。但兩下往來，各處都有規矩，自然各守法度。惟願我的人到各處去，安分守規矩，不叫他們生事。但人心不一樣，如沒有一個人嚴嚴管束他們，就恐不能保其不生事，故此求與中國永遠平安和好，必得派一我國的人，帶我的權柄住在中國地方，以便彈壓。我們來的人有不是，罰他們，有委曲，亦可護他們。這樣辦法可保諸事平安，我如今為這些緣故，特差一個人到中國來，來照管這些事情[134]。

萬壽聖節的第二日，英國使臣等被邀請進行宮參觀「為皇帝祝壽」的「各種娛樂節目」。英國使臣在觀劇時蒙乾隆皇帝召見，趁著乾隆皇帝「面有喜色」的「絕好機會」，「陳說關於英國派遣一個大使駐在北京的事情，但他（乾隆皇帝）好像不感興趣，以賞賜物件來打斷我的話頭」[135]。事實上，英國使臣呈遞國書請求派遣使臣長住北京之事，早就有所決定[136]。清朝「朝廷對於我們英國人請求的事情，認為是一個重大問題，前幾天，和中堂召集在熱河的大臣開會」[137]。因「天朝制度，各外國使臣不能在中國勾留到四十日之久，過了這個期限，如不自行離去，必被驅逐」[138]。英國使臣認為會議「的結論，對英國人是不會有利的」、「自知在北京常住下去絕無可能」[139]。但英國使臣仍不死心，自熱河回到北京後，在圓明園謁見和中堂（和珅），趁機「將此次來華各項重大問題，與和中堂商量。英國國王這次派我（英使）到中國，並不單是作暫時聯絡感情的打算，而實在和中國永遠共敦睦誼，使兩國的關係拉得更緊密。英王之意，要我久駐北京，為國王的代表，此後兩大國之間有什麼問題，由我代表英王就近與中國政府直接商量。至於我們在北京使館，所有一切費用，都由英國政府開發，不必由中國供給。英王曾吩咐我告知中國政府，如果中國政府願意派使臣到英國，為互派使節之舉，英國尤為歡迎，所有來回旅行船隻以及到英國後各種供應，都由我們代為準備，英國臣民，亦當以極尊榮的敬禮來對待使臣」[140]。

和珅則「仍然和從前那樣，扯東話西」，而對英使「認真陳說的事」，「自始至終不作一句答覆」。「到了這個田地，我（英使）知道中國人已不想再留客了，這是有禮貌的逐客」[141]。而且據英國使臣「私人朋友方面得到消息說，乾隆皇帝給英王陛下的覆信，已經備妥，正在譯為拉丁文，譯後即可送來。這就是等於送客的暗示」。但英國使臣還希望，「或者尚有婉商的餘地」[142]。

次日，和珅令欽差徵瑞請英國使臣至太和殿前，「頒給乾隆皇帝覆暎咭唎國王」的敕書，其敕諭云：

奉天承運，皇帝敕諭暎咭唎國王知悉……至爾國王表內，懇請派一爾國之人住居天朝，照管爾國買賣一節，此則與天朝禮制不合，斷不可行。向來西洋各國，有願來天朝當差之人，原准其來京。但既來之後，即遵用天朝服色，安置堂內，永遠不准復回本國。此係天朝定制，想爾國王亦所知悉。今爾國王欲求派一爾國之人，住居京城既不能。若來京當差之西洋人在京居住，不歸本國，又不可聽其往來，常通信息，實為無益之事。且天朝所管地方，至為廣遠。凡外藩使臣到京，譯館供給行止，出入俱有一定體制，從無聽其自便之例。今爾國若留人在京，言語不通，服飾殊制，無地可以安置。若必似來京當差之西洋人，令其一例改易服飾，天朝亦從不肯強人以所難。設天朝欲差人常住爾國，亦豈爾國所能遵行？況西洋諸國甚多，非止爾一國，若俱似爾國王懇請派人留京，豈能一一聽許？是此事斷斷難行，豈能因爾國王一人之請，以致更張天朝百餘年法度？若云爾國王為照料買賣起見，則爾國人在嶴門貿易，非止一日，原無不加以恩視、即如從前博爾都噶爾亞意達哩亞等國，屢次遣使來朝，亦曾以照料貿易為請，天朝鑒其悃忱，優加體卹，凡遇該國貿易之事，無不照料周備。前次廣東商人吳昭平，有拖欠洋船價值銀兩者，俱飭令該管總督，由官庫內先行動支帑項，代為清還，並將拖欠商人，重治其罪，想此事爾國亦聞之矣！外國又何必派人留京？為此越例斷不可行之請？況留人在京，距嶴門貿易處所，幾及萬里、伊亦何能照料耶？若云仰慕天朝，欲其觀習教化，則天朝自有天朝禮法，與爾國各不相同，爾國所留之人，即能學習，爾國自有風俗制度，亦斷不能效法中國，即學會亦屬無用。天朝撫有四海，惟勵精圖治辦理政務，奇珍異寶，並不貴重。[143]

乾隆皇帝頒給「暎咭唎國王」之敕諭，除站在天朝禮制的立場，逐條駁斥英國國王要求派人「居住天朝」之事外，亦恐其「異言異服，逗留京城」，破壞天朝「劃一」，與「大一統」氣象。與清朝順治入關，多爾袞諭令漢人「薙髮」「易服」之心理，或許相同[144]。最重要的則為防「夷人」、「心懷窺測」[145]。故清朝准許「夷人」歸化天朝，永遠居住中國，但「不可聽其往來」，「常通信息」[146]洩漏天朝之祕密，以杜絕其覬覦之心。而且「中國對於外國使臣的看法與歐人完全不同，他們只把使臣當作一種點綴品，如果不是國家有大慶典，外國使臣可以無需前來，就是來了也不容許他在中國住得太久，事情完了後，就促使他回國」[147]。

「按照中國的規矩，外國使節接到中國皇帝的復信和「送行」禮物後，就算使命終止，以後再不能和皇帝見面了」[148]。但促英使「決定即早離開中國」的原因，則為英使接到廣州東印度公司的信，謂英國可能與法國共和黨斷交，於此則法國軍艦就要在海上襲擊英國商船了[149]。而「法國革命所造成的歐洲局勢，亦令其自覺應早日返國[150]。於是英使往謁和中堂（珅），請其趕緊通知舟山，叫「獅子」號等候特使，護送特使團回國。特使這個請求，正投合和中堂心意，他立刻答應照辦。並於談話中，請特使有「什麼意見，再寫個說帖來」[151]。於是英使依據英「政府訓令的內容，將範圍盡量縮小，擬出六個事項，請中國朝廷考慮」。

一、請中國准許英國商人在舟山、寧波、天津這三個地方貿易。

二、請中國按照從前俄羅斯商人在中國通商之例，准許英國商人在北京設立一貨棧，以便買賣貨物。

三、請於舟山附近指定一個未經設防的小島，給英國商人使用，以便英國商船到了該處可以停泊，存放貨物，並允許英國商人居住。

四、請於廣州附近，准許英國商人有上述的同樣權利及其他較小的權利。

五、在澳門的英國貨物運往廣州，請特別優待，免予納稅，如不能全部免稅，亦請依照一七八二年的稅率，從寬減稅。

六、請准許英國商人，按照中國所定的稅率，切實納稅，不在稅率之外，另行徵收。並請賜中國稅率一份，以便英國商人遵守奉行，因為英國商人完稅，都是一任海關人員隨意估價，完全未看過中國稅則的內容[152]。

乾隆皇帝答覆英使馬戛爾尼「所呈說帖」的敕諭，據英使日記的記載，是在英國使臣起程離京之日頒給153。而且以敕諭英國國王的名義答覆，實「恐爾使臣等回國後，稟達未能明晰」，其所請各條，「皆係更張定制，不便准行」，並「逐一」據理駁斥：「向來西洋各國及爾國夷商，赴天朝貿易，悉於嶴門互市，歷久相沿，已非一日。天朝物產豐盈，無所不有，原不藉外夷貨物，以通有無。特因天朝所產茶葉、磁器、絲觔，為西洋各國及爾國必需之物，是以加恩體恤，在嶴門開設洋行，俾得日用有資，並霑餘潤。今爾國使臣於定例之外，多有陳乞，大乖仰體天朝加惠遠人，撫育四夷之道。且天朝統馭萬國，一視同仁。即在廣東貿易者，亦不僅爾暎咭唎一國，若俱紛紛效尤，以難行之事，妄行干瀆，豈能曲徇所請？念爾國僻居荒遠，間隔重瀛，於天朝體制，原來諳悉，是以命大臣等，許加開導，遣令回國……向來西洋各國，前赴天朝地方貿易，俱在嶴門，設有洋行，收發各貨，由來已久，爾國亦一律遵行多年，並無異語。其浙江寧波，直隸天津等海口，均未設有洋行，爾國船隻到彼亦無從銷賣貨物，況該處並無通事。不能諳曉爾國語言，諸多未便。除廣東嶴門地方，仍准照舊交易外，所有爾使臣懇請向浙江寧波、珠山及直隸天津地方，泊船貿易之處，皆不可行。又據爾使臣稱，爾國買賣人，要在天朝京城，另立一行，收貯貨物發賣，仿照俄羅之例一節，更斷不可行。京城為萬方拱極之區，體制森嚴，法令整肅，從無外藩人等在京城開設貨行之事。爾國向在嶴門交易，亦因嶴門與海口較近，且係西洋各國聚會之處，往來便益。若於京城設行發貨，爾國在京城西北地方，相距遼遠，運送貨物，亦甚不便。

從前俄羅斯人在京城設館貿易，因未立恰克圖以前，不過暫行給屋居住。嗣因設立恰克圖以後，俄羅斯在該處交易買賣，即不准在京城居住，亦已數十年。現在俄羅斯在恰克圖邊界交易，即與爾國在嶴門交易相似，爾國既有嶴門洋行發賣貨物，何必又欲在京城另立一行？天朝疆界嚴明，從不許外藩人等稍有越境攙雜，是爾國欲在京城立行之事，必不可行。又據爾使臣稱，欲求相近珠山地方小海島一處，商人到彼，即在該處停歇，以便收存貨物一節，爾國欲在珠山地方居住，原為發賣貨物而起，今珠山地方既無洋行，又無通事，爾國船隻已不在彼停泊，爾國要此海島地方，亦屬無用。天朝尺土俱歸版籍，疆址森然，即島嶼沙洲，亦必劃界分疆，各有專屬，況外夷向化天朝，交易貨物者，亦不僅爾暎咭唎一國，若別國紛紛效尤，懇請賞給地方居住買賣之人，豈能各應所求？且天朝亦無此體制，此事尤不便准行。又據稱，撥給附近廣東省城小地方一處，居住爾國夷商，或准令嶴門居住之人，出入自便一節。向來西洋各國夷商，居住嶴門貿易，劃定住址地界，不得踰越尺寸。其赴洋行發貨夷商，亦不得擅入省城，原以杜民夷之爭論，立中外之大防。今欲於附近省城地方，另撥一處，給爾國夷商居住，已非西洋夷商歷來在嶴門定例。況西洋各國，在廣東貿易多年，獲利豐厚，來者日眾，豈能一一撥給地方分住耶？至於夷商等出入往來，悉由地方官督率洋行商人，隨時稽察，若竟毫無限制，恐內地民人與爾國夷人間有爭論，轉非體恤之意。覈之事理，自應仍照定例，在嶴門居住，方為妥善。又據稱暎咭唎國夷商，自廣東下嶼門由內河行走，貨物或不上稅，或少上稅一節。夷商貿易往來，納稅皆有定則，西洋各國均屬相同。此時既不能因爾國船隻較多，徵收稍有溢額，亦不便將爾國上稅之例，獨為減少，惟應照例公平抽收，與別國一體辦理。嗣後爾國夷商販貨赴澳門，仍當隨時照料，用示體恤。又據稱，爾國船隻，請照例上稅一節，粵海關徵收船料，向有定例，今既未便於他處海口設行交易，自應仍在粵海關按例納稅，毋庸另行曉諭」154。

按乾隆敕諭英國國王的國書，除逐條駁斥英使臣所提六條請要的「說帖」外，並提到「不准」，「妄行傳教」之事155。事實上，英使的「說帖」，「只是提到商業問題，沒有一字涉及傳教，現在敕書中忽然節外生枝，出現此事，真令人莫名其妙」156。「這是因為向來中國的西洋人，大都喜歡傳教，皇上恐怕你們英國人也有請求傳教之意，故此聲明在前，杜絕你們提出」157。而且在「第一道敕書中，其主要點只在不允互派使節，而敕書中又有「凡西洋諸國甚多，非止爾一國。若俱似爾國王懇請派人留京，豈能一一聽許」等語。又其敕書中，除前說的宗教問題外，每駁斥一條，就必殿有一句「若別國紛紛效尤，以難行之事妄行干瀆，豈能曲徇所請」等語。以鄙意度之（英使），似乎皇帝生怕我們英國幫助其他國家援此項成例，向中國要求種種權利。殊不知本人所求請的，只是推廣英國的商業，並沒有幫同別的國家向中國要求權利之心，就是別的國家以厚利來引誘，我們也決不答應的。貴國皇帝預計及此，似屬過慮158。證之其後「中英虎門」條約中「利益均霑」的條文，則乾隆皇帝恐「夷人」援「成例」「要求種種權利」，實非「過慮」？

結語

綜觀英使覲見乾隆之禮節問題，純屬小節。中、英雙方竟因此「小節」而數度引喻磋商，幾至頻臨破裂邊緣，即因其背景涉及文化與歷史層面，非一單純的小節問題。事實上，即令英使覲見乾隆皇帝時行三跪九叩的大禮，依照清朝君臣此時的觀念，也不可能開放門戶，讓英國派遣使臣常駐北京，發展其商業。英國使臣馬戛爾尼也知道，俄國曾派遣使臣來中國，「曾拒絕執行中國的覲見禮節，最後簽了一個條約回國。據大家認為這位使節是外國和中國的交涉中第一個有所收穫的人。相反的一個荷蘭使節在前一世紀到中國來，他為了貪取一些物質上的利益，不惜委曲遷就中國政府所指定的一切禮節，但最後他抱怨既受到藐視又沒有得到利益」。159 所以英國使臣拒絕以中國的「跪拜」禮覲見乾隆皇帝，也有其實際的歷史教訓。只是清朝在第一次與英國辦理「秘密外交」中，即告失敗，使英國使臣獲得許多的實際利益，而英國政府最大的收穫，則為英使馬戛爾尼此行增加其對中國的瞭解。至英國要求派遣使臣長住北京等事，清廷則一一據理駁斥拒絕，故英使團的任務，可說完全失敗。使團的失敗和以後的一些其他發展，是導致更激烈衝突的原因。160 其後鴉片戰爭發生，英國敢於派遣戰艦遠涉重洋，以武力侵犯中國的海疆，即為激烈衝突的結果，也是由於英國瞭解清朝的實力所產生輕視心理所造成。而西洋各列強於鴉片戰爭後在中國獲得許多「特權」與「優惠」，亦部分由於清朝君臣昧於國際事務。與乾隆時與英國使臣交涉禮儀問題同一種心態。

在任務失敗後，英使馬戛爾尼乃在萬分失望的情形下，接受清廷方面的安排，於乾隆五十八年九月三日自北京起身，「由水路前赴浙江，仍坐原船開洋回國」[161]。清廷或許因「暎咭唎在西洋諸國中，較為強悍」，「有劫掠西洋各國商船之事」[162]。今英使「不遂所欲」，或恐其「藉端生事」，或「藉詞逗留」，遂「派侍郎松筠，沿途照料。所有經過各省，須專派大員，管領兵弁，接替護送。直隸省著派慶成、山東省著派富成、江南省著派王柄、江西省著派王集、廣東省派托爾歡。各該員務須迎至入境交界處所，協同妥為照料管束」[163]。松筠護送至杭州後，即由新任兩廣總督宗室覺羅長麟護導英使等至廣東[164]。乾隆皇帝更透過松筠及長麟等沿途詔諭並賞賜英國國王及其使臣「福」字「錦緞」等物[165]。英使似乎也確信「英國已在中國建下了立足之地了」[166]。尤其是長麟以新任兩廣總督的身分滿口答應到任後「特別出力照顧」「英國商人」[167]。故英使等「悅服恭順」，「安心旋國」，「沿途行走」「甚為安靜」，並無「耽延」，其後也無「尋衅滋事」之事發生[168]，使中英關係和平的度過「緊急的年頭」（Crucial years）[169]。

就中、西關係而言，馬戛爾尼的使華是西方工商文化向外「擴張」的急先鋒，而首當其衝的確是中國清朝乾隆時代高度自給自足的農業文化。就西方的立場而言，英國是西方工商業發展的國家中第一個正式的向中國爭平等地位及公平貿易的國家。就中國對外的關係而言，清朝以中國歷朝「防堵」「夷」、「狄」等遊牧民族的傳統策略來「防堵」西方工商文化的「擴張」，開始面臨緊急的關頭，而且「擴張」的力量正「方興未艾」，「防堵」的力量則「日漸減弱」，終至會衝潰「堤防」氾濫成災！最重要的則為「守勢」的「防堵」不是最有效的策略，中國歷朝靠修築長城或邊境開市等傳統策略來「防堵」「夷」、「狄」遊牧民族的搶掠，一無成效[170]，則清朝以最傳統的觀念與策略來「防堵」強大的西方工商文化勢力的「擴張」，又何能成功?!只是中國以農立國太久，工商可以「富」國「利」民的觀念早已陌生，而對「科技」可以「富」國「利」民的觀念更屬新奇！乾隆皇帝也只能略窺一點西方科技的神奇[171]，沒有第一步掌握「中國現代化」的契機[172]，這才是中、西文化第一次正式接觸後，中國方面最大的損失。

註釋

❶《大清太宗文皇帝實錄》，卷二八，頁一一，天聰十年四月己卯。

❷《皇朝通志》，卷三六，頁六九三九；《欽定大清會典事例》，卷二九二，登極禮節。

❸《大清太宗文皇帝實錄》，卷二八，頁二〇。

❹《欽定禮部則例》，卷二，〈儀制清吏司，朝賀通例〉；及《欽定大清會典事例》，卷五五〇，禮部，朝貢。

❺秦仲龢譯，《英使謁見乾隆紀實》，頁一二六、頁一八〇：「……於是除了我及使節團各隨員依往例屈膝為禮外，其他大小官員，齊向皇帝行叩首之禮。叩首之遲速，以樂章為準，樂聲一起，則無數紅頂子，一齊橫地，樂聲一舒則同時而起，凡三跪九叩而禮畢。我自有生以來見過各種宗教上的禮拜，不可謂不多了，有些是古舊的，有些是新式的，這些宗教上的信徒，他們拜其教主或教王，其儀式之隆重，萬萬不能與中國臣民之拜乾隆皇帝相比。」

❻《英使謁見乾隆紀實》，頁七七。

❼同上，頁九四。

❽同上，頁四八：「中國人素來認為中國皇帝是天下的共主，他可以命令所有鄰國。這種荒謬觀點雖被現在的英明皇帝所糾正，但這位將軍（指福康安）仍然保留著這種觀念的殘餘。」又頁五八：「……除了在廣州而外，中國人對一切外國人都感到新奇，但關於這些外國人的國家，他們卻並不感興趣。他們認為自己的國家是『中華』，一切思想概念都出不去本國的範圍。除了少數住在沿海鋌而走險的人，或者以航海為業的自成一個階層的人以外，沒有人想離開中國到別的國去看看。他們使用著許多外國產品，但這些外國產品只能使他們聯想到廣州，好像這些東西就是廣州出產的。他們的書上很少提到亞洲以外的地區，甚至在他們畫的亂七八糟的地圖上也找不到亞洲以外的地方。」

❾《筆記小說大觀十二編‧英使馬戛爾尼來聘案》，頁二。從乾隆五十七年十月二十日署兩廣總督郭世勳等摺中，

即將英使當「貢使」。在此觀念影響下要英使行磕頭禮，在載運英使的船上及車上插著「進貢」等字樣的小旗子，乃很自然的事。《英使謁見乾隆紀實》，頁七七：「這種磕頭禮節，除了本國及屬國臣民而外，並且要求所有外國使臣都照樣做。欽差大人開始強迫特使在他面前向御座作這個禮……在這件事上，特使也認識到中國宮廷一定要堅持，因為他們怕一國的使節不照樣做，其他各國也將效尤。在這種精神指導之下，中國官員在載運使節團的船和車上插著旗子用中國字書寫『英國特使進貢』字樣。無問題這是他們奉到上級命令做的。但中國並沒有向特使正式解釋這幾個中國字的意義，特使也就視若無睹，未向中國提出異議。特使怕過早提出這個問題來，招致中國方面勒令特使回國，因而前功盡棄。」

❿同上，重譯嘆咭唎英文原稟，頁五。

⓫同註❺引書，頁一四一：「中國人一向自認天府之國，可以不需要對外貿易而自足自給。中國同任何外國的貿易，絕不承認是互利，而只認為是對外國的特別恩賜。特使志在謀求發展兩國貿易，即使中國人說成對英國的恩賜，他也在所不惜。」

⓬《大清高宗純皇帝實錄》，卷一四三四，頁一一，乾隆五十八年八月庚午初十日：「御製紅毛嘆咭唎國王差使臣嗎嘎爾尼等奉表貢至，誌事詩曰：博都雅昔修職貢，嘆咭唎今效藎誠，豎亥横章輪近步，祖功宗德逮遙瀛，不貴異聽物詡精，懷遠薄求而厚往，衷深保奉以持盈。」

⓭《欽定大清會典事例》，卷五〇三，頁三四：「又奉旨，軍機大臣會同禮部議覆，安南國王阮光平請定貢期方物

一摺，所稱從前舊例，該國三年一貢者，定為兩年，六年遣使來朝一次，定為四年等語，著依議行。」並參徐玉虎，《明代與琉球王國關係之研究》。

⓮參梁嘉彬，《廣東十三洋行考》。

⓯英國國王喬治三世派遣使臣進謁乾隆皇帝的主要目的即為欲發展英國的商業，其贈送給乾隆皇帝及清廷官吏的禮物，根本就是商品宣傳，商品展示會。希望藉此而引起中國人的興趣與歡迎，進而發展英國的商業利益。從英使的日記中即不難發現其真正的商業動機。但當英國使臣要求在舟山等地購買生絲、茶葉及磁器等物時，中國的官吏卻沒有一人想到要發展中國的商業利益。此雖由中、英雙方的傳統與國情不同所使然，但亦或與中國官紳所受儒家傳統「輕利」思想教育有關。茲從英國使臣的日記中抄錄若干段英使企圖發展英國商業利益之事於後，以見其商業眼光之敏銳，與中國官紳之「輕商」，恰成一顯明而強烈的對比。又參註⓳引書，頁一七。

馬戛爾尼，北愛爾蘭人，受英國式的傳統教育，在都柏林大學三一書院畢業，一七五九年得碩士學位與中國官紳受中國式的儒家傳統思想教育，通過科舉考試，得進士頭銜，進入翰林院，同一歷程。而思想則彼此完全不同，此或與其所受教育之互異有關。

(1)中國人對於我們帶來的禮物，贊不絕口，固不在話下，而對我們應用的普通雜物，也以好奇心對待之，他們看了又看，稱譽不置，其中如化粧檯，剃鬚用的鏡子等，因為他們輾轉傳觀，又以不懂得怎樣使用，致使這些應用品中略有損傷。他們對於伯明罕吉爾廠製造的柔軟刀片，尤為愛好。這種刀片是用精鋼製成，很是鋒利，又性柔軟，可作圜形，中國人把它看作寶劍一般。因此我就送給王大人兩把刀片，他大喜過望，稱謝不已，並說這兩把寶刀雖然物小，但感謝之心乃倍於我贈送他別的百倍其值的禮物。王大人出身行伍，以武功得高位，他愛刀是其本性。因此我就連帶想起通商的問題了。因此情形看來，英國如果能夠將零星的日用物品運來中國發賣，必定為中國人所歡迎（頁一〇七）。從前東印度公司曾提議擴充英國的粗呢絨出口，這一提議是很有見解的，我絕對相信幾年後，中國一定要求更多呢絨進口，他們所要求的數額，恐怕英國的呢絨廠無法供應呢。我覺得除了粗呢絨外，更應該將我們最上等的布匹以及茄士米薄絨、絲絨、紗羅等，也一定要有銷場的，因為中國人見我們所穿的衣服，都稱贊其質料優美……英國的布匹絲絨紗羅等物，既為中國人所歡迎，則此時正好推廣銷路了（頁一〇八）。

(2)……於是乾隆皇帝就拿出贈給英國國王的第一件禮物，叫我轉呈，這種禮物名叫如意，取義萬事如意及和平興旺之意，這是皇帝希望英國國王常與中國交好往來之意。如意之為物，長約一英尺有半，以白玉雕成，其質頗似瑪瑙，中國把它當無上至寶，但在我看來，這種東西是不大值錢的。

(3)皇帝轎後有一輛二輪馬車，式樣笨重，又無彈簧坐位，同中國的普通馬車相差無幾。車上鋪著黃綢，可能是準備皇帝在路上偶爾換著坐的。同英國贈送的舒適，輕便，華麗的馬車比較起來，上下懸殊簡直無法比擬。中國的民族感情總無法否認和抵抗舒服方便的實際感覺。如同鐘表和布匹一樣，將來英國馬車也將在中國是一大宗商品。

⑯賈士蘅譯，《英國史》（五南圖書公司出版），下冊；錢段森譯，《英國史》（商務印書館出版），下冊，卷五；並參李劍農著，《中國近百年政治史》。

17 梁廷枏，《英吉利國記序》，頁一。

18 J. L. Cranmer-Byng, "Lord Macartney's Embassy to Peking in 1793", From Official Chinese Documents.

19 J. L. Cranmer-Byng, "An Embassy to China: Lord Macartney's Journal 1793-4", Anglo-Chinese Relations, P.31.

20 《筆記小說大觀十二編．英使馬戞爾尼來聘案》，頁三。

21 《大清高宗純皇帝實錄》，卷一四三一，頁八，乾隆五十八年六月丙戌二五日。

22 《大清高宗純皇帝實錄》，卷一四三一，頁九，乾隆五十八年六月丙戌二五日，諭軍機大臣曰。

23 《筆記小說大觀十二編．英使馬戞爾尼來聘案》，頁二，署兩廣總督郭世勳等摺。

24 同上，頁四，重譯𠸄咭唎國字樣原稟。

25 同上，頁五，將譯出𠸄咭唎國字樣原稟及重譯原稟相互對照並參原文即知洋商蔡世文等有意誤譯，也可能是為了避禍，怕「招來危險」。英使曾記其繙譯辭職之事可資參考。《英使謁見乾隆紀實》，頁二一：「……東印度公司從廣州送來一個青年的中國人來準備為特使做繙譯。有幾次特使同中國官員談話的時候，叫他來繙譯。他站在中國官員面前，嚇得簡直手足不知所措。他們把特使以平等身分和口氣的話想辦法譯成在中國語法上是下級對上級所用的最卑恭的詞句。雖然用這樣繙譯的方法在官員面前保衛自己的立場，但最後他還是覺得替外國人服務可能招來危險。他放棄了優厚的工資待遇，放棄了到首都觀光，甚至有可能見到皇帝的光榮機會，決定辭掉繙譯職務，搭船返回廣州。」

㉖《筆記小說大觀十二編・英使馬戛爾尼來聘案》，頁五，乾隆五十七年十月二十日廷寄。

㉗同上頁一八，敕諭——按此敕諭係六月二十七日擬進八月十九日頒給。

㉘《大清高宗純皇帝實錄》，卷一四二八，頁一〇，乾隆五十八年五月戊戌七日。

㉙《英使謁見乾隆紀實》，頁一五〇：「按熱河避暑山莊為清初康雍乾諸帝接見蒙古等遊牧部族酋長的地方，也是聯絡蒙古等部族感情的地方，有宏偉的喇嘛廟可與蒙古王公等一同禮佛，有寬廣的木蘭圍場，可與蒙古王公等一起打獵。秋獮木蘭即可與蒙古王公等聯絡感情，也是清初諸帝羈縻蒙古部族的一種方法，清朝與蒙古關係之友好，未始不由此政策之成功。清高宗在熱河接見英使，除視英國為藩屬外，亦或有同樣之目的。關於乾隆皇帝在熱河大幄內而不在北京宮殿內接見英國使臣之事，英國使臣曾揣測其理由：『在大幄裡而不在宮殿中接見的理由還不出於帳篷可以臨時搭蓋在可以容納多數人參加的寬闊廣場上。更大的理由是本朝是韃靼王朝，他們雖然征服了眾多的文化很高的漢人，採用了漢人許多制度和禮節，但在若干地方他們還願意保留對他們原有習慣的偏好。過去的韃靼君主喜愛住活動帳幕甚於木石建成的宮殿』。」

至於乾隆在熱河打獵之事，請參閱第三章〈木蘭秋獮〉。

㉚《英使謁見乾隆紀實》，頁九：「今日下午，斯當東爵士回到艦上，據他在澳門所獲的消息，中國朝廷已接到關於英國派遣使節來訪的報告，乾隆皇帝很是高興，認為此舉對於他行將禪位之前增加他的個人的光榮不少，因此諭令全國各海港地方當局，以最隆重的禮節招待英國使節團」，並參註㉑、㉒。

㉛參《欽定大清會典事例》，卷五〇六，朝貢，並參註⑭引書。

㉜《筆記小說大觀十二編．英使馬戛爾尼來聘案》，署兩廣總督郭世勳等摺，頁二，並參註⑭引書。

㉝《大清高宗純皇帝實錄》，卷一四二一，頁六，乾隆五十八年正月壬子十八日。

㉞同註㉜引書，頁六，乾隆五七年十月二十日廷寄。

㉟同上，頁三，譯出唊咭唎國西洋字樣原稟。

㊱所謂「柔惠」即懷柔遠人之恩惠。准英夷收泊天津海口，令地方官犒賞筵宴，並令大臣沿途護送，又令資送一年食物等，都是乾隆「曲加體恤」英夷的特殊「柔惠」。此辭見於乾隆五十八年六月二十五日上諭中。

㊲同註㉜引書，頁六，乾隆五十七年十月二十日廷寄。

㊳《大清高宗純皇帝實錄》，卷一四二六，頁三，乾隆五十八年四月癸亥初一日。

㊴同上，卷一四二八，頁一〇，乾隆五十八年五月戊戌初七日。

㊵《大清高宗純皇帝實錄》，卷一四三〇，頁九，乾隆五十八年六月庚午初九日。

㊶同上，卷一四三一，頁一，乾隆五十八年六月戊寅十七日。

㊷同上，卷一四三一，頁三，乾隆五十八年六月辛巳二十日。

㊸同註㉚引書，頁一一：「七月二十一日（六月十四日），星期一，派甘比爾中尉帶領積克柯爾號先航直隸灣，以便探測航路直往天津」。並參註㉜引書，頁一五，乾隆五十八年六月二十一日，軍機處致山東巡撫函：「啟者：

本日徵鹽政奏嘆咭唎國有探水船一隻，於十六日先抵天津海口，據稱進貢船隻船身過大，喫水三丈餘尺……。」

與英使日記中記載派積克柯爾號探測航路之時間正相吻合。

㊹同註㉜引書，頁一四，乾隆五十八年六月二十一日廷寄。

㊺《大清高宗純皇帝實錄》，卷一四三一，頁一一，乾隆五十八年六月丙戌二十五日，諭軍機大臣曰。

㊻同上，卷一四三一，頁一二，乾隆五十八年六月戊子二十七日。

㊼同註㉜引書，頁一六，乾隆五十八年六月二十五上諭。

㊽《大清高宗純皇帝實錄》，卷一四三一，頁四，乾隆五十八年六月辛巳二十日。

㊾《大清高宗純皇帝實錄》，卷一四三一，頁一〇，乾隆五十八年六月丙戌二十五日，諭軍機大臣曰。

㊿《英使謁見乾隆紀實》，頁一五，七月三十一日，星期三（六月二十四日）。

51 同上，頁一六，八月六日，星期二（六月三十日）。

52 同上，頁二〇，八月六日。

53《大清高宗純皇帝實錄》，卷一四三一，頁一三，乾隆五十八年六月戊子二十七日：「……又據奏，俟抵天津，會同徵瑞恭宣恩旨，設備筵宴等語，前有旨令不必在彼筵宴。但該貢使等航海遠來，經過天津，地方官設筵款待，亦禮節所當然。如該督等接奉此旨，該貢使業經過津則已，如尚未過津，仍著就近先行筵宴。」

54 同上，卷一四三一，頁八，乾隆五十八年六月丙戌二十五日：「……其自天津登陸時，不必再加筵宴，蓋欵接遠人之道……」。

55同上，卷一四三一，頁一三，乾隆五十八年六月戊子二十七日。

56同上，卷一四三一，頁一五，乾隆五十八年六月庚寅二十九日，諭軍機大臣曰：「徵瑞奏嘆咭唎國正副貢使……」。

57《大清高宗純皇帝實錄》，卷一四三一，頁一五，乾隆五十八年六月庚寅二十九日。

58同註55。

59同註51引書，頁一六——二一，八月六日及八月七日（六月三十日及七月一日）

60《清高宗純皇帝實錄》，卷一四二九，頁一，乾隆五十八年五月丁未十五日，高宗此日自圓明園啟程赴熱河，此時已在熱河行宮。

61《清高宗純皇帝實錄》，卷一四三一，頁一八，乾隆五十八年六月辛卯。

62同上。

63《英使謁見乾隆紀實》，頁三七：「送到圓明園的禮物，中有數種，中國的工匠尚未得我們技師的允許，就要開箱拿出來。我們的譯員恐怕他們移動不得其法，會使到某些脆弱的儀器招致損壞，便阻止他們道：『這是英國送來的禮物，在特使未將它交卸之前，仍然要由我們照料的，你們不可亂動。』徵大人聽到這些話，立即上前喧辯道：『這不是禮物，而是貢物……到了這裡，你們就無權處理這些東西了。但我們的譯員說，這些東西只能叫作禮物，怎能呼為貢品呢？』」

64《清高宗純皇帝實錄》，卷一四三二，頁一二，乾隆五十八年七月己亥八日：「……再梁肯堂徵瑞摺內，俱稱筵宴時，該使臣等免冠叩首等語。前據梁肯堂奏與該使臣初次相見，敬宣恩旨時，該使臣免冠竦立。此次摺內，何以又稱免冠叩首？向聞西洋人用布紮腿，跪拜不便，是其國俗不知叩首之禮，或祇係免冠鞠躬點首，而該督等摺內聲敘未能明晰，遂指為叩首，亦未可定。著傳諭徵瑞，如該使臣於筵宴時，實在叩首則已，如仍免冠點首，則當婉詞告知以各處藩封，到天朝進貢觀光者……」

65《筆記小說大觀十二編．英使馬戛爾尼來聘案》，頁五〇。

66參註64。

67《英使謁見乾隆紀實》，頁六三：「於是兩位大人又提到覲見時的禮節問題了。這個問題，自上次提及時經我否認後，中國的官員已有數日不再提到了。這件事，他們看來似乎是一件很重大的事情，時時刻刻不能忘懷。現在兩位大人又再極力言及，好像要迫我承認實行。他們說，這是一種常見的事情啊！說後，他們就跪在地上，作叩頭之狀，一定要我照樣學習。我說，敝國見君主之禮，並不要跪拜，我當然不能改變敝國之禮而來學習中國之禮。兩位大人見我拒絕學習，就轉移目標，叫我的繙譯員跪拜，做個榜樣給我看。我的繙譯員雖是中國人，但只有服從我個人的命令，因此，他就請命於我，以定行止。我對他說不必，他就站著不動了。兩位大人見了很不高興，但仍然和顏悅色，絕無半點怒容浮在面上，可見中國官員善於處事和涵養之深。他們既奉其皇帝之命以隆重禮節接待我們，當然不以此事而和我有惡感了。」

68同上，頁八〇。《大清高宗純皇帝實錄》，卷一四三二，頁一九：「乾隆五十八年七月甲辰，諭嘆咭唎國遣使航海遠來，祝禧納賮，照向例令監副索德超，前來熱河照料，通事帶領，著賞給三品頂戴。至索德超業經加恩，所有監正安國寧，亦著一體賞給三品頂戴，其索德超帶同前來之西洋人賀清泰等，俱著加恩賞給六品頂戴。」

69同註67引書，頁七九——八七。

70同上，頁七八。

71同上，頁八八。

72《清高宗純皇帝實錄》，卷一四三二，頁一八，乾隆五十八年七月癸卯十二日：諭軍機大臣曰：「徵瑞奏嘆咭唎使臣等，深以不嫻天朝禮節為愧，連日學習，漸能跪叩。徵瑞隨時教導，俾臻妥善等語，該使臣等奉伊國王差遣，遠來祝釐納賮，其敬奉天朝，自係出於至誠，斷不敢稍愆禮節，致蹈不恭之咎，瞻覲時，自必能恪遵儀節。……」

73《筆記小說大觀十二編・英使馬戛爾尼來聘案》，頁四一，七月十二日傳諭徵瑞。

74同上，頁四二，七月十二日軍機給徵瑞劄。

75《英使謁見乾隆紀實》，頁八八。

76同上，頁九四。

77《筆記小說大觀十二編・英使馬戛爾尼來聘案》，頁一二六，九月八日。

78同上，頁一二八。

79同上，頁一二七、一三〇。

80同上，頁一三二。

81同上，頁一三二，九月九日。

82《清高宗純皇帝實錄》，卷一四三九，頁七，乾隆五十八年八月乙丑五日。

83《筆記小說大觀十二編。英使馬戛爾尼來聘案》，頁五四，八月初六日廷寄。

84同上，頁五三，八月初五日廷寄。

85《清高宗純皇帝實錄》，卷一四三四，頁八，乾隆五十八年七月丁卯初七日。

86《英使謁見乾隆紀實》，頁一三二，九月九日，星期一：「今晨欽差徵大人同王、喬兩大人同來館舍，勸我勉強依照中國禮節，不必固執前議。我對他們說，我是西方一個獨立國家國王所派的欽差，和中國的附屬國家所派遣的貢使完全不同。如果中國一定要我行中國禮節，我是不敢奉命的。」

87同上，頁一三二，巴勞的《中國旅行記》說：「特使今天和欽差大人爭論覲見時的禮節時，中國官員忽然命將供給使節團的食品減少，各飯桌所擺設的盛饌，一概改為粗糙的食物，其意是欲以飢餓為威脅，使特使不得不允其所請。後來見這樣舉動毫無效果，於是改變方法，用和平柔軟手段欲加籠絡，立即將各種精美豐盛的肴饌送來了。這真是一件可笑的事。」

88同上，頁一三三，九月十日，星期二：「今天早晨，欽差徵大人和王，喬兩大人聯袂而來，重提昨日所議禮節之事。我說，這件事無謂多談了，以情理來說，如果要勉強一個獨立自主的國家派出的使節，對別一個國家皇帝所行的禮，重於對於本國君主所行之禮，無論何人都是不肯這樣做的。除非貴國也派一位和我的職位相同的大臣，向我國國王、王后陛下的御像行三跪九叩禮，那麼，我就樂意照辦了。他們聽就說：『貴使如果不肯行中國的禮節，就行你們貴國的禮節亦可，但不知英國臣民對英主所行的禮是什麼樣式的，請見告』。我說：『英國廷臣見君主之禮，係一足跪地，一手輕輕握著國王的手而以嘴吻之』。他們大為驚異，說道：『難道你也可以在我們皇上的面前這樣做嗎？』我說：『為什麼不可以，我正要這樣做呢。我以覲見本國國王之禮來見貴國大皇帝，已是萬二分恭敬，怎說不可以呢？』說後我屈一膝作見禮之狀，給他們看看。三位大人似乎很滿意，告辭去了。」

89同上，頁三四：「下午，喬大人又來相見，他說，他已將今早所談的事回覆了和中堂，他們討論很久，相國說，由特使逕行英國禮節或先派大臣向英王、王后御像行中國禮，尚未商議妥當，我聽了沒有說什麼。不久後，欽差徵大人又來了，他說，他們最後作出決定，覲見時，我可以行英國之禮，但照中國風俗來說，拉著皇帝陛下的手來親個嘴，總不是個道理，請我免去此禮，不如改為雙足跪下。我說，我老早就說過不用中國禮的了，如果又雙足同跪，還不是行中國禮麼？這種中國禮，諸公可以行得，但我不能行得的。他們說，好吧，雙足單足下跪，且不去管它，只是拉手親嘴的舉動，免去才是。我答道，悉隨尊便，不過我要請諸公記住，這是諸君的意見，並非我的意見，我本要向貴國皇帝陛下行個全禮，現在屈從諸公之意，改行個半禮了。至此，這個奇異有趣的辯論告終。」

⑲管世銘，《韞山堂詩集》，卷一六，頁三：〈癸丑（乾隆五十八年）仲夏（秋）扈蹕避暑山莊恭記四首〉：「獻琛海外有遐邦，生梗朝儀野鹿腔，一到殿廷齊膝地，天威能使萬心降（西洋暎咭唎貢使不習跪拜，強之止屈一膝，及至引對，不覺雙跽俯伏）。」

⑳《欽定大清會典事例》，卷五〇五，頁一〇：「五十八年，英吉利國遣使臣馬戛爾尼等入貢，高宗純皇帝御澹泊敬誠殿，軍機大臣同禮部堂官，帶令貢使，恭奉表文跪遞，命御前大臣恭接，轉呈御覽」。

㉑《清朝續文獻通考》，卷三三四，頁一〇七四四：「嘉慶二十一年，英吉利遣使入貢，諭曰：爾國遠在重洋，輸誠慕化，前於乾隆五十八年，先朝高宗純皇帝御極時，曾遣使航海來庭，維時爾國使臣恪恭成禮，不愆於儀，用能仰承恩寵，瞻覲筵宴……悉仿先朝之禮舉行……朕飭派官吏在彼賜宴，詎爾使臣於謝宴時，即不遵禮節。朕以遠國小臣未嫺儀度，可從矜恕。特命大臣於爾使臣將次抵京之時，告以乾隆時爾使臣行禮，悉跪叩如儀，此次豈容岐異？爾使面告我大臣以臨期遵行跪叩，不至愆儀……。」

㉒《文獻叢編》上冊，頁三五二，嘉慶二十一年閏六月二十二日廷寄，「……此時蘇楞額等既已登舟，惟有向啁嘈詳細開導，諭以爾曾於乾隆五十八年隨貢使來至天朝，一切瞻覲宴賚禮儀，俱經目睹，其時先朝大皇帝，不准爾國使臣行本國之禮，嗣經三跪三叩頭，始蒙恩賚，駢蕃禮遣回國。當今大皇帝，事事恪守先朝制度，爾等不肯遵行中國禮儀，斷不准爾等瞻覲，我等亦不敢具奏。天朝定制，凡屬大小臣工以及外藩，如朝鮮、越南、暹羅、

南掌、緬甸並番回各部落不止數十百處，來京朝覲者皆行三跪九叩頭禮，從無敢違定制者。至於免冠有過之禮，中國朝時見，無此儀文……」。

94 Earl. H. Pritchard, "The Kotow in the Macartney Embassy to China in 1793", *The Far Eastern Quarterly*, p. 195.

95《英使謁見乾隆紀實》，頁一八四。

96 參註90

97 同註94，頁一六八。

98《筆記小說大觀十二編・英使馬戛爾尼來聘案》，頁五三——五四。

99 同註95引書，頁七七。

100 Hosea Ballow Morse, *The Chronicles of the East India Company Trading to China II, XLIX, Lord Macartney's Embassy, 1793*, pp. 232~242.

101《英使謁見乾隆紀實》，頁一三五：「關於謁見禮節正在往返磋商當中，幾位使節團員到熱河郊外作了一個短途遊覽旅行。在欽差徵大人與英國使臣辯論最後作出決定的覲見時禮節問題之後，還要『往返磋商』，可見雙方對此一問題之重視，而『祕密交涉』之意亦在其中。」

102《英使謁見乾隆紀實》，頁一三二：「和中堂接見公使的時候坐在正中一個鋪著綢的高椅上，兩旁有四位大臣，兩位韃靼人兩位漢人，陪同接見……。在會見的時候，室外擠滿了人，似乎同外國人辦交涉沒有什麼祕密可言，任何中國人都可以隨意聽。由於旁聽的人這樣多，中堂大人自不得不在他們面前維持他應有的尊嚴。他在談話和態度中極力表示出，他對公使（斯當東）的任何禮貌都出自他的恩賜優待，為了表示國家的尊嚴，他們似乎決心避免以平等精神回答特使的敬意。」所謂道義外交，則完全本著「道義」原則，合乎儒家傳統待人接物的「忠」、「恕」精神，不經「協商」即可預知其結果，故無「祕密」可言。至懷柔外交，則為中國帝王施於夷狄的「柔惠」政策，是羈縻夷人政策的運用，四夷君長及其使臣的朝見，更可顯示「天朝上國」君臣之威嚴與榮耀，當然歡迎旁觀者旁觀旁聽，沒有什麼祕密可言。

⑩參註⑲、⑳。

⑭John Barrow, *Travels in China*, London 1804, Manners and Ammusements of the Court-Reception Embassadors, P.191.

⑮參註⑯、⑭。

⑯此為有「利」於英國使臣的「祕密外交」條件，也是不否定中、英雙方之史料的一種合理假設。

⑰《清史列傳》，卷七二，管世銘傳：乾隆四十三年進士，授戶部主事，累遷郎中，充軍機章京，擢御史，深通律令……大學士阿桂尤喜之，倚如左右手。

⑱同註❺五引書頁二四九。

⑲同註⑲引書頁三〇，"Results of the Embassy"。

⑳同註❾引書頁四，重譯暎咭唎國原稟。

⑪同註⑲引書頁二三，"Members of Macartney's Suits"。

⑫同註❺引書頁二及二九七。

⑬John Barrow, *Travels in China*, London, 1804。

⑭同註❺引書頁三〇二。

⑮James Orange, *The Chaters Collection*, III Early British Diplomatic Relations. P.51.

⑯同註❺引書頁二九一。

⑰同註❺引書頁二。

⑱同註❾引書頁五十三，八月初五日廷寄。

⑲同註❺引書頁一六。

⑳同上註。

㉑同註❺引書頁二七。

㉒同註❺引書頁二六九：「……這批軍士各有不同顏色的旗，他們所穿的制服，亦有各種顏色，黑的、白的、黃的、藍的都有，很是好看。他們頭上戴有鋼盔，但所穿的棉靴，長裙，使他們負重不堪，在行動上……。」

㉓同註❺引書頁二三八。

㉔同註❺引書頁六三。

125 同註❺引書頁一一八及一一九：「……似已超出人類體力範圍之外，世界上任何有名的工程，雖盡集合在一起也不能和長城的工程相比。」

126 同註❺引書頁七。

127 同註❺引書頁二八六。

128 同註❺引書頁一一八。

129 同註❺引書頁二六二。

130 王曾才著，《屈萬里先生七秩榮慶論文集・馬戛爾尼使團評述》，頁二四八。

131 同註❺引書頁二四四：「他們又說，使節團在北京時，每日費用規定為一千五百兩（每兩約合英金六先令八便士）。中國的生活程度很低，物價極廉，而使節團一日的費用竟然要一千五百兩之巨，真是駭人聞聽之事。我們在北京時，雖然一切供應頗有失之奢汰之處，但何至每日要開銷至一千五百兩之多，這是令人難以置信的。也許是乾隆皇帝為了優待我們，定下了這個極為優裕的數字，而經手人太多，層層剝削，規定的數目與實際的開銷相去極遠。記得喬大人曾對我說過，去年山東黃河缺口，淹沒民居無數，幸無死人，皇帝深知該省情形，他接到地方官報告後，立即命政府撥庫銀十萬兩賑濟災民。怎知戶部首先就扣下二萬兩，第二個經手人又扣一萬兩，第三個五千兩，以後有扣數千數百不等，到了發到災區，用到災民身上的不過二萬兩而已。」

132 同註68八引書："II Foreign Trade in China", P.P.39

❶❸❸參註⓮引書。

❶❸❹同註❾引書頁五七，譯出嘆咭唎國表文。

❶❸❺同註❺引書頁一九二。

❶❸❻同註❾引書頁一八，敕諭嘆咭唎國。按此敕諭係六月二十七日擬進八月十九日頒給。

❶❸❼同註❺引書頁二〇五。

❶❸❽同註❺引書頁二一四。

❶❸❾同註❺引書頁二一八。

❶❹⓪同註❺引書頁二一九。

❶❹❶同註❺引書頁二二〇。

❶❹❷同註❺引書頁二二一。

❶❹❸《大清高宗純皇帝實錄》卷一四三五頁一二，乾隆五十八年八月己卯十九日（九月二十三日）。

❶❹❹參第四章〈束髮與薙髮〉，及第五章〈明式衣冠漢式裳，清代服飾的多元化〉。

❶❹❺同註❾❻引書卷一四三五頁一〇，乾隆五十八年八月己卯十九日（九月二十三日）。

❶❹❻參註❾❻及❾❼。

❶❹❼同註❺引書頁二三一。

148 同註5引書頁二二七。

149 同註5引書頁二二七。

150 同註83。

151 同註5引書頁二二九。

152 H. B. Mores: *The chronicles of The East India Company Trading To China II, Lord Macartney's Embassy, 1793*. pp. 232～242，並參註五引書頁二三〇。

153 同註5引書頁二三六，十月七日，星期一。

154 《大清高宗純皇帝實錄》卷一四三五頁一五，乾隆五十八年八月己卯十九日（九月二十三日）。

155 同上註引書卷一四三五頁一九。

156 同註5引書頁二五五，十月二十一日。

157 同註5引書頁二五六，松（筠）大人說：「這是因為向來到……。」

158 同註5引書頁二五七。

159 James Orange, *The Chater Collection, Pictures Relating to China, Hongkong, Macao, 1655-1860, Section II, Foreign Trade in China*, P.37，荷蘭於西元一六五五年（順治十二年）派遣使臣來中國。並參英使謁見乾隆紀實，頁七八頁。

160 王曾才，《屈萬里先生七秩榮慶論文集・馬戛爾尼使團評述》，頁二四八。

161《大清高宗純皇帝實錄》卷一四三五頁二八，乾隆五十八年八月乙酉，諭軍機大臣等……。

162同上註引書卷一四三五頁二九，乾隆五十八年八月戊子：「諭軍機大臣等暎咭唎在西洋諸國中，較為強悍，且聞其向在海洋，有刧掠西洋各國商船之事，是以西洋一帶夷人，畏其恣橫，今不准其留人在京，該國王奉到敕諭後，或因不遂所欲，藉詞生事，不可不豫為之防……。」

163同上註引書卷一四三五頁三十二，乾隆五十八年八月庚寅，並參上註。

164同註5引書頁二七二，十一月八日，星期五。

165《大清高宗純皇帝實錄》卷一四三七，乾隆五十八年九月癸丑及乙卯與十月庚午等日上諭，並參註5引書頁二五九：「皇帝在給松大人的敕諭中，問候特使的同時，還經常按照東方的方式從他自己吃的一些乾果蜜餞一類的東西贈送特使……。」

166同註5引書頁二三二：「安密特神父又說，據他的意見，特使既經乾隆皇帝接見，雖然在中國的時間很短，但英國已在中國建下了立足之地了，假如從此以後，英國人不因此氣餒，英王時時用書信與中國皇帝來往，每逢英國商船到達中國，就呈遞一信給皇帝，同時由英王正式指派一個英國僑民主持其事，命他時時和兩廣總督聯絡感情，凡英致送中國皇帝的書信，即由他當面託兩廣總督轉呈，也許遇到什麼機會，中國政府會邀這個英僑參加國家盛典，例如新君登極等類，即不被邀請，此人亦可以託兩廣總督轉奏，自請進京慶祝。這樣一來，日子久了，即成為慣例，雙方交際頻繁，感情自佳，這個英僑無形中就是代表英國國王陛下，英國雖無常駐公使在華，而可收常駐公使之實，事之兩全，再沒有好過這樣的了。……」

❶❻❼同註❺引書頁二六七及二七四：「長大人就說：兄弟奉命往廣東……到廣東之後，凡是英國商人，我一定特別出力照顧，關於整頓稅率一事，固然不在話下，就是別的事情，凡英國商人受了屈的，也儘管直接向我稟告，無論是本人來也好，入個稟也好，我總秉公辦理，不使他們吃虧的。」

❶❻❽《大清高宗純皇帝實錄》卷一四三九頁六，乾隆五十八年十月丁丑及戊子等日上諭，並參註❶❶❻。

❶❻❾參註❶❸⓪引E.H. Pritchard: *The crucial years of Early Anglo-Chinese Relation, 1750-1800*。

❶❼⓪參第二章〈來如閃電去似狂風——從歷史觀點談馬〉。

❶❼❶同註❺引書頁二一七：「皇帝沒有進城，直接到圓明園去……馬上到陳列禮物的大殿去參觀。皇帝對禮品非常重視……他看過之後非常高興，立刻命令賞給全體參加安裝工作的人員每人若干銀兩。把一塊金屬放在派克氏透光鏡的焦點，很快這塊東西就被溶化。他對事物的觀察和理解是非常尖銳深刻的，他看過之後，立刻就做出結論說，無論透光鏡或望遠鏡的原料都是玻璃，同一種東西通過歐洲人的技巧而做出不同功能的儀器來。他對一個安裝看一一〇門大砲的皇家號軍艦的模型非常感到興趣。他詳細問到當時在場幫助安裝的使節團人員關於軍艦上許多零件的問題，以及有關英國造船事業的一般的問題。」

❶❼❷同註引書 *The Results of the Embassy*, P.36。

國家圖書館出版品預行編目資料

清史拼圖／劉家駒著．-- 初版．-- 臺北市；
遠流，2003〔民92〕
面；　公分．--（實用歷史叢書；173）

ISBN 957-32-4824-7（平裝）

1. 中國 - 史料 - 清（1644-1912）

627　　91024015

實用歷史
151

康熙寫眞

陳捷先⊙著

康熙是中國歷史上難得的傑出君主，無論在戲劇、小說中，他的傳奇一直讓人津津樂道。但除去劇作家、小說家的想像後，眞實的康熙究竟是什麼樣貌？

本書作者身爲有名的史學家，使用通俗的語言，寫眞實而有趣的歷史故事，如同「寫眞」一樣忠實地顯現康熙的方方面面，讀來不但是種愉快的精神享受，也增長了歷史知識。

本書以五十篇精湛的小品文來介紹康熙的家庭生活、爲人處世、朝政事功、宗教觀等。它不但反映了當時的時代背景，也是優秀的人物傳記。

實用歷史
156

不剃頭與兩國論

陳捷先⊙著

本書想要探討的一項歷史上重複出現的類似遭遇，那就是明末清初台灣海峽兩岸所發生的和戰問題。當時清朝剛剛入關，定鼎北京後不久，中國南方反清勢力很強，其中鄭成功的復明運動，給清廷極大困擾，從順治皇帝與鄭成功，到康熙皇帝與鄭成功的子孫之間，雙方和和打打，對峙了三十年，其間充滿暴力溫情、爾虞我詐，眞可謂高潮迭起，無異是一齣扣人心弦、引人入勝的精采感人大戲，而彼此間因政治理念與目的的不同，堅持剃頭與不剃頭的主張，實在風波難平、周折無數，與今天台海兩岸「一國兩制」、「兩國論」的不妥協紛爭，確有異曲同工之妙，很值得我們作一回顧觀察，並應對這段史事做些探討才是。

實用歷史
161

雍正寫眞

陳捷先◎著

清朝的雍正皇帝是一位有爭議的君主。從他登基當上皇帝之後，對他不利的流言即不斷的發生。但近代對雍正皇帝作過研究的專家學者們則認爲：可靠的史料則可以證明雍正是另外的一個人，並不至於壞到不可救藥。相反的，他還有些勝於常人的地方：他的學養與稟賦是中國歷代帝王中難得的，信念與作風更是領導人物中少見的；他的性格是鮮明的，成就是肯定的。特別是政治事功方面，是應該有正面評價的。以往人們對雍正的看法想法，多少與他當時的爭繼承有關，我們不能人云亦云，應該給雍正皇帝一個新的、正確的歷史地位才是。

本書依據可信的歷史材料撰成五十篇精湛的小品文，剖析雍正的性格、爲人與政治得失，從而讓讀者認識雍正的眞正面目，並認識雍正時代的清朝。

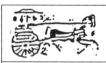

實用歷史
164

這一夜，雍正奪嫡

丁燕石◎著

有關雍正皇帝繼位是否合法的問題，向來眾說紛紜，是清朝的一大公案。

作者試著由心理層面，將此書分成兩卷，上卷是「康熙皇帝——立太子恐懼症候群患者」，下卷是「雍正皇帝——捍衛皇位合法症候群患者」，再根據現有的資料，踵武前賢，擴大視野，仔細爬梳，於一字一行間，疑其所疑，信其所信，對雍正帝這個人，和他繼位的經過，再做一次蒐尋之旅，希望能在前輩學人們的既有成就中，使這段歷史更增加一些供後之來者足以鑽探研究的空間。

實用歷史
167

乾隆寫眞

陳捷先⊙著

乾隆皇帝是中國歷史上最爲大眾所熟悉，也是在民間被誤傳誤解最多的一個皇帝。實際上他的一生，勤政愛民，關心民間疾苦，興修水利，發展農業；整飭官場，痛懲貪官，防止產生官逼民反；喜愛吟詩書畫，充實政餘生活，是我國歷史上傑出的文武全才的皇帝。

本書參考清代官私書檔及前賢時彥的著作，以眞實的史料爲本，就個人生平、治國理政、事功成就、歷史功罪等各方面，剖析了一個個對乾隆的誤解，對流傳在民間的各式無稽之談給予正面回答。

乾隆時代是清代歷史上的重要時代，也是中國帝制史上的重要時代，我們認識了乾隆的一生活動與政績，對於了解盛清時期的社會面貌、帝制後期的中國歷史特點，以及圍繞在乾隆四周的許多問題，都是極有助益的。